Veronika Dongs
Dez. 1995

Joni Eareckson Tada

Weil Er Dich Liebt

Gottes Gegenwart
in Licht und Schatten
unseres Lebens

Schulte & Gerth

Die amerikanische Originalausgabe erschien im Verlag
Multnomah Press, Portland, Oregon 97266,
unter dem Titel „Glorious Intruder“.

Aus dem Amerikanischen übersetzt von Erika Atzbach

Best.-Nr. 15 319
ISBN 3-89437-319-9
1. Taschenbuchauflage 1995
Umschlaggestaltung: Ursula Stephan
Illustrationen: Joni Eareckson Tada
Satz: Typostudio Rücker & Schmidt
Druck und Verarbeitung: Ebner Ulm
Printed in Germany

Für Jamie Kay Trombero und Carol Tada
in der Hoffnung,
daß ihr es immer als herrlich empfindet,
wenn Gottes Gegenwart sich
in eurem Leben zeigt!

Mein herzlicher Dank

gilt den Mitarbeitern von „Joni and Friends", die mit zu denen gehören, die treu dafür gebetet haben, daß dieses Buch überhaupt entstehen konnte;

Bev Singleton, Francie Lorey und Kati Peterson, drei von den schnellsten Maschinenschreiberinnen im ganzen Westen der USA. Ganz besonders danke ich Francie, die so viel Material gesichtet und geordnet und das Manuskript immer wieder von neuem überprüft hat;

Al Sanders und Carl Miller, unseren Freunden von der Ambassador Agentur, die „Joni and Friends" unermüdlich ermuntern und uns tatkräftig helfen, unsere Botschaft weiterzutragen;

Pfarrer Gregory Hotchkiss, einem ausgezeichneten Autoren, der mir die ersten Denkanstöße gegeben und mir gezeigt hat, wie Gott in unser Leben eingreift – oft in den unwahrscheinlichsten Momenten und bei völlig unerwarteten Gelegenheiten. Ich bin dankbar für seine Weisheit und Gelehrsamkeit;

dem Multnomah-Verlag, meinen Freunden dort, die sich bei der Herausgabe meiner Bücher wie eine Familie um mich gekümmert haben;

schließlich Larry Libby, dem Herausgeber und „unbesungenen Helden", der hinter diesem Buch steht.

Inhalt

Vorwort

Gottes Gegenwart in unserem Leben zeigt sich oft ganz unvermittelt. Mag sein, er kommt wie ein „Störenfried". Er greift ein, er „maßt sich etwas an", er dringt, ohne zu fragen, in Räume ein und überschreitet Grenzen, ohne zu zögern. Er stört die Stimmung, reißt Vorhänge beiseite und bricht verschlossene Türen auf. Er schaltet unvermittelt das Licht in einem dunklen Zimmer an und löst Feueralarm in stickigen und bisher nie betretenen Fluren aus.

Ganz zu Anfang drang er in das allgemeine Dunkel ein und brachte Licht, Schönheit, Ordnung und Leben hervor.

Er mischte sich erheblich in das Leben eines älteren Mannes aus der Stadt Ur ein und gründete damit ein ganzes Volk.

Er störte empfindlich die sichere Ruhe der Kanaaniter, die so warm und gemütlich hinter ihren Steinmauern saßen.

Er drang auch in die prächtigen Paläste von Königen ein und schickte streitbare alte Propheten dorthin, die mit erhobenem Zeigefinger Gottes Gericht ankündigten.

Er war ein unwillkommener Gast beim Festmahl von Belsazar, als er unheilvolle Worte an die Wand schrieb, während sich die Festgäste zu Tode erschrocken an ihrem Wein verschluckten.

Später mischte Gott sich in das Leben einer Jungfrau ein. Er bestürmte das Reich Satans in der Weihnachtsnacht in Bethlehem. Er sprach in Juda und Galiläa, obwohl er gar nicht an der Reihe war, und zwar Worte, die man vorher noch nie gehört hatte. Er drang in den Vorhof des Jerusalemer Tempels ein, warf die Tische um und trieb die Händler mit starkem Arm und einer Peitsche hinaus.

Gott überschritt sogar ungefragt die Grenze zum Reich des Todes, nahm ihm das Siegesbanner ab und zerschlug seine Herrschaft. Und im Allerheiligsten des Tempels wagte er es, den Vorhang von oben bis unten zu zerreißen.

Am Ende der Zeiten wird er sich schließlich wieder massiv in die Geschichte einmischen, die Völker richten, die Sünde und den Tod verbannen und auf Erden ebenso regieren, wie er es im Himmel tut.

Gott mischt sich auch auf wunderbare und herrliche Art in mein Leben ein, in meine Gedanken, meine Schmerzen, meine Sorgen und in meine Niedergeschlagenheit.

Der Geist Gottes erobert mich, richtet seine Herrschaft in mir auf. Sein Wort ist ein messerscharfes Schwert – es durchbohrt meine Selbstgefälligkeit, trennt Seele und Geist. Gott mischt sich entschieden in meine Sünde ein, nennt sie unverblümt beim Namen und fordert mich auf, mich von ihr abzuwenden.

Was können wir da anderes tun als in sprachlosem Staunen dastehen und unseren mächtigen, ja allmächtigen Gott bewundern? Er hat doch nebenbei gesagt alle Rechte, sich in unser Leben einzumischen. Kann denn der Besitzer eines Hauses wirklich ein Eindringling sein, wenn er den Fuß in sein Eigentum setzt? Kann ein König als Eindringling bezeichnet werden, wenn er die Untertanen seines eigenen Reiches besucht? Kann man von einem Holzschnitzer behaupten, daß er sich in fremde Dinge einmischt, wenn er sein eigenes Werkstück in den Händen hält und bearbeitet?

Gott als unerwünschter Eindringling? Nein, aus seiner Perspektive stimmt das nie. Aber aus unserer Sicht heraus ist das immer wieder der Fall – ob er nun eingreift, um uns sanft zu ermahnen, oder ob er uns ein plötzliches Gericht schickt.

Und genau deswegen habe ich dieses Buch geschrieben – damit Sie besser erkennen, wie Gottes Gegenwart sich jeden Tag in Ihrem Leben äußert, wie er sich in Ihr Leben einmischt. Sie können darüber staunen, Ihre Freude daran haben und unendlich gesegnet werden durch Ihren Herrn, der sich so sehr um Sie kümmert, daß er in Ihrem Leben einschreitet – manchmal gerade dann, wenn Sie es am wenigsten erwarten.

Wir sollten nur nicht glauben, daß Gott nicht da ist oder vor sich hin träumt! Er ist kein Gott, der den ganzen Tag untätig herumsitzt. Er hat sich auch nicht in irgendeine ferne Ecke des Weltalls zurückgezogen – gefühllos, gedankenlos, ohne sich um uns zu kümmern. Sie können vielmehr damit rechnen, daß der Herr sich einmischt – auf tausenderlei und wunderbare Art und Weise. Und Gott sei Dank, daß er es tut!

Warten

Vertrauen auf Gott,
der über aller Zeit steht

Warten

Vertrauen auf Gott, der über aller Zeit steht

„Herr, bist du da?"

Stille.

„Hörst du mich, Gott?"

Immer noch Stille.

„Hm ... soll ich daraus schließen, daß du mich bittest zu warten? Soll ich das wirklich tun? Einfach hier herumsitzen und warten?"

Sehr langes Schweigen.

„Wie kommt das nur, Gott? Wenn ich gerne vorwärts will, dann willst du unbedingt, daß ich warte. Und ein anderes Mal, wenn ich eher warten will, dann drängst du mich vorwärts. Warum ist das so?"

Ohrenbetäubendes Schweigen.

Sie hatten doch gehofft, Gott würde nicht so reagieren. Jedenfalls nicht jetzt, nicht diesmal, nicht ausgerechnet in dieser Situation! Aber er tut es. Es ist beinahe zum Verzweifeln! Er erwidert alle Ihre Fragen mit langen, ausgedehnten Zeiten des Schweigens. Keine Antworten, keine Hinweise, kein netter Schupo, kein Wegweiser, der eindeutig zeigt: „Das ist der richtige Weg, diese Richtung müssen Sie einschlagen." Nein, immer nur warten!

„Also gut, wenn ich hier doch nur sitzen und warten muß, dann will ich statt dessen lieber ..."

Und bevor Sie es richtig merken, haben Sie sich schon selbst Lärm, Aktivität und Aufregung geschaffen. Sie wollen alles andere, nur nicht diese nervtötende Stille, an der sich Ihre Seele im Innersten wundreibt.

Das ist ein sehr verbreitetes Problem: Wir stopfen wie wahnsinnig unsere Zeit voll mit immer neuen mehr oder weniger sinnvollen Dingen – alles in der Hoffnung, so die Sehnsucht unseres Herzens zu befriedigen. Wir hopsen wie die Frösche von einem Ereignis und Termin zum nächsten: Wir gehen zu einem weiteren Arbeitskreis in unserer Kirchengemeinde, wir nehmen den Posten eines Vorsitzenden an, wir arbeiten freiwillig im Kindergarten, wir organisieren das Essen für ein Fest des Bibelkreises, wir helfen nach jedem Gottesdienst mit, die Kollekte zu zählen, wir bieten unsere Hilfe im Kindergottesdienst an und so weiter und so fort.

Und wohin führt uns das alles? Am Ende sind wir glaubensmäßig erschöpft, seelisch ausgebrannt, körperlich erledigt. Und wenn wir an Gott denken, fühlen wir uns nur noch mehr ermüdet.

Oswald Chambers hat dazu geschrieben:

„Wenn wir körperlich oder seelisch gesehen in einem ungesunden Zustand sind, dann wollen wir immer etwas Aufregendes erleben. Und wenn wir im Bereich des Geistlichen unbedingt Sensationen suchen, uns immerzu mit weiten Schwingen hoch erheben wollen, dann wird das schließlich unweigerlich zur Zerstörung unserer Frömmigkeit führen.“ 1)

„Aber ich bin das Warten gründlich leid!" sagen Sie jetzt vielleicht.

Doch der Geist Jesu Christi hat Sie nicht vergessen! Er hört gut zu. Und schließlich werden Sie sich mit einem großen Seufzer hinsetzen und sagen müssen: „Jetzt bin ich am Ende mit meinem Latein. Ich gebe nach, Herr!“

Dann hat der Geist schon an Ihnen gewirkt.

Gott, der herrliche Störenfried, sieht nicht auf Ihre wahnwitzigen Anstrengungen; er geht über Ihre Geschäftigkeit einfach hinweg, er drängt sich ruhig, aber bestimmt mitten in Ihre vielen Aktivitäten und flüstert Ihnen zu: „Werde ganz still und erkenne, daß ich Gott bin!“

Selbst wenn es Ihnen schwerfällt zu glauben, daß es irgendeine sinnvolle Tätigkeit gibt, die sich in aller Stille vollzieht, so hat Gott doch schon seine verschwiegene Arbeit in Ihrem Herzen begonnen. Er schenkt Ihnen eine unerklärliche Ruhe, während Sie im Krankenhaus am Bett Ihres Mannes sitzen. Er gibt Ihnen Geduld, wenn Sie gespannt auf den Brief von der Universität warten, in dem steht, ob Sie einen Studienplatz bekommen oder nicht. Er gibt Ihnen inneren Frieden, während Sie sich um eine neue Arbeitsstelle bemühen. Und, was noch viel mehr ist: er schenkt sich Ihnen selbst, seine vertraute Nähe, während Sie noch auf eine Antwort auf Ihre tiefsten Sehnsüchte warten. Es dämmert Ihnen allmählich, daß Hetze und Aufregung fast immer falsch sind.

Die andere Waagschale

„Denn ich bin überzeugt, daß dieser Zeit Leiden nicht ins Gewicht fallen gegenüber der Herrlichkeit, die an uns offenbart werden soll" (Römer 8,18).

Als mir vor vielen Jahren im Krankenhaus jemand zum ersten Mal diesen Bibelvers zeigte, da dachte ich: „Na großartig! Was will die Bibel? Soll das etwa heißen, daß alle meine Probleme mit der Querschnittslähmung völlig nebensächlich sind?"

Zuerst verstand ich das so, als ob der Schreiber des Römerbriefs mein Leiden einfach abtun wollte, als ob er mir sagte: „Kopf hoch! Nur nicht traurig sein!" Es kam mir vor, als würde dieser Vers der Heiligen Schrift meine Sorgen leichthin beiseite schieben und die Lasten, die ich tragen mußte, als etwas Unbedeutendes behandeln. Das tröstete mich ganz und gar nicht – im Gegenteil, der Ärger schnürte mir regelrecht die Kehle zu!

Vielleicht war das aber auch nur die typische Reaktion eines störrischen jungen Mädchens auf diesen Bibelvers. Die Heilige Schrift spricht nämlich durchaus nicht leichtfertig oder rücksichtslos, wenn sie sagt, daß die Leiden dieser Zeit sich mit der Herrlichkeit, die uns noch erwartet, gar nicht vergleichen lassen. Sie versucht durchaus nicht, Berge von Schwierigkeiten kurzerhand zu Maulwurfshügeln zu erklären.

Was könnte auch grausamer sein, als leichtfertig über den Kummer und die Ängste eines Menschen hinwegzugehen? Die Enttäuschungen und die Nöte, die wir manchmal durchmachen müssen, sind Realität und sind schmerzhaft spürbar. Es ist ein billiger Trost, wenn dann jemand sagt: „Ach, wer wird denn da jammern? Kopf hoch, es wird schon alles wieder gut!"

Gottes Wort aber verbreitet keinen falschen Trost. Martyn Lloyd-Jones hat einen einfachen Vergleich gefunden, durch den wir eine ganz neue Sicht von diesem Bibelvers bekommen. Er sagt: Stellen Sie sich einen Mann vor, der an einem Tisch sitzt und eine altmodische Waage mit zwei Waagschalen vor sich hat. Auf der einen Schale liegen seine Leiden. Der Mann betrachtet sie eingehend und merkt, daß sie sehr viel wiegen. Aber dann blickt er auf die andere Waagschale und sieht die Herrlichkeiten vor sich, die noch kommen werden und die ein unendlich viel größeres Gewicht haben. Und das, was vorher so schwer schien, wirkt plötzlich leicht wie eine Feder. Das heißt nicht, daß seine Leiden an sich leicht wären, sie werden erst leicht im Vergleich zu dem viel größeren Gewicht auf der anderen Seite der Waage.

All das hörte sich für mich reichlich theoretisch an, als ich damals im Krankenhaus bewegungslos auf dem Rücken lag. Das Wunder von Römer 8,18 geschah erst, nachdem ich mich selbst gezwungen hatte, nicht mehr auszuweichen, sondern meinen Problemen ins Gesicht zu sehen – schonungslos zu erkennen, daß das Schlimmste eingetreten war. Und als ich das Gefühl hatte, diesen Druck nicht länger aushalten zu können, da schaute ich endlich auch auf die andere Seite der Waage. Ich betrachtete lange und sehr genau die Herrlichkeiten, die uns noch offenbart werden sollen.

Wie sehen denn diese Herrlichkeiten aus? C.S. Lewis ist es wohl gelungen, etwas davon in Worte zu fassen:

„Wir sollen strahlen wie die Sonne, und der Morgenstern soll uns geschenkt werden ... In einer Hinsicht hat uns Gott natürlich seinen Morgenstern schon längst geschenkt: Wir können an so manchem schönen Morgen dieses Geschenk erleben, wenn wir nur früh genug aufstehen. Was wollen wir noch mehr, fragen Sie jetzt vielleicht? ... Wir wünschen uns noch etwas anderes, was man kaum in Worten ausdrücken kann: Wir wollen eins sein mit der Schönheit, die wir sehen, ganz in ihr aufgehen, sie in uns selbst aufnehmen, in ihr baden, ein Teil von ihr werden ... Doch jetzt sind wir noch in der äußeren Welt, auf der falschen Seite der Tür. Wir empfinden die Frische und Reinheit des Morgens, aber das macht uns selbst nicht frisch und rein. Wir können uns nicht vereinen mit den Herrlichkeiten, die wir sehen. Aber aus allen Blättern des Neuen Testaments weht uns entgegen, daß es nicht immer so bleiben wird. Eines Tages, so Gott will, werden wir eintreten dürfen. Wenn die Seele des Menschen vollkommen geworden ist in freiwilligem Gehorsam, dann wird sie sich in die Herrlichkeit kleiden oder vielmehr in die größere Herrlichkeit, von der die irdische Natur nur der erste Entwurf ist. Die Natur ist sterblich, wir aber werden sie überleben. Selbst wenn alle Sonnen und Sternenschleier vergangen sind, wird jeder von uns noch am Leben sein. Die Natur ist nur das Bild, das Symbol; aber sie ist eben das Symbol, das ich nach dem Hinweis der Heiligen Schrift gebrauchen soll. Wir sind aufgerufen, durch die Natur hindurch einzutreten, über sie hinauszugehen in den blendenden Glanz hinein, den sie nur unvollkommen widerspiegelt." [2)]

Als Malerin liebe ich natürlich Sonnenuntergänge, Mondschein und das kalte Sternenlicht zwischen den Tannen im Hochgebirge. Deswegen bieten mir diese Worte ein Aufblitzen, einen kleinen Einblick in die kommenden Herrlichkeiten, die viel größeres Gewicht haben werden als all unser Kummer von heute.

Im folgenden Bibelvers scheint Paulus davon zu reden, wie wir mit verrenktem Hals auf den Zehen stehen, um durch allen Nebel hindurch einen winzig kleinen Blick auf die künftigen Wunder zu erhaschen. „Denn das ängstliche Harren der Kreatur wartet darauf, daß die Kinder Gottes offenbar werden" (Römer 8,19).

Das Beste, auf das wir in diesem Leben hoffen können, ist ein kurzer Blick durch ein Astloch hindurch auf die herrlich strahlende Wirklichkeit, die uns bevorsteht. Doch so ein kleiner Durchblick ist schon genug. Er reicht, um unser Herz davon zu überzeugen, daß all die Leiden und Sorgen, die uns vorübergehend befallen, niemals wert sind, mit dem verglichen zu werden, was uns jenseits des Horizonts erwartet.

Ja, es gibt durchaus Zeiten, in denen wir einfach auf unsere gegenwärtigen Lebensumstände sehen müssen, in denen wir feststellen, daß wir nur noch mit Seufzen auf die schwere Last starren können, die auf der einen Seite der Waage liegt. Das dürfen Sie auch, sehen Sie sich das ruhig eine Weile an.

Aber schauen Sie nicht zu lange dorthin. Die Waage hat ja noch eine andere Seite. Tun Sie danach mit den Augen Ihres Herzens einen tiefen Blick auf das, was Sie auf der anderen, ewigen Seite erwartet.

Dann werden auch Sie merken, daß die beiden Seiten gar nicht zu vergleichen sind.

Glaube für die Gegenwart

„Du mußt nur glauben, Joni ... Eines Tages wird alles wieder gut."

Ich kann Ihnen gar nicht sagen, wie oft ich solche Worte von Freunden gehört habe, die sich kurz nach meinem Unfall mit traurigem Gesicht über die Stange meines Krankenhausbettes beugten.

„Du mußt nur glauben, Joni ... Der Glaube wird dich bis zum Ende durchtragen."

Du liebe Zeit, für meine Ohren klang das ziemlich schauerlich!

Solche Worte trösteten mich nie. Sie hinterließen in mir nur das Gefühl, daß sich nun wirklich nicht mehr viel ändern würde. Meine Lähmung sollte weiterhin wie ein Gefängnis für mich bleiben, und der Glaube war nur eine Art hoffnungsvolle, tiefe Sehnsucht – ein religiöses, warmes und unbestimmtes Gefühl, das mich ein bißchen aufmuntern sollte, bis eines weit entfernten Tages alles einen Sinn bekommen würde.

Eine Frau mit großem Glauben sollte ich sein! Aber wenn das bedeutete, in meinem Rollstuhl herumzusitzen und auf einen späteren Lohn im Himmel zu warten, dann wollte ich das bestimmt nicht werden.

Was war das doch für ein ungeheures Mißverständnis! Glaube, wie die Bibel ihn versteht, ist nämlich ein Handeln in der Gegenwart. Es bedeutet, daß ich Gottes Verheißungen ernst nehme und danach handle, und zwar *heute*. Dieses Vertrauen, mit Gottes Zusagen jetzt gleich zu rechnen, ist der Stoff, aus dem große Glaubensmänner und -frauen gemacht sind. Sie nehmen Gott einfach beim Wort und leben auf dieser Grundlage. Für sie liegt der Glaube nicht im Abstrakten, nicht in einem vernebelten Nirgendwo oder in einem dämmrigen Zwielicht – er wird vielmehr mit konkreter Gewißheit im Hier und Jetzt gelebt.

Irgendwann im Laufe der Zeit habe ich das erkannt. In einer dunklen Nacht in einem sterilen Krankenzimmer sickerten die Worte aus Hebräer 11,1 durch meine hartnäckigen Abwehrversuche: „Es ist aber der Glaube eine feste Zuversicht auf das, was man hofft, und ein Nichtzweifeln an dem, was man nicht sieht." Ich erkannte allmählich, daß Glaube bedeutet, daß wir dessen ganz sicher sind, auf das wir hoffen – und zwar jetzt. Es bedeutet zu wissen, daß etwas Wirklichkeit ist, und zwar in diesem Moment – auch wenn wir es nicht sehen.

Und als ich anfing, danach zu leben, verstand ich plötzlich, daß ich mit einem Sprung im Himmel sein konnte. Ich konnte tatsächlich schon heute anfangen, in der Ewigkeit zu leben. Ich durfte darauf vertrauen, daß Gott seine Finger in meinem Leben hatte und von einem Augenblick zum anderen an mir arbeitete, selbst wenn ich das weder sehen noch spüren konnte.

Ein großer Glaube ist nicht die Fähigkeit, aufs Geratewohl in eine noch neblige, ungewisse Zukunft hinein zu glauben. Es bedeutet einfach, Gott beim Wort zu nehmen und den nächsten Schritt zu tun.

Die Frage nach dem Warum

Wenn selbst Jesus am Kreuz ausgerufen hat: „Mein Gott, mein Gott, warum hast du mich verlassen?“, dann ist es auch für mich erlaubt, diese Frage nach dem Warum zu stellen.

Ich habe mich lange Zeit gefragt, ob ich überhaupt so fragen dürfte. Meine Rufe „Warum, Herr, warum?“ kamen ja nicht aus Zorn gegen Gott. Meistens war es nichts anderes als ein menschlicher Aufschrei, ein Schrei der Verzweiflung mitten aus meiner Qual.

Im Laufe der Jahre habe ich entdeckt, daß es keine Sünde ist, den Herrn zu fragen, warum er etwas geschehen läßt. Gott wird schon mit unseren Fragen fertig. Viel wichtiger aber ist: Werden wir auch mit seinen Antworten fertig?

Er gibt nämlich durchaus Antwort. Viele von uns sind allerdings so sehr damit beschäftigt zu fragen: „Warum gerade ich?“, daß sie darüber vergessen, überhaupt nach einer Antwort zu suchen. Allerdings schmecken uns solche Antworten möglicherweise gar nicht. Sie sind meist sehr schwer zu verdauen. Aber wir können nicht einfach so tun, als ob Gott stumm bliebe. Er gibt oft kristallklare Antworten auf die tiefsten Fragen unseres Herzens.

Warum läßt Gott also das Leid zu, mit dem Sie heute fertig werden müssen? Teilweise finden Sie vielleicht eine Antwort im 1. Petrusbrief: „Ihr Lieben, laßt euch durch die Hitze nicht befremden, die euch widerfährt zu eurer Versuchung, als widerführe euch etwas Seltsames, sondern freut euch, daß ihr mit Christus leidet, damit ihr auch zur Zeit der Offenbarung seiner Herrlichkeit Freude und Wonne haben mögt“ (1. Petrus 4,12+13).

Eine mögliche Antwort könnte also sein, daß Gott Ihnen einen kleinen Anteil von dem Leiden zu tragen gibt, das Ihr Heiland durchmachen mußte. Paulus äußert im Römerbrief einen ähnlichen Gedanken: „Sind wir aber Kinder, so sind wir auch Erben, nämlich Gottes Erben und Miterben Christi, wenn wir denn mit ihm leiden, damit wir auch mit zur Herrlichkeit erhoben werden" (Römer 8,17).

Auch hier gibt uns Gott wenigstens zum Teil eine Antwort auf unsere Frage nach dem Warum. Es ist fast so, als würde er zu uns sagen: „Warum denn nicht?" Wenn Jesus so viel durchmachen mußte, so viel Leiden und Kummer, um uns das zu erkämpfen, was wir überhaupt nicht verdient haben, wenn er so viele Schmerzen erleiden mußte – sollten wir uns dann beklagen, wenn wir einen winzigen Teil von dem mittragen müssen, was er unseretwegen auf sich nahm?

Die Bibel sagt, daß auf geheimnisvolle Art das Leiden eng verbunden ist mit der Herrlichkeit, die noch vor uns liegt. Die eben genannten Bibelverse sprechen sogar davon, daß wir uns an dem Vorrecht freuen können, am Leiden Jesu Christi Anteil zu haben, und daß wir später einmal mit Freude überschüttet werden, wenn wir an seiner kommenden Herrlichkeit genauso teilhaben werden.

Das ist vermutlich nicht die Art von Antwort, die wir uns auf unsere Fragen gewünscht oder erhofft haben. Aber an diesem Punkt muß sich nicht Gott bewähren – hier geht es um uns.

Wir waren doch ohne weiteres bereit, Fragen zu stellen. Jetzt liegt es an uns, ob wir auch die Antworten Gottes akzeptieren wollen.

Das grünere Gras

Lot ließ seine Blicke über Kanaans beste Gebiete schweifen, über das herrliche Jordantal. „Kein schlechter Ort, um hier Wurzeln zu schlagen", dachte er vielleicht. Es gab dicht bewachsene, gut bewässerte Weiden, fruchtbare Felder, feuchte schwarze Erde. Und das Gras leuchtete so grün wie ein ganzes Tal voller Smaragde.

Die Sippen von Lot und seinem freundlichen Onkel Abram hatten in letzter Zeit öfter Streitigkeiten miteinander gehabt, weil sie einfach zu dicht zusammenlebten. Deshalb hatte Abram seinem Neffen großzügig angeboten, er solle sein Lager dort aufschlagen, wo er es gern wollte: „Da sprach Abram zu Lot: Laß doch nicht Zank sein zwischen mir und dir und zwischen meinen und deinen Hirten, denn wir sind Brüder. Steht dir nicht alles Land offen? Trenne dich doch von mir! Willst du zur Linken, so will ich zur Rechten, oder willst du zur Rechten, so will ich zur Linken" (1. Mose 13,8+9).

Es heißt weiter, daß Lot sich das grüne, fruchtbare Flußtal genau betrachtete und „sich die ganze Gegend am Jordan erwählte und nach Osten zog" (Vers 11).

Ja, es stimmt schon: Das Gras war herrlich grün, und der Jordan funkelte im Sonnenlicht. Aber Lot wußte nur wenig davon, daß dieses Tal auch beträchtliche Probleme in sich barg. Es gab dort eigenartige Leute mit üblen Angewohnheiten, Städte voller Verbrechen und Gewalt und sexueller Perversionen. Tödliche Dornen und stechende Brennesseln versteckten sich zwischen den anderen Pflanzen auf der weiten grünen Ebene. Und die Kosten, die Lot dafür zahlen mußte – für dies hervorragende Land, das qualitativ beste in der Gegend, unmittelbar bei Sodom und Gomorra – waren gewaltig: in seine eigene Familie brach Verderben ein.

Wenn wir ehrlich sind, müssen wir zugeben, daß Sie und ich gar nicht so viel anders veranlagt sind als unser Freund Lot, nicht wahr? Ich gehe auch immer am liebsten den leichten Weg, den geebneten Pfad, auf dem man bequem und schnell vorankommt.

„Wenn alles gut aussieht und es keine größeren Hindernisse gibt, dann muß das wohl der Weg sein, den ich nach Gottes Willen gehen soll", so denken wir. Und wenn wir dann nicht unvermittelt in Schwierigkeiten oder ernste Probleme geraten, schließen wir gern daraus, daß wir hier Gottes Segen erfahren.

Aber ach, wenn der Weg dann steinig und anstrengend wird, wenn die Dornen stechen und die Disteln ihre stacheligen Köpfe aufrichten und mir den Weg versperren, frage ich mich, was Gott sich eigentlich bei dem Ganzen gedacht hat. Und ganz gewiß fange ich dann auch an, mich öfter umzusehen und meine frühere Entscheidung für gerade diesen Weg in Frage zu stellen. Viele Gedanken gehen mir nun durch den Kopf, die alle mit „Könnte ich nur ..." und „Hätte ich doch bloß ..." anfangen.

Mein Fehler liegt darin zu glauben, das Gras wäre woanders viel grüner, nur weil der Weg dort so leicht aussieht. Tatsache ist, daß das Gras nirgendwo grüner ist. Die ersten Eindrücke von einem einfachen Weg ohne Beschwerden täuschen, sie vermitteln einfach nicht das Ganze. Wenn wir dem Kurs folgen, den Gott für uns bestimmt hat, dann werden wir überall, wo wir gehen, auch Dornen und Disteln begegnen. Sicher wird es auf unserem Weg auch viele schöne Ausblicke über die grünen Hügel und sonnenüberstrahlten Felder geben, und sie werden unser Wandern manchmal zum reinen Vergnügen machen. Aber die Heilige Schrift sagt uns eindeutig, daß wir auch mit einem gerüttelten Maß an Schwierigkeiten und Leiden rechnen müssen. Gott wird schon dafür sorgen, daß es so ist – damit wir darauf bedacht sind, bei jedem Schritt auf unserem Weg eng bei ihm zu bleiben.

Das einzig wirklich bessere und grünere Gras, von dem ich weiß, wächst im Himmel. Nur dort gibt es keine Dornen und Disteln, Schwierigkeiten und Kümmernisse mehr – er ist ein Ort des wahren Friedens und der nie vergehenden Freude, die wir zusammen mit unserem Heiland, mit unseren erlösten Freunden und Verwandten und den Heiligen aller Zeiten erleben werden.

Wenn Sie also in der Versuchung stehen zu meinen, daß das Leben irgendwo anders viel besser wäre – vielleicht in einer neuen Wohnung, in einem anderen Beruf, in einer anderen Stadt oder mit einem neuen Ehepartner – dann glauben Sie mir: Das Gras, von dem Sie träumen, ist längst nicht so grün, wie Sie meinen. Erst im Himmel wird das Leben so schön und herrlich sein, wie Sie es am liebsten hätten.

Lassen Sie sich von Satan nichts anderes einreden. Wenn sein Gras so viel grüner aussieht, dann ist es ganz bestimmt nur ein künstlicher Rasen.

„Sind wir bald da?"

Als ich noch ein kleines Mädchen war, freute ich mich immer riesig, wenn wir uns mit der ganzen Familie in unseren Kombiwagen zwängten und uns auf den Weg zu Onkel Doug und Tante Fran machten, die im Nordosten von Maryland eine Farm hatten.

Wir Kinder mochten Onkel Doug alle sehr gern. Bei ihm durften wir die Kühe melken und ihnen zu fressen geben. Es machte solchen Spaß, die Hand auszustrecken und vorsichtig das weiche, feuchte Maul einer Kuh zu streicheln, während sie bedächtig ihr Futter kaute! Die Scheune war bis obenhin voll mit Heu. Da konnten wir ganze Festungen bauen und uns mit Stroh bewerfen! Und draußen in dem großen Gemüsegarten lieferten wir uns regelrechte Schlachten mit dicken, saftigen, überreifen Tomaten.

Natürlich gab es ein bißchen Ärger, wenn wir zum Abendessen ins Haus kommen sollten und von oben bis unten voll Tomaten waren. Aber das gehörte zum Spaß einfach mit dazu.

Mit dem Auto war die Strecke bis zu Onkel Doug eigentlich gar nicht so weit, vielleicht siebzig Kilometer. Aber uns kam es jedes Mal so vor, als ob die Fahrt ewig dauerte. Wir waren noch keine Viertelstunde unterwegs, da beugten wir uns schon zu unseren Eltern vor und jammerten: „Sind wir denn noch nicht da? Wann sind wir denn endlich da?" Oder: „Warum dauert das denn so lange?"

All das fiel mir neulich wieder ein, als ich im 2. Buch Mose las. Die Israeliten waren nach vier Jahrhunderten gerade von der harten Sklaverei in Ägypten befreit worden und sahen im Geiste schon das verheißene Land vor sich. Was für ein wunderbares neues Zuhause sollte das werden! Freiheit, Ellbogenfreiheit für alle! Und was hatte Gott noch gesagt? Es sollte ein Land sein, in dem Milch und Honig fließt? Das klang zu schön, um wahr zu sein!

Bilder von diesem wunderbaren Land irgendwo im Norden müssen in den ersten Tagen ihre ganze Phantasie beflügelt haben, wenn sie morgens ihre Zelte abbauten, ihre Sachen einpackten und auf das Trompetensignal warteten, bei dem sie sich zu einem weiteren Tagesmarsch aufmachten. Aber als sie gerade erst drei Tage unterwegs waren, so erzählt die Bibel, fingen sie schon an, unzufrieden zu werden und sich zu beschweren.

Ich kann mir gut ausmalen, wie sie zu Mose und Aaron sagten: „Sind wir nicht bald da? Wann sind wir denn endlich da? Warum dauert es denn so lange?"

Dieses Gejammer muß für Mose sehr schlimm gewesen sein, denn er wußte ja, daß sie noch einen langen Weg vor sich hatten. Und genau wie wir, als wir noch klein waren, hatten die Israeliten keine Geduld und keine Selbstbeherrschung. Sie hielten gar nichts vom langen Warten und vom langweiligen Dahintrotten, ihnen ging alles viel zu langsam.

Könnte es Ihnen und mir genauso gehen, wenn wir an den Himmel, unser verheißenes Land, denken? Ist es so, daß uns das leuchtende Bild von unserem zukünftigen Zuhause vor Augen steht und wir deswegen ungeduldig und unzufrieden werden mit dem Los, das wir hier auf der Erde zu tragen haben? Denken wir öfter: „Wann werden wir endlich dahin kommen? Warum dauert es nur so schrecklich lange?" Beklagen wir uns über das lange Warten, das uns unendlich scheint, weil wir so wenig Durchhaltevermögen und Disziplin besitzen?

Wir wollen uns nicht wie kleine verwöhnte Kinder benehmen. Und erst recht nicht so wie die Nörgler in der Wüste, die ihren Führern das Herz schwermachten und ihrem Gott viel Kummer und Ärger bereiteten.

Nein, der Gedanke an das verheißene Land, das uns erwartet, an den Himmel, der uns bevorsteht, sollte unser Herz mit Freude erfüllen und uns anspornen, unseren Weg mit Mut, Kraft und wahrer Geduld weiterzugehen.

„Sind wir bald da?"

Nein, noch nicht. Noch nicht ganz. Aber jeder Tag bringt uns dem Ziel näher.

„Wann sind wir denn endlich da?"

Zu Gottes Zeit, das heißt immer zur besten Zeit. Vielleicht schon eher, als wir denken.

„Warum dauert es denn noch so lange?"

Unser Gott, der uns so liebhat, wünscht sich bestimmt noch viel mehr als wir, daß wir bald zu Hause ankommen. Aber noch gibt es viel zu tun, gibt es Menschen, die wir erreichen sollen, und die Aufforderung, unserem Heiland auf den verwinkelten Wegen durch Tage und Jahre hindurch treulich zu folgen.

Und wenn wir dann endlich die letzte Kurve genommen haben und sehen, wie Gott an der offenen Tür auf uns wartet, dann wird uns im Rückblick der Weg gar nicht mehr so lang vorkommen.

Der Schatz im Himmel

Manchen Menschen fällt es sehr schwer, sich vom Himmel die richtigen Vorstellungen zu machen. Sogar Christen werden ein bißchen verlegen, wenn sie die „Ewigkeit" beschreiben sollen – einfach weil sie so weit entfernt ist, fast unwirklich scheint. Sie ist irgend etwas zwischen einer Zeichnung aus dem Kindergottesdienst und einem Traum, an den man sich nur noch halbwegs erinnern kann. Und selbst wenn wir versuchen, uns den Himmel vorzustellen, merken wir, daß wir gar keinen so heftigen Wunsch verspüren, bald dorthin zu kommen. Der Himmel ist nicht einfach ein geistiger Zustand, er ist auch ein bestimmter Ort; aber so sehr wir es auch versuchen – es ist ganz schön schwer, sich das auszumalen.

Eigentlich ist es kein Wunder, daß wir kein rechtes Verlangen danach haben. Denn das Bild, das sich die meisten Menschen vom Himmel machen, ist alles andere als anziehend. Manche stellen sich ihn wie eine Art gespenstisches Zwielicht vor. Andere sehen beim Stichwort „Himmel" einen Bereich weit weg hinter vielen Milchstraßen vor sich, in dem pausenlos Vögel zwitschern, Orgeln mit viel Tremolo spielen und Engel von einer Wolke zur anderen hüpfen.

Wenn das eine wirklichkeitsgetreue Vorstellung vom Himmel wäre, dann hätte ich ehrlich gesagt auch nicht viel Lust, dorthin zu kommen.

Aber es ist eine Tatsache, daß wir Gläubigen auf den Himmel ausgerichtet sind. Er ist Wirklichkeit für uns. Er kann uns durchaus so nah sein wie das nächste Jahr oder sogar die nächste Woche. Deswegen ist es sinnvoll, sich hier auf der Erde über diese Zukunft, die für uns bereitet ist, ein paar unvoreingenommene Gedanken zu machen.

Ich muß zugeben, es ist schwer, einen Ort spannend und aufregend zu finden, den man noch niemals gesehen hat. Wie stellen wir es dann am besten an, den Himmel ins richtige Licht zu rücken?

Jemand hat einmal gesagt, daß Jesus zunächst das Herz in den Himmel bringt und dann erst den ganzen Menschen. Dieser Gedanke gefällt mir. Gott kennt Sie gut, er weiß, wie er das am besten macht; und es wäre sehr schwer, die Augen fest auf den Himmel zu richten, wenn unser Herz nicht ganz dabei wäre. Die Worte unseres Herrn in Matthäus 6,21 sind so lebensnah und wahr: „Denn wo dein Schatz ist, da ist auch dein Herz."

Mit anderen Worten: Wenn wir in den Himmel investiert haben, dann weiß Gott, daß auch alle Wünsche unseres Herzens dorthin ausgerichtet sind.

Ich bin überzeugt, daß dieser kurze Bibelvers das eigentliche Geheimnis enthält. Die einzige Möglichkeit, dahin zu kommen, daß wir uns an der Vorstellung vom Himmel freuen und ihn als eine Wirklichkeit ernst nehmen, liegt darin, daß wir Gott zunächst einmal unser Herz zu sich nach Hause holen lassen. Wenn wir anfangen, in die Ewigkeit zu investieren, wird der Himmel für uns ganz von selbst in den Mittelpunkt des Interesses rükken. Wenn wir von unserer Kraft und unserem Geld opfern, mehr Zeit im Gebet verbringen, Gott dabei eher loben und preisen als ihn mit Bitten überfallen, wenn wir kühn und furchtlos Zeugnis von ihm ablegen, dann legen wir sozusagen Geld im Himmel an. Wir bringen nach und nach immer mehr von uns selbst auf die andere, ewige Seite. Und wenn wir damit immer weitermachen, werden wir eines Morgens aufwachen und erstaunt feststellen, daß unser Herz genau da ist, wo es hingehört – nämlich im Himmel.

Unsere zukünftige Heimat wird uns dann nicht mehr wie eine unheimliche Zwielichtzone vorkommen. Und sie wird unsere Gedanken auch nicht mit zuckersüßen Bildern von buntschillernden Vögeln, pausbäckigen Engelchen und farbenprächtigen Regenbogen erfüllen. Nein, die Ewigkeit wird dann in unserem Denken Gestalt annehmen als ein ganz realer Ort – als der Ort, wo Gott wohnt und jetzt schon alles für unser Kommen vorbereitet.

„Deine Augen werden den König sehen in seiner Schönheit; du wirst ein weites Land sehen" (Jesaja 33,17). All das andere – die goldenen Straßen, die Perlentore und die kristallenen Flüsse – ist nicht annähernd so wichtig.

Wichtig ist nur, daß wir unseren König sehen und in Ewigkeit mit ihm leben werden. In diesem leuchtenden Augenblick werden wir endlich unser Herz wieder eingeholt haben – und damit auch die Sehnsucht unseres Herzens: Gott selbst. Und das ist genug.

Warten

Die meisten meiner behinderten Freunde werden wohl zustimmen, wenn ich sage, daß es fast die härteste Lektion für uns alle ist, Geduld zu haben. Jeden Tag müssen wir sie viele Male neu lernen.

An den Vormittagen beispielsweise, an denen mein Mann unterrichtet, kommt eine Freundin zu uns ins Haus, um mich zu waschen und anzuziehen, mir das Frühstück zu machen und bei mir zu bleiben, bis ich zur Arbeit fahre. Oft sagt sie, wenn sie hereinkommt, so etwas wie: „Ach, ist das ein herrlicher Tag heute!" Oder: „Ich glaube, heute wird es bestimmt nicht so heiß wie gestern."

Wenn ich solche Sätze höre, möchte ich am liebsten sofort aus dem Bett springen, schnell in den Garten rennen, den Tag spüren und selbst sehen, wie das Wetter heute ist. Ich möchte so gerne ein bißchen von der frischen Morgenluft einatmen und meine Rosen sehen, wenn sie noch feucht sind vom Morgentau.

Aber das ist schlicht unmöglich. Meine allmorgendliche Routine mit gymnastischen Übungen und mit Baden dauert immer mindestens eine Stunde, bevor ich überhaupt in meinen Rollstuhl komme. Also geduldig sein, es geht nicht anders!

In solchen Momenten des Wartens denke ich oft ungeduldig an all das, was noch getan werden muß. Erkennen Sie sich da wieder? Wenn Sie im Warte(!)zimmer eines Arztes sitzen, dann fallen Ihnen bestimmt sechs Telefongespräche ein, die Sie dringend führen müssen. Und wenn Sie auf der Autobahn in einem Stau stehen und nur schrittweise vorwärtskommen, denken Sie an all die Sachen, die Sie auf dem Heimweg noch unbedingt im Supermarkt einkaufen müssen, und dann wird Ihnen die Zeit doppelt lang.

Es stimmt schon, warten ist nicht leicht!

Ich habe schon unendlich viel von meiner Zeit in einem Bett oder einem Rollstuhl verbracht und gewartet. Nach meinem

Unfall beim Tauchen wartete ich darauf, von der Intensivstation in ein normales Krankenhauszimmer zu kommen. Nach weiteren drei Monaten des Wartens kam ich endlich in ein Rehabilitationszentrum. Während ich dort war, wartete ich jeden Tag darauf, zur Beschäftigungs- und Bewegungstherapie gebracht zu werden. Abends wartete ich dann auf den Besuch von Freunden oder Verwandten. Und es kam mir vor, als müßte ich ewig warten, bis ich endlich wieder nach Hause konnte.

Immer nur warten. Leider verbinden die meisten von uns dieses Wort mit Vorstellungen wie „herumlungern" oder „seine Zeit totschlagen". Wir stellen uns dabei einen Menschen vor, der mit verschränkten Armen an der Wand lehnt, gähnt und gelegentlich auf die Uhr schaut.

Aber warten ist viel mehr als nur herumsitzen, bis man endlich das bekommt, worauf man hofft. George Matheson hat einmal etwas sehr Kluges darüber geschrieben, auf welche Art und Weise wir warten sollten:

„Normalerweise verbinden wir mit Geduld die Vorstellung, einfach abzuwarten. Wir denken dabei etwa an einen Engel, der das Bett eines Kranken bewacht. Doch es gibt auch eine Geduld, die ich für viel schwerer halte, nämlich die, die laufen kann. Stillzuhalten in Zeiten des Kummers, unter dem Schlag des mißliebigen Schicksals zu verstummen, das erfordert schon große Kraft. Aber ich kenne etwas, was noch größere Kraft verlangt – nämlich die Stärke, auch unter Belastungen zu arbeiten, in Not trotz allem weiterzumachen, in Gedanken von Angst geplagt zu sein und dennoch die täglichen Aufgaben zu erfüllen. Dann ist man Jesus Christus wahrhaft ähnlich. Es ist das Schwerste, und die meisten von uns sind dazu aufgerufen: Geduld zu üben, und zwar nicht im Krankenbett, sondern auf der Straße."

Warten ist mehr als „abwarten und Tee trinken". Es verlangt Mut, unsere Geduld auf der Straße – im alltäglichen Leben – durchzuhalten, zu warten und dennoch aktiv und an allem beteiligt zu bleiben.

In Psalm 27,14 heißt es: „Harre des Herrn! Sei getrost und unverzagt und harre des Herrn!“ Zeiten, in denen wir auf andere Menschen warten, können für uns willkommene Gelegenheiten sein, uns im Warten auf den Herrn zu üben. Anstatt zappelig oder sogar wütend zu werden, könnten wir solche Momente nutzen, um uns an Bibelverse zu erinnern oder noch mehr aus Gottes Wort zu lernen. Damit meine ich nicht das mechanische Aufsagen von Worten, sondern vielmehr das Einweben biblischer Erkenntnisse in den Stoff unseres alltäglichen Lebens.

Warten Sie auf Gott und beten Sie, während Sie auf der Autobahn im Stau festsitzen! Erzählen Sie ihm von Ihrer Sorge um die vielen Dinge, die noch so schnell wie möglich erledigt werden müssen. Dann werden Sie zusehen können, wie Ihre Enttäuschung und Ihr Ärger dahinschmelzen und dem Lobpreis Platz machen, während Sie Lieder und Choräle allein für Gottes Ohren singen.

Wenn wir uns in dieser Geduld üben und in Gottes Wort immer festere Wurzeln schlagen, können wir mit dem Psalmisten sagen: „Ich harre des Herrn, meine Seele harret, und ich hoffe auf sein Wort“ (Psalm 130,5).

Wenn Sie also alleinstehend sind und auf die Ehe warten, wenn Du erst elf oder zwölf bist und sehnlichst darauf wartest, zu den Großen zu gehören, wenn Sie in Ihrem Beruf alle Hände voll zu tun haben und dringend auf eine Pause oder den Urlaub warten, wenn Sie im Rollstuhl abgestellt sind und darauf warten, daß Sie einer weiterschiebt, wenn Sie verheiratet sind und darauf warten, daß sich Ihr Mann ändert – in all diesen Situationen sollten Sie niemals vergessen zu leben, während Sie warten.

Man braucht Mut, um geduldig warten zu können und trotzdem hinauszugehen und dem Leben offen gegenüberzutreten. Aber Sie werden es schaffen. Verlassen Sie sich nur auf Gott, dann wird Ihnen solcher Mut immer wieder geschenkt werden!

Das Gebet schätzenlernen

Haben Sie sich auch schon einmal gefragt, wieso manche Leute Tausende von Mark für ein Gemälde ausgeben? Oder wie jemand in einem Museum zwanzig Minuten vor einem Bild von Rembrandt stehenbleiben kann? Oder warum Leute in lauter „Ohs“ und „Ahs“ ausbrechen, wenn sie eine Bildhauerarbeit oder die Werke eines berühmten Fotografen betrachten?

Fassen Sie sich auch manchmal an den Kopf und fragen Sie sich, was eigentlich an dieser Kunst so Besonderes ist?

Oder nehmen Sie die Musik. Erstaunt es Sie, daß es Leute gibt, die Abonnementskarten für alle Symphoniekonzerte einer Saison kaufen und kaum eine Aufführung versäumen? Warum können manche stundenlang den Kompositionen von Bach zuhören? Und was ist eigentlich so atemberaubend an einem Mendelssohnkonzert oder einem Straußwalzer oder einer Phantasie von Chopin?

Sicher, Sie müssen zugeben, daß all diese Künstler wirklich etwas konnten. Bildende Kunst und Musik sind etwas Schönes, um sich ab und zu einmal damit zu befassen – aber wie kommt es, daß manche Menschen bei solchen Sachen geradezu aus dem Häuschen geraten?

Wenn Sie so denken, kann ich Sie gut verstehen. Ich habe früher auch nur mit den Schultern gezuckt, wenn es um Kunst und Musik ging. Ich wußte es einfach noch nicht besser.

Aber ich erinnere mich auch noch, wie sich diese Grundhaltung („Nun ja, was soll schon Besonderes dabei sein?!“) allmählich änderte. Es fing damit an, daß sich der Lehrer, bei dem ich malen lernen sollte, neben mich setzte und Bildbände über Kunst mit mir anschaute. Fast auf jeder Seite hielt er an und betrachtete lange einen Druck von Monet oder eine Reproduktion von Cézanne. Und er konnte stundenlang darüber reden, wie etwa in einem Gemälde von Mary Cassatt Farben und Formen aufgebaut waren und miteinander in Beziehung standen.

Zuerst empfand ich dabei ehrlich gesagt nur Langeweile. Aber je mehr ich hinsah und zuhörte, desto mehr fing ich an, diese Kunst zu schätzen. Es wirkte erhebend auf mein Denken, wenn ich eine Zeitlang mit diesem Lehrer voller Sachverstand zusammen war. Ich fing allmählich an, Dinge zu entdecken, die ich früher nie gesehen hatte. Und je genauer ich hinsah, desto mehr zeigte sich mir und desto mehr verstand ich auch.

Wenn ich heute jemanden lange Zeit vor einem Rembrandtgemälde stehen sehe, dann kann ich das nachvollziehen.

Wenn Sie mit Malerei und bildender Kunst nichts anzufangen wissen, dann gehen Sie doch einmal in ein Museum, und beginnen Sie, sich die Kunstwerke genau anzusehen. Und wenn Sie nicht wissen, was an guter Musik so Besonderes sein soll, dann gehen Sie einmal in ein Konzert, und hören Sie aufmerksam zu.

Ich kenne einige Leute, die ähnliche Schwierigkeiten haben, wenn es um die Gebetsgewohnheiten ihrer Mitmenschen geht. Sie hören jemanden begeistert davon reden, er habe den ganzen Vormittag im Gespräch mit dem Herrn verbracht, und können dazu nur den Kopf schütteln. Und wenn man direkt fragt, werden sie ganz bestimmt zugeben, daß sie den Wert des Betens einfach nicht richtig ermessen können.

Offen gesagt: Die einzige Möglichkeit, wie Sie und ich lernen können, das Gebet wertzuschätzen, liegt darin, daß wir selbst beten. Das Gebet ist eine Kunst, die uns nur der Heilige Geist beibringen kann. Beten Sie darum, daß Sie überhaupt beten können. Bitten Sie Gott, daß er Ihnen beim Beten hilft. Beten Sie so lange, bis Sie das Gebet wirklich zu schätzen wissen.

Mit dem Beten ist es so wie mit der bildenden Kunst, der Musik und vielen anderen Gebieten: man lernt es nur zu schätzen, wenn man auch einige Zeit dafür aufwendet. Wenn Sie Zeit mit Ihrem Herrn und Meister verbringen, wird das für Ihr Denken erhebend sein. Und je mehr Sie beten, desto mehr wird Ihnen offenbart werden. Sie werden auf einmal verstehen, lächeln und zustimmend nicken, weil Sie mitfühlen können mit anderen Menschen, die auf ihren Knien lange Kämpfe durchstehen und große Freude erleben.

Dann werden Sie nicht nur die Großartigkeit des Gebetes, sondern vor allem die Größe Gottes schätzenlernen.

Kein bequemer Weg

Stellen Sie sich vor, Sie haben einen guten Freund nach dem Weg gefragt, und er händigt Ihnen eine ganz genaue, handgezeichnete Karte aus, auf der Sie jede Einzelheit finden können.

Sie sind jetzt beruhigt, daß Sie sicher ankommen werden, und machen sich auf den Weg. Doch schon bald müssen Sie feststellen, daß die Route, die Ihr Freund Ihnen aufgezeichnet hat, ein einziges Chaos ist, ja, ein wahrer Alptraum. Es ist eine Strecke voller Umleitungen, mit riesigen Schlaglöchern, großen Wasserlachen, tiefen Spurrillen und aufgerissenem Asphalt. Schreckliche Abgründe lauern hinter den abbröckelnden Rändern, und weit und breit ist keine Leitplanke zu sehen. Und nirgendwo auf der ganzen furchtbaren Straße gibt es eine Stelle, wo man wenden könnte – außerdem sind Sie schon viel zu weit gefahren, um noch umzukehren!

Da holpern Sie nun mühsam voran; scharfkantige Steine schlagen an Ihre Ölwanne, zerkratzen den Lack am Kotflügel und ruinieren Ihre Stoßdämpfer. Sie würden mit der Zeit vor Wut schäumen, nicht wahr?

Aber was Sie noch viel mehr aufbringen würde, ist der Gedanke, daß Ihr Freund ja genau wußte, wie die Straße aussah, und Sie trotzdem auf diese Reise geschickt hat. Höchstwahrscheinlich würden Sie auf dieser entsetzlichen Fahrt die Zeit damit verbringen, sich in allen Einzelheiten zurechtzulegen, was Sie diesem Spaßvogel erzählen werden, wenn Sie ihm das nächste Mal begegnen.

„Also, das eine will ich dir sagen, Kumpel: Wenn ich je wieder einmal irgendwohin fahren muß und den Weg nicht weiß, dann kann ich auf deine Hilfe garantiert verzichten!"

Was würden Sie von einem Freund halten, der Ihnen so eine Karte gegeben und Sie mit Absicht auf eine derartig halsbrecherische Strecke geschickt hätte?

Würden Sie ihn fallenlassen wie eine heiße Kartoffel?

Sie und ich, wir würden das vielleicht so machen. Aber sehen Sie sich nun einmal an, was dem Apostel Paulus passiert ist. Dieser Prediger aus Tarsus wurde auf einen Weg geschickt, der noch viel entsetzlicher war als die Straße, die ich eben beschrieben habe – eine Strecke voller Gefahren, Hunger, Erniedrigung, Einsamkeit, Schrecken und Blutvergießen.

Die Anweisungen für diese Fahrt bekam Paulus auch noch mitten in der Nacht in einer einsamen Gefängniszelle – und sie kamen geradewegs aus dem Mund Gottes! „In der folgenden Nacht aber stand der Herr bei ihm und sprach: Sei getrost! Denn wie du für mich in Jerusalem Zeuge warst, so mußt du auch in Rom Zeuge sein" (Apostelgeschichte 23,11).

Gut, der Herr Jesus Christus sagte Paulus also, wo es langgehen sollte. „Die Richtung, die du einschlagen sollst, Paulus, führt nach Rom. Bleib auf diesem Kurs, ganz gleich, was passiert. Du kannst es gar nicht verfehlen."

Wenn Jesus selbst die Reise organisiert, dann kann man doch wohl eine Fahrt erster Klasse erwarten, oder? Von wegen! In den zwei langen Jahren dieser Reise nach Rom erlebte Paulus ein gerütteltes Maß an Umleitungen, tiefen Spurrillen, schweren Unglücksfällen und schier unüberwindlichen Hindernissen. Dauernd gab es Schwierigkeiten, mörderische Anschläge und Gefängnisaufenthalte. Und dann kam noch ein riesiger Umweg dazu, als ein Sturm das Schiff vierzehn Tage lang auf dem Mittelmeer hin und her warf, bis es endlich auf eine Sandbank auflief. Dabei brach es auseinander, und Paulus schaffte es, bis zu einer Insel zu schwimmen. Dort wurde er dann auch noch von einer Giftschlange gebissen.

Ein leichter Weg? Wahrhaftig nicht, die Straße nach Rom war alles andere als eine bequeme Autobahn! Und die Kosten, die Paulus für diese Fahrt zu zahlen hatte, waren sogar unvorstellbar hoch. Und doch war es genau der Weg, den Paulus nach dem Willen Jesu gehen sollte! Und Paulus vertraute seinem Freund. Obwohl die Straße mühsam war und manchmal sogar tückische Gefahren barg, vertraute er ihm. Er kündigte Jesus niemals die Freundschaft auf.

Und als er dann endlich in Rom ankam? Da konnte ihn der Herr sehr gut gebrauchen!

Sie wünschen sich vielleicht auch manchmal, die Straße, auf die Jesus Sie geschickt hat, hätte eine Stelle, an der man wenden kann. Vielleicht sind Sie sogar schon versucht gewesen, einfach den Rückwärtsgang einzulegen und still und heimlich die Richtung zu ändern.

Hören Sie gut zu! Nehmen Sie einfach diese Risiken und Gefahren, die Schlaglöcher, Rillen, Umwege und all das andere, als sichere Zeichen dafür, daß Sie auf dem richtigen Weg sind.

Denn wenn Sie sich auf einer großen, breiten und bequemen Straße wiederfinden, dann sollten Sie sich eigentlich viel mehr Sorgen machen.

Loben und Preisen

Ein dankbares Herz in einer Welt voller Schmerzen

Loben und Preisen

Ein dankbares Herz in einer Welt voller Schmerzen

Manchmal wird das Lob Gottes in uns emporsteigen wie ein übernatürliches Aufsprudeln – einfach aus der unbändigen Freude heraus, daß wir Jesus Christus kennen dürfen. Solch ein Loben und Preisen ist ein Vergnügen, ja, eine reine Wonne!

Wie kann man diesen Strom von anbetenden Worten eigentlich beschreiben, der über unsere Lippen fließt und bis zum Thron Gottes vordringt? Wie kann man dieses Phänomen erklären? Es sperrt sich gegen jede wissenschaftliche Untersuchung oder Analyse. Die Freude an Gott ist ein Lob, das für sich selbst spricht!

Aber Lob kann auch ein fast übermenschlicher Entschluß sein, eine bewußte Entscheidung, eine feste Glaubensübung, eine geistliche Kraftanstrengung.

Vielleicht muß ich diese Art Lob erst noch etwas näher erklären: Wenn wir Gott aus solch einem wohlüberlegten Entschluß heraus loben, so ist das ein wirkliches Opfer für uns. Ein Lobopfer wird Sie immer etwas kosten. Und es ist in jedem Fall schwierig, dies Opfer zu bringen!

Denken Sie einmal einen Moment lang über die tiefsten Krisen in Ihrem persönlichen Leben oder in dem Ihrer Familienangehörigen nach: die Entdeckung eines bösartigen Krebsgeschwürs beispielsweise oder eine andere schlimme Krankheit, ein schwerer finanzieller Verlust, die Schwangerschaft Ihrer unverheirateten Tochter oder die zornige Auflehnung Ihres Sohnes. Wenn Sie in solch bitter schweren Zeiten Ihr Herz fest gemacht und trotz allem Gott gelobt haben, dann haben Sie damit ein großes Opfer gebracht. Wenn Sie wie der Psalmist zu Gott sagen konnten: „Ich aber will immer harren und mehren all deinen Ruhm“ (Psalm 71,14), dann waren Ihre Worte Opfer, die Sie gewiß einiges gekostet haben.

So ein Lobopfer wird immer eine kostspielige Sache sein. Es verlangt, daß wir unseren Stolz und unsere Wut sozusagen in Zahlung geben – ja sogar das, was wir am höchsten schätzen, nämlich unsere menschliche Logik. Dann stehen wir sehr in Versuchung zu meinen, daß Gott nun wirklich seine Kompetenzen überschreitet, wenn er von uns verlangt, ihn in so schweren Lagen zu loben und zu preisen – wo es uns doch jetzt viel näher liegt, erhebliche Zweifel an ihm zu äußern. Dann werden wir gezwungen sein, unsere Lobesworte bewußt und genau auszusprechen, selbst wenn unsere Logik dabei aufschreit und meint, Gott habe nicht die geringste Ahnung davon, was er uns damit zumutet.

Im Psalm 65,1 singt David: „Gott, man lobt dich in der Stille zu Zion, und dir hält man Gelübde.“ Ich habe mir sagen lassen, daß das hebräische Verb im ersten Teil des Verses auch mit „still vertrauen“ übersetzt werden kann. Solch ein Vertrauen könnte man ungefähr in die folgenden Worte fassen:

„Herr, ich habe lange wegen dieser Not, dieser Last, die du mir aufgelegt hast, zu dir gebetet, und jetzt will ich mein Herz bewußt auf das Loben ausrichten, selbst bevor ich irgendeine Antwort von dir erkennen kann. Die Erhörung meines Gebetes ist noch nicht eingetroffen, aber ich warte weiter auf sie. Und mein Lob, ein Opfer von mir, soll mein Geschenk an dich sein, ein sichtbares Zeichen meines Glaubens und meines Vertrauens.“

Ich glaube, daß Gott ganz besonders geehrt wird, wenn wir ihm ein solches Lobopfer darbringen. Er wird verherrlicht, wenn wir ihm Worte der Anbetung schenken, die wir unserem schmerzgeplagten und verwundeten Herzen abringen. Und er weiß das kostbare Gewicht jedes Lobwortes zu schätzen, das ihm aus solcher Haltung geopfert wird.

Die meisten Verse in Gottes Wort zum Thema „Loben“ sind von Männern und Frauen geschrieben worden, die mit großem Kummer, mit Ungerechtigkeit, Verrat, Totschlag und einer

Menge anderer unerträglicher Situationen konfrontiert waren. Da wundert es uns nicht, daß wir in Hebräer 13,15 daran erinnert werden, wie wertvoll und wichtig das Lob Gottes ist – selbst dann, wenn es uns richtiggehend weh tut: „So laßt uns nun durch ihn Gott allezeit das Lobopfer darbringen, das ist die Frucht der Lippen, die seinen Namen bekennen."

„Durch ihn" bedeutet „durch Jesus", und nur so werden wir überhaupt fähig, solche Opfer zu bringen. Warum? Ganz einfach, weil Jesus Gottes Opfer für uns war! Ist es dann zuviel verlangt, wenn wir bloß Worte opfern sollen? Nein, niemals! Gott überschreitet keineswegs seine Kompetenzen, er verlangt nichts Unzumutbares von uns, wenn er uns bittet, ein Opfer durch Loben und Preisen zu bringen.

Er war mehr als großzügig zu uns. Und genauso großzügig sollen wir jetzt mit unseren Worten sein, wenn wir ihn loben und preisen.

Was immer Sie nun Gott für ein Lob schenken, ob es Worte überschäumender Freude oder ein schwer erkämpftes Loben aus bewußtem Entschluß heraus ist – ich wünsche mir jedenfalls, daß Ihnen die Gedanken auf den folgenden Seiten dabei helfen können, sich mit Loben und Preisen fest auf Gott auszurichten.

Das Selbstmitleid lauert vor der Tür

Unsere moderne Technologie, die uns so viele praktische neue Produkte beschert hat wie etwa Plastik, Insektenvertilgungsmittel oder Konservierungsstoffe, bedroht meine Freundin Linda wie ein geradezu tödlicher Fluch.

Linda hat eine schwere chemische Vergiftung hinter sich. Und dadurch hat sie die Fähigkeit verloren, unsere alltägliche synthetische Umwelt überhaupt auszuhalten.

Letzte Woche habe ich sie in ihrem kleinen Haus weit hinten in den Bergen von Santa Barbara besucht. Dafür mußte ich schon vierzehn Tage vorher mit einer vollständigen „Entgiftung" meiner Kleider, meines Körpers und meiner Haare anfangen. Ich durfte weder Parfüm noch Deodorant, noch Seife benutzen. Ja, ich durfte nicht einmal Knoblauch oder Zwiebeln oder irgendwelche scharfen Gewürze essen.

Während ich dann mit Linda zusammensaß und wir gemeinsam aßen, erzählte sie mir von einem Vorfall, der ein paar Tage zurücklag: Sie war gezwungen, längere Zeit in ihrem Schlafzimmer eingesperrt zu sein, nur weil die Nachbarn ganz unten in der Straße im Garten grillten. Denn wenn Linda durch den Wind auch nur eine Nase voll von dem Geruch der Zündflüssigkeit mitbekommt, mit der die meisten Leute das Grillfeuer anzünden, besteht schon die Gefahr, daß sie in Ohnmacht fällt.

Wegen dieser ganz besonderen Art von Behinderung ist Linda meist allein. Sie lebt isoliert von ihren Freunden und ihrer Familie. Und doch wird ihre Einsamkeit oft von einem sehr hartnäckigen Besucher vor ihrer Tür gestört. Dieser stets unwillkommene gute alte Bekannte klopft immer wieder an, jammert und bittet inständig, doch hereingelassen zu werden. Er heißt Selbstmitleid.

Ganz gewiß kann man verstehen, daß Linda oft die Versuchung spürt, diesen unermüdlich drängenden Gast einzulassen.

Es liegt so nahe und wäre so leicht für sie, sich selbst leid zu tun – beispielsweise wenn sie ein altmodisches Telefon aus Metall benutzen muß, dessen abgenutzte Teile niemand mehr ersetzen kann. Sie kann sich damit nur mühsam und schreiend mit ihrem Gesprächspartner verständigen, und nachher ist sie jedes Mal entnervt und ganz erschöpft.

Hat Linda es denn nicht wirklich schwer? Finden Sie nicht auch, daß sie ab und zu ein bißchen Freizeit verdient hat, die sie ruhig zusammen mit ihrem Besucher Selbstmitleid verbringen sollte? Manche Leute würden wohl so denken, und man kann das eigentlich gut verstehen.

Aber wie denkt Linda selbst darüber? Sie hat mir folgendes erzählt: „Nein, Joni, weißt du, Leiden und Krankheit und Schmerzen, das alles steht wahrhaftig nicht sehr weit oben auf meiner Wunschliste; ich weiß viele bessere Möglichkeiten für ein glückliches Leben. Aber Gott allein kann entscheiden, was das Beste für mich ist. Nur er überblickt alles von Anfang bis Ende. Er ist der einzige, der weiß, was nötig ist, um mich in das Bild seines Sohnes umzugestalten. Und wenn es darum geht, in meinem Leben zustande zu bringen, was er sich vorgenommen hat, spart er eben auch nicht mit Mühen und Schmerzen. Ich brauche kein Mitleid von anderen, und Selbstmitleid brauche ich noch viel weniger."

Wir alle kennen Tage, an denen das Selbstmitleid wie ein unverschämter, hartnäckiger Hausierer immer wieder an unserer Tür steht und auf den Klingelknopf drückt. An solchen Tagen kommt es uns vor, als ob niemand auf der Welt ein so schweres Los zu tragen hätte wie wir. Sie kennen das auch: Erst fällt ein Teller hin und geht kaputt, dann klingelt dauernd das Telefon, der Mülleimer ist hoffnungslos überfüllt, der automatische Öffner für die Garagentür funktioniert nicht mehr, und schließlich werden Sie auch noch von Ihrer Bank informiert, daß dieser Scheck leider nicht ausgezahlt werden kann, weil Ihr Konto überzogen ist.

„Ach, was hab ich's doch so schwer!" denken Sie dann unwillkürlich.

Doch bevor Sie jetzt dem Selbstmitleid Tür und Tor öffnen,

denken Sie an Linda in den Bergen von Santa Barbara, die so viel Alleinsein erträgt und doch umgeben ist von den Gebeten vieler Freunde, die oft an sie denken. Linda weigert sich einfach, dem hartnäckigen Klopfer an ihrer Tür Einlaß zu gewähren.

Und wenn selbst sie es schafft, ihre Tür verschlossen und verriegelt zu halten, dann können Sie das auch.

Jesu Leiden und unser Leiden

Es hat gar keinen Zweck, meinen Mitarbeitern bei „Joni and Friends" etwas vorzumachen. Sie haben mich schon in meinen schlimmsten Augenblicken erlebt.

Schon öfter war ich total niedergeschlagen, wenn ich ins Büro kam, aus diesem oder jenem Grund völlig mutlos. Und meine Freunde in unserem gemeinsamen Dienst sind dann so mitfühlend gewesen, daß sie mich wirklich trösten konnten. Wenn wir uns dann gegenseitig ein paar Schwierigkeiten und Gebetsanliegen mitgeteilt hatten, habe ich allmählich wieder das Gefühl gewonnen, daß ich wirklich und wahrhaftig ein Teil der Leidensgemeinschaft bin.

Alle Christen haben Anteil an dieser wunderbaren Gemeinschaft. Durch ein teilnehmendes Lächeln, das Reden über innere Kämpfe, das Abnehmen von schweren Lasten im Gebet, durch gemeinsame Tränen und auch durch Trost und einen gelegentlichen Ratschlag werden wir alle in die Gemeinschaft der Leiden Christi eingeführt.

Für uns alle, die wir glauben, gibt es in den Zeiten des Leidens eine wunderbare, unerklärliche Anteilnahme am Leben und an der Kraft Jesu. Wir stehen in einer Gemeinschaft, in der die Kraft Jesu vollkommen wird – nicht neben oder jenseits unserer Schwäche, sondern wirklich mitten in unserer Schwäche. Zwei Worte, die mit am häufigsten mit dem Leiden von Christen in Zusammenhang gebracht werden, sind ausgerechnet „Trost" und „Freude".

Aber an diesem Punkt müssen wir unbedingt den großen Unterschied verstehen zwischen unserem Leiden und dem Leiden, das unser Herr durchgemacht hat.

Für den Herrn Jesus Christus gab es nämlich keine Gemeinschaft im Leiden. Ihnen begegnete nur die hölzerne Gefühllosigkeit seiner Jünger, vom ersten Tag an bis zum Ende seines Dienstes. Für ihn gab es nur den schrecklichen Höhepunkt der Isolation am Kreuz, bis hin zu dem Punkt, daß er sich sogar von seinem Vater verlassen fühlte und sich den Flammen des Gotteszorns ausgeliefert sah.

Seine Qualen wurden durch keine Gemeinschaft gelindert, wir aber können in unserem Kreuz Freude finden. In Hebräer 12,1+2 wird uns gesagt: „Laßt uns aufsehen zu Jesus, dem Anfänger und Vollender des Glaubens, der, obwohl er hätte Freude haben können, das Kreuz erduldete und die Schande gering achtete." Mit anderen Worten: Jesus konzentrierte sich auf das, was hinter diesen entsetzlichen Stunden lag – auf seine Zukunft zusammen mit dem Vater und auf die Rettung von Millionen von Menschen, die ihm im Laufe der Geschichte vertrauen würden. Aber Gott sei Dank, *wir* können auch *in* unserem Leid Freude erleben, ja, mittendrin. Wir haben einen Trost, den wir sofort erleben können, in diesem Moment, in dem wir leiden müssen.

Für Jesus war das ganz anders, völlig anders.

Sie müssen in Ihren Schmerzen nicht allein bleiben. Sie haben einen Trost. Sie können sich für die Freude entscheiden. Und all das ist erst möglich geworden durch unseren Heiland. Er hat auf den Trost verzichtet, damit Sie ihn haben sollten. Er hat die Freude beiseite geschoben, damit Sie Anteil daran haben sollten. Er entschied sich bewußt für die völlige Isolation, damit Sie in Ihrem Leiden und Ihren Sorgen nie mehr allein sein sollten. Er erlebte keine wirkliche Gemeinschaft, damit Sie in diesem Augenblick Gemeinschaft haben können.

Dann wollen wir, Sie und ich, doch unseren Märtyrerkomplex fallenlassen, nicht wahr? Sie werden niemals die Isolation oder Verlassenheit oder das schreckliche Gefühl, von allen vergessen zu sein, so empfinden müssen wie unser Herr. Sie haben ja immer Gemeinschaft – die Gemeinschaft des Leidens!

Und die haben Sie gerade deshalb, weil er sie nicht hatte.

Märtyrer in unserer Zeit

Neulich habe ich ein ganz altes Zitat gründlich entstaubt. Es stand in einem dieser seltsamen altmodischen Bücher, die wir oft ganz oben im Regal stehen haben oder weit hinten im Schrank; ein Buch, das ganz bestimmt niemals auf eine unserer heutigen Bestsellerlisten christlicher Bücher gekommen wäre. Der Satz lautete folgendermaßen: „Die Krone der Herrlichkeit in dieser Welt ist das Märtyrertum, und das Blut der Märtyrer ist die Saat der Kirche."

Solche Sätze hören wir in unserer Zeit nicht besonders oft, oder? Sie sind wirklich nicht so zugkräftig, daß sie etwa die Einschaltquoten bei den christlichen Fernsehsendungen in den USA deutlich erhöhen könnten. So einen Satz werden Sie auch nie liebevoll in Kreuzstich gestickt an der Wand hängen sehen oder mit goldenen Lettern auf einer Glückwunschkarte wiederfinden. Und er hat auch wenig Chancen, auf ein T-Shirt oder einen Aufkleber gedruckt zu werden.

Solche Worte klingen heute ziemlich abgestanden, nach einem ganz anderen Zeitalter, das schon lange her und sehr weit weg ist.

Und doch gab es nichts, was in den ersten Zeiten der Kirche eher die Macht gehabt hätte, ungläubige Menschen zum Glauben zu bringen, als gerade das Zeugnis der leidenden Gläubigen. Denn mit staunenden Augen sah die Welt zu, wie Christen – selbst wenn sie geschlagen, mißhandelt, zum Tode verurteilt und den Löwen vorgeworfen wurden – ihrem Gott dafür dankten, daß sie für würdig gehalten wurden, Schande und Leiden um seines Namens willen auf sich zu nehmen.

Nichts hat Ungläubige damals und heute so sehr aufgerüttelt wie die Art, in der Gläubige mit den Härten des Lebens fertig wurden. Sie fragten sich, was das denn für eine geheimnisvolle Kraft sei, die diese Christen fähig machte, so ruhig, ja sogar voller Freude zu bleiben – selbst mitten in den fürchterlichsten Lebensumständen.

Die meisten von unseren Versuchungen und Lasten sind federleicht im Vergleich zu den Martyrien, die die ersten Christen erdulden mußten. Die Heilige Schrift erinnert uns daran, daß die meisten von uns noch nicht so heftig leiden mußten, daß sie in ihrem Kampf gegen die Sünde „aufs Blut widerstanden" hätten (Hebräer 12,4). Uns drohten noch keine brüllenden Löwen, kein Tod auf dem Scheiterhaufen und kein Erschießungskommando.

Doch wenn wir tatsächlich leiden, sei es durch die Schläge und Schrammen des alltäglichen Lebens oder aber, weil wir Zeugnis für Jesus Christus ablegen, dann sollten wir darauf mit doppeltem Dank und mit dreifacher Freude antworten.

Der Herr hat den Gläubigen in der westlichen Welt viele Schmerzen und Leiden erspart. Er war sehr gnädig zu uns. Vielleicht sogar so sehr, daß wir, wenn einmal wirklich harte Zeiten kommen, gleich „befremdet sind, als widerführe uns etwas Seltsames" (1. Petrus 4,12).

Aber es stimmt heute noch genauso wie vor vielen Jahrhunderten: Das Blut der Märtyrer ist die Saat der Kirche. Und nichts wird die Menschen um uns herum so sehr überzeugen und überführen wie die friedvolle und positive Art, wie wir, Sie und ich, auf die Leiden und Unglücke unseres 20. Jahrhunderts reagieren. Die ungläubige Welt, das heißt Ihre Nachbarn, der nette Mann an der Tankstelle, der Briefträger, die Frau in der Reinigung, Ihr Chef – alle beobachten, auf welche Weise wir mit unseren Schwierigkeiten fertig werden.

Durch die Gnade Gottes können Sie am Glauben festhalten ohne Murren und Klagen, können Sie auch in der Not voller Freude bleiben, können Sie die Versuchung, jetzt den großen Märtyrer zu spielen, verscheuchen, können Sie Dank sagen in allen Dingen und dem Herrn vertrauen und gehorchen – ganz gleich, was geschieht.

Das wird sicher noch kein Martyrium sein, aber es wird doch eine Umgebung, die Sie beobachtet, erstaunen und aufrütteln. Es wird suchende Männer und Frauen dazu bringen, sich mit Jesus noch einmal ganz neu zu beschäftigen.

Widrige Lebensumstände

Wenn uns in unserem Leben Schwierigkeiten begegnen, die wir uns selbst zuzuschreiben haben, und wir dann Gott gegenüber eine ergebene Haltung einnehmen, so ist das eine Sache für sich. Etwas ganz anderes aber ist es, wenn uns mit voller Wucht unerwartete Nöte treffen – schwierige Situationen, für die wir selbst gar nichts können.

Da schleudert Ihnen beispielsweise auf der Straße plötzlich ein betrunkener Autofahrer über den Mittelstreifen entgegen. Ein grimmig dreinschauender Arzt stellt in der Untersuchung ein Krebsgeschwür fest. Bei der Neuberechnung des Finanzamts rutscht Ihr Einkommen in eine höhere Steuerklasse, und Sie müssen plötzlich viel mehr bezahlen. Beim Fußballtraining bricht irgendein Verteidiger Ihrem heranwachsenden Sohn ein Bein. Ein raffinierter Taschendieb stiehlt Ihr Portemonnaie oder Ihre Brieftasche. Oder ein alter Freund zieht plötzlich Ihren Namen im ganzen Bekanntenkreis in den Schmutz.

Das alles sind Ereignisse und Umstände in Ihrem Leben, die Gott zuläßt und über die Sie selbst keinerlei Kontrolle haben. Und das sind bekanntlich die, mit denen man am schwersten fertig werden kann.

Doch lassen Sie uns jetzt einen Augenblick an den Apostel Paulus denken. Der kann mitreden, wenn es um Probleme geht, die einen aus heiterem Himmel treffen und für die man keinerlei Verantwortung trägt! Paulus war bestimmt nicht selbst an seinem Schiffbruch schuld. Und es war auch nicht seine Idee, daß er in Damaskus mit dem Tode bedroht wurde und dann die Demütigung ertragen mußte, nachts in einem Korb über die Stadtmauer heruntergeschmuggelt zu werden. Er hatte nie geplant, mit einer riesigen Volksmenge eine große Szene in Lystra aufzuführen, nach der er gesteinigt wurde und halbtot liegenblieb. Die Sklavin mit der lauten, schrillen Stimme, die ihm in Philippi überall nachlief, einen großen Krawall verursachte und ihm damit nur einen schlechten Ruf einbrachte, hatte er auch nicht angeworben. Und wenn er den Leuten ihre Fragen beantwortete – konnte er dann etwas dafür, daß sie böse und aufgebracht wurden, weil sie die Wahrheit hörten?

Nein, Paulus war höchstwahrscheinlich nicht verantwortlich für die widrigen Umstände seines bewegten Lebens. Aber er war sehr wohl verantwortlich für die Art und Weise, wie er darauf reagierte.

Und wie reagierte er? Er stöhnte eben nicht auf: „O nein, jetzt geht das schon wieder los!" Sondern er sagte: „Darum bin ich guten Mutes in Schwachheit, in Mißhandlungen, in Nöten, in Verfolgungen und Ängsten, um Christi willen, denn wenn ich schwach bin, so bin ich stark" (2. Korinther 12,10). Und weiter sagte er: „Darum dulde ich alles um der Auserwählten willen, damit auch sie die Seligkeit erlangen in Christus Jesus mit ewiger Herrlichkeit" (2. Timotheus 2,10).

Sehen wir uns einmal den Vorfall in Philippi genauer an, der in Apostelgeschichte 16 beschrieben wird: Die Richter der Stadt ließen Paulus und Silas an einen Pfahl fesseln und grausam auspeitschen. Dann folgten weitere Demütigungen. Die Beamten nahmen die Missionare, die voller Wunden und Striemen waren, und steckten sie kurzerhand in die Sicherheitszelle des Stadtgefängnisses, wo ihre Füße außerdem noch in einen Block gesperrt wurden. Da saßen sie nun in einem feuchten, stinkenden Verlies, weit weg vom Tageslicht.

Paulus muß halb ohnmächtig gewesen sein, und Silas ging es sicherlich genauso schlecht. Jeder Knochen tat ihnen weh, und aus ihren frischen Wunden sickerte Blut. Und doch tun sie in ihrem dunklen Verlies etwas schier Unglaubliches. Um Mitternacht, in der dunkelsten und einsamsten Stunde, fangen sie an, zu beten und Loblieder zu singen. Sie summten nicht nur leise vor sich hin, und sie murmelten auch nicht ein Stoßgebet zwischen vielem Stöhnen und Seufzen. Nein, trotz der dicken Mauern und schweren Türen heißt es da: „Die Gefangenen hörten sie" (Vers 25).

In dieser mitternächtlichen Stunde gewannen ihre Loblieder den Kampf gegen Satan. Es heißt in Psalm 106,47: „Hilf uns,

Herr, unser Gott, und bring uns zusammen aus den Heiden, daß wir preisen deinen heiligen Namen und uns rühmen, daß wir dich loben können!" In dieser schrecklichen Situation zu jammern oder zu schimpfen, sich zu ärgern oder aufzubegehren, sich zu beklagen oder zu lamentieren hätte bedeutet zu unterliegen. Aber wer würde wohl Paulus oder Silas einen Vorwurf daraus machen, wenn sie in so einer Situation ein paar häßliche Bemerkungen hätten fallenlassen?

Doch der Bericht zeigt, daß sie es nicht taten. Sie ließen sich nicht unterkriegen, sie ergingen sich nicht in gedankenlosen, ärgerlichen Worten. Sie siegten und triumphierten im Lobpreis! Was war das für ein gewaltiges Zeugnis für ihre Mitgefangenen! Und wie eindrucksvoll für den Gefängnisaufseher! Und außerdem eine Ermutigung für zahllose Generationen von unterdrückten Gläubigen, die diesen Bericht später gelesen und neuen Mut daraus geschöpft haben.

Worte – verstehen wir eigentlich ganz und gar ihre Macht? Kann irgendeiner von uns die gewaltige Kraft völlig begreifen, die hinter den Dingen steht, die wir sagen? Halten wir, bevor wir anfangen zu reden, manchmal inne und denken erst einmal nach über die Auswirkungen der Sätze, die wir aussprechen wollen?

Es ist nicht verwunderlich, daß die Bibel den Sätzen, die über unsere Lippen kommen, so viel Bedeutung beimißt. Es wundert einen kaum, daß der Brief des Jakobus die Zunge einer solch genauen Musterung unterzieht. Wie können wir auch nur in einem Moment Segen aussprechen und im nächsten schon fluchen? Wie kann süßes und bitteres Wasser aus ein und derselben Quelle sprudeln? Es schüttelt mich, wenn ich an die vielen Male im Laufe eines einzigen Tages denke, an denen ich mich bitter beklage oder ein paar gut gezielte, nadelspitze, verletzende Sätze losschicke.

Wenn Sie und ich uns den Sieg über unsere widrigen Lebensumstände wünschen, dann werden wir ihn nur im Lobpreis Gottes erreichen. Ganz gleich, wie sehr Ihre Kinder Ihnen auf die Nerven fallen, ganz gleich, wie oft Sie das Gefühl haben, daß andere rücksichtslos über Sie hinweggehen, ganz gleich, mit welchen Situationen Sie zu Hause oder im Büro fertig werden müssen ... ein Erfolg ist immer möglich, wenn wir unsere gehässige Zunge im Zaum halten und den Kampf mit Worten ausfechten, die unseren Herrn preisen.

Denn wir sind sehr wohl verantwortlich, vielleicht nicht für alle unsere Schwierigkeiten, aber für alle unsere Reaktionen.

Wenn Paulus und Silas sogar im Gefängnis Loblieder singen konnten, dann können auch Sie Gott dort Lobopfer bringen, wo das Leben Sie gerade hingestellt hat. Sogar jetzt, in diesem Augenblick.

Überströmendes Leben

Neulich habe ich wieder einmal den 23. Psalm gelesen. Dabei bin ich plötzlich über ein paar vertraute Worte gestolpert: „... und schenkest mir voll ein." In meiner Übersetzung steht: „Mein Kelch fließt über."

Was soll das eigentlich heißen?

Wenn etwas bis oben hin voll ist und überfließt, dann denken wir gewöhnlich an Verschwendung. Die Wassermasse, die das Fassungsvermögen eines Staudamms übersteigt, ergießt sich in den Fluß und strömt schließlich zum Meer hin. Benzin, das über einen Tank hinausfließt, verunreinigt den Boden. Kaffee, der an einer übervollen Tasse herunterläuft, macht Flecken auf den Teppich. Milch, die beim Einfüllen über den Meßbecher schwappt, fließt in den Ausguß. Die meisten Menschen setzen „überfließen" mit „verschwenden" gleich oder mit „wertvolle Güter vergeuden".

Aber was ist mit einem Leben, das überströmt? Was ist mit einem Menschen, der bis oben hin voll ist mit der Freude und Gnade und Liebe Gottes, der davon regelrecht überfließt? Läuft das alles in den Abfluß? Hören wir einmal, was in Römer 15,13 dazu steht: „Der Gott der Hoffnung aber erfülle euch mit aller Freude und Frieden im Glauben, daß ihr immer reicher werdet an Hoffnung durch die Kraft des heiligen Geistes."

Immer reicher sollen wir werden – bis wir überfließen. Denn: „Wer an mich glaubt, wie die Schrift sagt, von dessen Leib werden Ströme lebendigen Wassers fließen" (Johannes 7,38). Gott meint also wohl, daß diese Art von Überfluß eine gute Sache ist. Er scheint sich keinerlei Sorgen über diese „Verschwendung" wertvoller Güter zu machen.

Paulus hat einen Grund dafür genannt, als er an die Thessalonicher schrieb: „Euch aber lasse der Herr wachsen und immer reicher werden in der Liebe untereinander und zu jedermann, wie auch wir sie zu euch haben" (1. Thessalonicher 3,12).

Immer reicher an Liebe also sollen wir werden, bis wir davon überfließen. Was für ein Bild! Gott will nicht, daß der Überfluß seiner Liebe in unserem Leben im Rinnstein landet oder sich in Luft auflöst. Er will damit andere Menschen geradezu tränken! Das Übersprudeln seiner Liebe und Güte in unserem Leben soll den Leuten um uns herum Gutes tun und ihnen Mut geben.

Man kann das gar nicht verhindern. Es ist einfach unvermeidlich! Wenn Sie bei Ihren Familienmitgliedern, Freunden, Nachbarn oder Mitarbeitern etwas für Jesus Christus tun wollen, dann lassen Sie sich zuallererst mit der Freude und dem Frieden Gottes erfüllen. Und der Herr wird Ihnen voll einschenken, Ihr Kelch wird bis zum Rand gefüllt, und es wird immer noch mehr nachgegossen. Schließlich fließt alles über, über die Ränder Ihrer Seele hinaus. Ihre Liebe wird sich in alle Richtungen verströmen. Ihre Freude wird sprudeln wie das Wasser in einem nie versiegenden Brunnen und in vertrockneten Boden eindringen – in das Leben der vielen mutlosen und zynisch gewordenen Menschen in Ihrer Umgebung.

Das ist die großzügige Gnade Gottes, sagt Paulus – die Liebe ist so reichlich vorhanden, daß sie überfließt und dadurch allen Menschen zugute kommt. Gott hat auch mit Ihnen etwas vor, er will, daß Sie zum Wohle anderer da sind. Deshalb lassen Sie Ihren Kelch ruhig überfließen. Das ist keine Verschwendung! Nichts von diesem Überschuß an Liebe wird im Abfluß landen oder verlorengehen. Vertrauen Sie Gott, gehorchen Sie ihm. Dann wird er die Schleusentore in Ihrem Leben öffnen und mehr von seiner Gnade und seinem Frieden in Sie einströmen lassen, als Sie jemals fassen könnten.

Hören Sie gut zu, die Sie sich konservative Christen nennen: Gott hat uns niemals gebeten, seine Liebe in Konserven zu füllen und gut verschlossen aufzubewahren.

Ausreichende Gnade

In der Welt sagt man: „Was man nicht heilen kann, das muß man ertragen." Christen aber sagen: „Was man nicht heilen kann, daran kann man sich freuen." Glauben Sie das?

Der Apostel Paulus versichert uns, daß es möglich ist. Er schreibt: „Darum will ich mich am allerliebsten rühmen meiner Schwachheit" (2. Korinther 12,9). Der Pfahl in seinem Fleisch war immer noch spitz, seine Wunden noch schmerzhaft und tief. Aber er merkte, daß die Gnade Gottes größer war.

Die Gnade Gottes. Ich selbst habe erst letzte Woche wieder gemerkt, daß sie mir reichlich zur Verfügung steht, als ich für eine geringfügige Operation ins Krankenhaus mußte. Wegen meiner Behinderung ist bei mir allerdings keine Operation „geringfügig". Meine Ärzte mußten deshalb alle möglichen seltsamen und komplizierten Vorkehrungen treffen: eine besondere Narkose, spezielle Operationsvorbereitungen, besondere intravenöse Infusionen, eine Monitorüberwachung meines Blutdrucks und Herzschlags, und sie mußten auch eine längere Zeit der Beobachtung nach dem Eingriff einplanen.

Als ich endlich dalag und auf die Operation wartete, war die ganze Sache schon halb vorbei, bis mir einfiel, daß ich ja eigentlich große Angst haben müßte. Schläuche wurden mir angeschlossen und wieder abgenommen, der Blutdruck schoß in die Höhe und fiel wieder ab, dann kam die Sauerstoffmaske; es wurde immerzu an mir gearbeitet. Doch mir fiel in diesem Moment auch noch etwas ganz anderes auf, nämlich daß ich leise ein Kirchenlied vor mich hin sang, das die Gnade Gottes pries.

Meine jüdischen Ärzte hatten anscheinend nichts gegen dieses abendliche Konzert einzuwenden.

Es klingt vielleicht merkwürdig, aber ich muß sagen, daß ich diese Operation nicht nur über mich ergehen ließ, sondern mich richtig an ihr freuen konnte. Und warum? Weil Gottes Gnade nicht nur immer genug ist, sondern weil sie auch zu jeder Zeit und in jeder Notlage für uns erreichbar ist. Wir müssen nicht um sie betteln und flehen, wir müssen auch keine Buße tun, um dieser Gnade würdig zu werden. Gottes Gnade, seine Liebe in Aktion, ist kein Gefallen, um den wir unseren Herrn inständig bitten müßten, sondern ein Geschenk, das er uns aus freien Stücken gibt und an dem wir uns von Herzen freuen sollen.

Wir müssen Gott nicht erst bitten, daß er uns eine ausreichende Menge von seiner Gnade zur Verfügung stellt; er hat uns bereits versichert, daß es für jede schwere Zeit und Notlage unseres Lebens immer auch genug Gnade geben wird. Diese Gnade wiegt die Not bei weitem auf; sie liegt schon für uns bereit und muß nur in Anspruch genommen werden. Gott hat uns seine Gnade schon längst geschenkt, es liegt nur an uns, sie auch anzunehmen.

Wie lang und breit und hoch und tief ist doch diese Zusage der Gnade – sie reicht wahrhaftig aus!

Was auch immer Sie also an Schwerem im Kopf oder auf dem Herzen haben: Kommen Sie mit ganzem Vertrauen zum Thron der Gnade, damit Sie dort die Gnade finden, die Ihnen in Ihrer Not helfen kann.

Trinken Sie nur in tiefen Zügen von diesem Quellwasser der Gnade. Es gehört Ihnen. Und es ist reichlich davon da.

Sonnenschein verbreiten

Als ich noch ein kleines Mädchen war, da waren mein Onkel Eddie und ich ganz dicke Freunde.

Es machte unendlich viel Spaß, mit ihm zusammenzusein. Immer wenn wir mit ihm und meiner Tante zum Zelten fuhren, folgte ich ihm wie ein kleiner Schatten. Ich glaube, es lag daran, daß er so gerne lachte, immer etwas Lustiges zu erzählen wußte und uns Kinder hoch in die Luft warf, mit uns alberte oder einen freundschaftlichen Ringkampf machte.

Solange ich zurückdenken kann, hat Onkel Eddie immer denselben alten Schlager vor sich hin gesummt, gepfiffen oder gesungen:

„Du bist mein Sonnenschein, mein einz'ger Sonnenschein.
Du machst mich glücklich an jedem Ort.
Du weißt ja gar nicht, wie ich dich liebe.
Ach bitte, nimm mir diesen Sonnenschein nicht fort."

Ich mochte dieses Lied, und er sang es immer wieder gerne. Ja, das tut er sogar heute noch.

Onkel Eddie ist Meister in einer besonderen Kunst, und ich wünschte mir, viel mehr von uns würden sich darin regelmäßig üben – nämlich in der Kunst, Sonnenschein zu verbreiten. Die meisten Menschen um uns herum hungern nach einem Lächeln oder einem freundlichen Wort. Da ist es ein großes Glück, wenn wir denen, die keinen Grund zum Lächeln haben, unser eigenes Lachen und unsere Freude schenken können.

Jesus hat etwas ganz Ähnliches getan. Es stimmt schon, in vieler Hinsicht war er auch der „Mann der Sorgen". Aber er hatte etwas an sich, was Männer, Frauen und Kinder zu ihm hinzog; sie fühlten sich in seiner Gesellschaft wohl. Petrus, der ein Augenzeuge des Dienstes unseres Herrn Jesus Christus war, sagt dazu kurz und knapp: „Er ist umhergezogen und hat Gutes getan“ (Apostelgeschichte 10,38). Ja, selbst noch in der Nacht, in der er verraten wurde, sang er mit seinen Jüngern ein Loblied für Gott.

Ich kann mir gut vorstellen, wie er den Männern und Frauen, denen er auf seiner Wanderschaft begegnete und die von vielen Lasten niedergedrückt waren und nicht mehr lächeln konnten, von seinem eigenen Wesen, von seiner Freude etwas abgab – und so sein Gebot, daß wir uns untereinander lieben sollen, mit einem eindrucksvollen Lebenszeugnis untermauerte.

Es ist traurig, daß viele von uns – die wir uns nach seinem Namen nennen und den eigentlichen Schlüssel zum Leben besitzen – oft dazu neigen, uns als stirnrunzelnde Richter über die Ansichten und Taten anderer Menschen aufzuspielen. Irgendwie sind wir der irrigen Meinung, daß nicht Jesus Christus richten sollte, sondern wir; daß es unsere Aufgabe sei, anderen ihre Schuld aufzuzeigen und nicht etwa die Aufgabe des Heiligen Geistes. Wir fangen an, andere Christen zu beurteilen, ihre Schwächen zu taxieren und sie in „Gläubige“ und „Abtrünnige“ einzuteilen. Wir werden nörgelig, hart, unflexibel und humorlos. Ganz und gar nicht Gottes Art!

Wenn wir aber zulassen würden, daß die Liebe Christi in unseren Herzen aufsprudelt und ungehindert durch unser Leben strömt, dann würden wir die starken Gläubigen froh machen und die schwachen stärken können. Dann würden wir sogar dazu gebraucht, die Menschen, die fern von Jesus stehen, in seine Arme zu ziehen – und dort würde ihr Leben sich ändern.

Um es ganz einfach auszudrücken: Wir würden Sonnenschein verbreiten. Und zwar keinen künstlichen, nachgemachten, sondern den echten – das Licht des Sohnes, das uns Hoffnung, neuen Mut, einen neuen Sinn für unser Leben und ewige Rettung bringt.

Denken Sie an Jesus, der einfach umherzog und Gutes tat, auch wenn die Leute um ihn herum nicht lächeln konnten. Werden Sie nicht gleich wütend auf einen Menschen, der sich so benimmt, wie es Ihnen nicht gefällt. Schenken Sie ihm vielmehr das Lächeln, das er so nötig braucht. Verbreiten Sie den Sonnenschein der grenzenlosen Liebe Ihres Herrn.

Damit könnten Sie nebenbei auch Ihren eigenen Alltag ein bißchen strahlender machen.

Weit überwinden

Beim Bibellesen kam es mir auf einmal vor, als ob die Worte mir förmlich entgegenspringen würden. Natürlich hatte ich sie schon früher gelesen, viele Male sogar. Aber warum hatten sie mich noch nie so getroffen wie jetzt?

Ich hatte gerade im Römerbrief gelesen, im achten Kapitel. Und mitten in diesem wohlvertrauten Abschnitt der Heiligen Schrift las ich den bekannten Vers: „Aber in dem allen überwinden wir weit durch den, der uns geliebt hat" (Vers 37).

Weit? Was soll das heißen, daß wir in allem *weit* überwinden? Man sollte denken, daß es schon genug wäre, mit Müh und Not das durchzustehen, was Paulus mit „dem allen" meint: Trübsal, Angst, Verfolgung, Hunger, Blöße, Gefahr und Schwert (Vers 35). Was könnten wir denn wohl noch mehr tun?

Ich habe lange darüber nachgedacht. Und vor kurzem habe ich neue Einsichten zu diesem Bibelvers gewonnen, und zwar durch einen Text, bei dem ich es gar nicht erwartet hätte, nämlich durch einen Zeitungsartikel. Es ging dabei um eine junge christliche Frau, der beide Beine amputiert worden waren. Im Laufe des Gesprächs bekam der Reporter einen erstaunlichen Satz zu hören: „Gerade als ich anfing zu glauben, ich hätte das, was man allgemein mit ‚Behinderung' bezeichnet, jetzt bewältigt", so sagte die junge Frau, „da begriff ich, daß das nichts ist, was bewältigt werden muß. Behinderung muß vielmehr akzeptiert, angenommen werden."

Diese Geschichte gab mir zu denken. Die Welt würde wohl von so einer Frau erwarten, daß sie die Beschränkungen durch ihre schwere Behinderung zu bewältigen lernt; sie soll sie besiegen, über den Haufen werfen, über ihre Schwierigkeiten Herr werden. Wenn sie das schafft, wird sie bewundert.

Aber Gott erwartet von uns, daß wir noch einen Riesenschritt weitergehen. Durch Jesus Christus können wir noch mehr tun als etwas bloß bewältigen, durch ihn können wir es sogar akzeptieren. Wir können Schweres annehmen, ja willkommen heißen. Wir können es, wie der Apostel sagt, „für lauter Freude erachten“ (Jakobus 1,2).

Und genau das hat die Frau mit den beiden Beinprothesen getan. Durch Jesus Christus besiegte oder bewältigte sie nicht nur ihre schwierigen Lebensumstände. Nein, sie nahm sie sogar voller Freude an als eine Möglichkeit, die stärkende, Kraft verleihende Gnade Gottes zu erleben. Und so konnte sie ihre Behinderung „weit überwinden“.

Man braucht nicht unbedingt zwei Beinprothesen zu haben, um zu verstehen, was diese junge Frau meinte. Vielleicht haben Sie zwei heranwachsende Kinder, die Sie manchmal dahin bringen, daß Sie sich am Ende Ihrer Kraft fühlen. Oder man stellt gleichzeitig mehr als zwanzig drängende, hartnäckige Anforderungen an Ihre Zeit und Energie. Oder Sie stehen in irgendwelchen ärgerlichen Situationen, und Sie spüren, daß Sie darüber Herr werden müssen, um überhaupt damit leben zu können.

Bewältigung ist eine menschliche Leistung, die man durch Willenskraft, Schneid und pure Entschlossenheit erreichen kann.

Aber Annahme geht darüber hinaus. Sie erfordert mehr als rein menschliche Kraft. Doch nur so können wir weit überwinden. Hier brauchen wir Jesus Christus, der sich in unser Leben einmischt.

Das Licht leuchten lassen

Du mein Licht so klein, verbreite deinen Schein,
du mein Licht so klein, verbreite deinen Schein,
verbreite deinen Schein, verbreite deinen Schein ...

Sie werden sich wundern: Dieses kleine Kinderlied hat eine biblische Grundlage! Als der Herr Jesus Christus auf dieser Erde lebte, war er das Licht der Welt. Aber jetzt hat er diese Bestimmung an Sie und mich weitergegeben. Er sagt zu uns: „Ihr seid das Licht der Welt. Es kann die Stadt, die auf einem Berge liegt, nicht verborgen sein. Man zündet auch nicht ein Licht an und setzt es unter einen Scheffel, sondern auf einen Leuchter; so leuchtet es allen, die im Hause sind. So laßt euer Licht leuchten vor den Leuten, damit sie eure guten Werke sehen und euren Vater im Himmel preisen" (Matthäus 5,14–16).

Das ist eine ziemliche Verantwortung, finden Sie nicht?

Wenn Gott seine ehrfurchtgebietende Heiligkeit beschreibt, dann setzt er sie ebenfalls mit dem Licht gleich. Johannes bestätigt: „Gott ist Licht, und in ihm ist keine Finsternis" (1. Johannes 1,5).

Wenn ich in diesem Zusammenhang an den Herrn denke, habe auch ich die Vorstellung von einem Gott, der „in einem Licht wohnt, zu dem niemand kommen kann" (1. Timotheus 6,16). Stellen Sie sich nur einmal vor, Sie müßten Ihre offenen Augen direkt gegen einen hell strahlenden, riesigen Suchscheinwerfer drücken. Wer könnte schon in ein solch starkes Licht sehen, ohne blind zu werden?

Doch die Bibel geht noch weiter und sagt, wir sollen heilig sein, weil Gott heilig ist. Wir sollen so im Licht leben, wie er im Licht lebt. Irgendwie soll etwas von dem strahlenden Glanz Gottes im Leben seiner Kinder auf dieser Erde sichtbar werden.

Was für ein Licht sind Sie wohl? Ich jedenfalls bin kein Suchscheinwerfer, schon gar kein großer, strahlender Stern. Und doch erwartet Gott von mir, daß ich leuchten soll, immer und immer leuchten.

Licht kann ganz verschiedene Leuchtkraft haben – und ist zum Glück doch immer hundertprozentig Licht. Manche Christen, die ich kenne, sind wie Kerzen: sie glühen mit einladender Wärme, so daß andere Menschen von ihnen angezogen werden. Dann wieder gibt es Gläubige, die eher wie Scheinwerfer sind – sie können andere regelrecht durchleuchten. Christen, die die Gabe des Lehrens haben, erinnern mich immer an verläßliche, stabile Glühbirnen – sie vertreiben die Dunkelheit und beleuchten die Dinge so, wie sie wirklich sind. Außerdem gibt es auch noch die Laserstrahl-Christen, die Dummheit und Nichtigkeit schonungslos entlarven und dafür sorgen, daß notwendige Aufgaben erledigt werden. Und Taschenlampenchristen haben die besondere Stärke, andere Menschen aus der Dunkelheit herauszuführen, ihnen den richtigen Weg zu zeigen und sie wieder in Sicherheit zu bringen.

Leider verbreiten manche Gläubige ein sehr unstetes Licht. Sie erinnern eher an Streichhölzer: erst sind sie Feuer und Flamme für den Herrn, aber schon bald sind sie total ausgebrannt. Andere sind wie Feuerwerksraketen – ein strahlendes, aufblitzendes Licht, das die Beobachter in Verwunderung erstarren läßt. Aber danach stehen alle immer noch im Dunkeln.

Die Grundlinie aller unserer Überlegungen aber ist: Gott will, daß wir seine Lichter in dieser Welt sind, und zwar die besten, die wir nur sein können. Mit ihm als Kraftquelle sollen wir unseren Schein verbreiten, so gut wir nur können. Das kann ein helles Strahlen sein oder ein warmes Leuchten, ein durchdringendes Scheinen oder ein beständiges Glühen. Verschiedene Menschen mit ganz unterschiedlichen Persönlichkeiten, Stärken und Schwächen werden das Licht Gottes auch in ganz verschiedener Intensität erstrahlen lassen. Dennoch bleibt es immer echtes Licht, und unsere dunkle Welt kann davon gar nicht genug bekommen. Lassen wir also unser Licht leuchten!

Gehorsam

Leben unter Gottes Aufsicht

Gehorsam

Leben unter Gottes Aufsicht

Ist Ihnen das auch schon einmal passiert, daß Sie einen Bibelvers mindestens ein dutzendmal gelesen haben, ohne daß er Sie jemals angesprochen hat? Und dann überfliegen Sie ihn ein anderes Mal nur so im Vorübergehen – und schon trifft er Sie voll in Herz und Verstand!

Es gibt Momente, da freuen Sie sich richtig darüber, daß der Heilige Geist sich einmischt. Die neu gewonnene Einsicht läßt Sie unwillkürlich lächeln. Aus dem Nichts heraus erkennen Sie plötzlich, was Gott mit einem bestimmten Wort eigentlich meint. Ein strahlender neuer Gedanke erschließt sich Ihnen.

Doch bei anderen Gelegenheiten gibt es absolut nichts zu lächeln. Im Gegenteil, die neue Einsicht läßt Sie aufstöhnen oder sogar weinen. Gott zeigt Ihnen beispielsweise auf, daß Sie eine Freundin zu sehr gängeln. Sie sind zerknirscht, weil Sie erkennen, daß Sie einen neuen Mitarbeiter angeschnauzt haben. Oder Sie schämen sich, weil Sie über eine Nachbarin abfällig geredet haben. Dann sind Sie vom Wort Gottes schmerzhaft getroffen worden und haben von jetzt an keine Entschuldigung mehr, wenn Sie in Zukunft dem Herrn in diesem Punkt ungehorsam sind.

Andrew Murray hat zu diesem Thema einmal folgendes gesagt:

„Jesus hat keinerlei Nachsicht gegenüber allem, was einen Menschen, der in seinem Dienst steht, letztlich zerstört. Wenn Gott Ihnen also einen Bibelvers in Erinnerung bringt, der Ihnen weh tut, dann können Sie sicher sein, daß darin etwas steht, was Ihnen nach Gottes Willen auch weh tun soll.“ 3)

Gott arbeitet nun mal auf diese Weise. Er nimmt es da sehr genau. Er will nämlich nicht, daß wir unseren Ungehorsam nur ganz allgemein oder ungenau erkennen. Er hat konkrete Worte für uns, die uns konkret von unserer Schuld überführen.

Erst neulich ist mir so etwas passiert. Ich las gerade das dritte Kapitel des Johannesevangeliums und stieß dabei auf einen Vers, den ich mindestens schon 189mal flüchtig gelesen und dann leichthin beiseite geschoben hatte. Aber an diesem Tag trafen mich die Worte Jesu wie ein Peitschenhieb: „Und wie Mose in der Wüste die Schlange erhöht hat, so muß der Menschensohn erhöht werden, damit alle, die an ihn glauben, das ewige Leben haben" (Johannes 3,14+15).

Es fing alles mit einer sehr befremdlichen Frage des Heiligen Geistes an: „Magst du gerne Schlangen?"

Schlangen? Igittigitt! Sie sind widerlich, eklig, schauderhaft. Jedes Mal, wenn ich eine sehe, will ich mich so schnell wie möglich abwenden. Aber was hat dieser Bibelvers eigentlich mit Schlangen zu tun?

„Sag du es mir doch!" spürte ich den Heiligen Geist in mir drängen.

Na ja, Jesus hatte wohl einen bestimmten Grund dafür, daß er die Worte „Schlange" und „Menschensohn" im gleichen Satz benutzt hat.

„Nämlich?"

Na, ich schätze, er setzte sich damit selbst mit dieser ehernen Schlange gleich, die Mose damals an einer Stange befestigt hat. Auf diese Schlange sollten die Menschen im Volk Israel sehen, wenn sie von den giftigen, feurigen Schlangen gebissen worden waren – dadurch wurden sie vom sicheren Tod gerettet (4.Mose 21,4–9).

„So hat sich Jesus also selbst zu einer Schlange gemacht, zur Schlange der Sünde."

Jesus sollte so etwas sein wie eine Schlange? Nein, niemals! Schlangen sind viel zu widerlich, zu ... boshaft.

„Aber Jesus wurde ja wahrhaftig zur Sünde, und zwar an deiner Stelle. Was denkst du denn, wie der Vater seinen Sohn angesehen hat, den Sohn, der zur Sünde geworden war?"

Da traf es mich mit voller Wucht. Plötzlich dämmerte es mir, warum Jesus von der Schlange sprach, als er seine Kreuzigung beschrieb. Als der Vater seinem Sohn den Rücken kehrte, da war er tatsächlich angewidert von dem Stück Sünde, zu dem Jesus geworden war, von dieser verachteten Sündenschlange. Kein Wunder, daß Gott sich von seinem Sohn abwandte und ihn verließ. Vielleicht hatte er in diesem Moment genau solche Gefühle wie ich, wenn ich mich von einer ekligen, widerlichen Schlange abwenden will.

Die Sünde ist tatsächlich etwas Abscheuliches, etwas schrecklich Beleidigendes für Gott. Und wenn ich bedenke, daß meine Sünden – einzelne, ganz konkrete Sünden wie etwa gemeine Bemerkungen, bewußte Übertreibungen oder stolze Gedanken – einen Keil zwischen den Vater und seinen geliebten Sohn am Kreuz getrieben haben, dann schneidet mir das ins Herz. Dann werde ich von meiner Schuld überwältigt und bin gedemütigt.

Gott hat mich mit diesen Versen aus Johannes 3 schmerzhaft getroffen. Doch ich bin sicher, daß es in mir etwas gab, was er absichtlich treffen wollte – nämlich meine Neigung, Ungehorsam recht vage und allgemein zu betrachten. Denn die Wahrscheinlichkeit, daß ich meinen Ungehorsam korrigiere, ist viel geringer, wenn die Sünde dick und weich eingepackt daherkommt – als ein generelles, nebelhaftes, nur unzureichend beschriebenes Unrecht. Es ist dagegen viel wahrscheinlicher, daß ich mein persönliches Unrecht erkenne und davon lasse, wenn der Heilige Geist bei mir zielsicher eine ganz bestimmte Sünde herausgreift.

Unsere konkreten Sünden verletzen Jesus auch sehr konkret. Wenn wir begreifen, was unser Ungehorsam bei ihm angerichtet hat, und wenn wir sehen, wie widerwärtig unser Ungehorsam für den Vater war, dann sollten wir eigentlich den Wunsch verspüren, unser Leben viel konsequenter als bisher von der Sünde rein zu halten. Schneidet Ihnen das nicht auch ins Herz? Überwältigt und demütigt es Sie nicht auch? Wenigstens ein bißchen?

Ich hasse Schlangen, weil sie so eklig sind. Und ich wünsche mir, ich würde meine Sünde wenigstens halb so stark hassen.

Alte Gewohnheiten sitzen tief

Als ich als junges Mädchen im Krankenhaus war, lernte ich dort einen Mann kennen, der stark hinkte und dadurch sehr behindert war. Jeden Morgen sah ich ihn, wenn er mit Hilfe eines Gehgestells mühsam den Flur entlanghumpelte. Wir alle auf unserer Station freuten uns mit diesem Mann auf den Tag, an dem er durch eine umfangreiche Operation von seiner Behinderung befreit werden sollte.

Endlich kam dieser Tag! Die Chirurgen ersetzten mehrere kranke Gelenke. Seine Bewegungsfähigkeit war nun wieder hergestellt.

Doch noch fast ein Jahr nach der erfolgreichen Operation hinkte der Mann. Ich weiß noch, wie ich ihn begrüßte, als er zu einem Besuch wieder einmal in das Krankenhaus kam. Zu meiner Verwunderung brauchte er immer noch einen Stock, und man sah deutlich, wie er humpelte.

„Es ist doch schade, daß die Operation bei dem Mann gar nichts geholfen hat", meinte ich eines Tages zu einem unserer Ärzte.

Doch der schüttelte nur den Kopf: „Aber die hat durchaus etwas geholfen!" sagte er zu mir. „Wissen Sie, der humpelt jetzt nur noch aus Gewohnheit."

Ja, dieser Mann hatte in den langen Jahren seiner Behinderung feste Gewohnheiten entwickelt. Und jetzt geriet er meist immer noch in das alte Fahrwasser und humpelte wie früher, obwohl er ganz davon befreit war.

Auf ähnliche Weise neigen wir Christen zum Sündigen – hauptsächlich aus Gewohnheit. Wir wissen ja eigentlich, daß wir in Jesus Christus für die Sünde und ihre Herrschaft über uns schon tot sind. Sie hat keine Macht mehr über uns, weil wir durch den Tod und die Auferstehung Jesu Christi befreit worden sind. Wir sind vollkommen frei, ein Leben zu führen, wie es

Gott gefällt. Lesen Sie nur einmal die Verkündigung Ihrer Emanzipation nach, etwa bei Römer 6–8 oder Galater 2,20, 1. Petrus 2,24 oder 2. Petrus 1,3–4.

Aber alte Gewohnheiten verliert man schwer. Das gilt für hinkende Männer genauso wie für Christen. Wenn wir Christen werden, dann sind wir auf geistlicher Ebene von dem harten Griff der sündigen Gedanken und Taten befreit. Aber leider haben wir als Ungläubige im Laufe von vielen Jahren feste Gewohnheiten entwickelt. Und oft müssen wir feststellen, daß wir unvermittelt wieder ins alte Fahrwasser geraten, in Wege des Ungehorsams und des Todes:

Es ist eine alte Angewohnheit, wenn wir nur auf uns achten und an anderen Menschen vorbeisehen.

Es ist eine alte Angewohnheit, wenn wir es jemand heimzahlen wollen, der uns verletzt hat.

Es ist eine alte Angewohnheit, wenn wir unserem Appetit auf jedem Gebiet nachgeben.

Es ist eine alte Angewohnheit, wenn wir für unsere eigenen Ziele leben und nicht nach Gott fragen.

Wenn wir Christen werden, so ist das so ähnlich wie eine tiefgreifende Operation – eine Herztransplantation, wenn Sie so wollen. Und doch ist es ein harter Kampf, die alten Gewohnheiten zu lassen. Sie und ich werden wohl tatsächlich den ganzen Rest unseres Lebens damit verbringen müssen, die alten dreckigen Kleider auszuziehen und statt dessen die neuen Gewänder der Heiligkeit anzulegen.

Ich mag besonders, wie Paulus davon in Römer 13,14 spricht: „Zieht an den Herrn Jesus Christus und sorgt für den Leib nicht so, daß ihr den Begierden verfallt."

Sie selbst wissen genau, auf welche alten sündigen Gewohnheiten Sie sich heute wieder einlassen. Die sind schwer totzukriegen, nicht wahr? Ob es sich nun darum handelt, die Wahrheit ein bißchen zu vertuschen, Ihre eigenen Überzeugungen anderen Menschen aufzuzwingen, lüsternen Phantasien nachzuhängen oder was sonst auch immer!

Hören Sie ab heute damit auf, sich auf solche alten, morschen Krücken zu stützen. Denn Sie sind wirklich frei von der Macht der finsteren Gewohnheiten, also fangen Sie auch an, danach zu leben! Stimmen Sie mit Paulus in die strahlenden Worte der Befreiung ein: „Ich bin mit Christus gekreuzigt. Ich lebe, doch nun nicht ich, sondern Christus lebt in mir. Denn was ich jetzt lebe im Fleisch, das lebe ich im Glauben an den Sohn Gottes, der mich geliebt hat und sich selbst für mich dahingegeben" (Galater 2,19+20).

Denn eins ist sicher: Ihre große Operation war ein voller Erfolg.

Ein süßer, lieblicher Geruch

An einem klaren, kalten Tag wird Ihnen vielleicht manchmal unvermittelt der Duft eines würzigen Holzfeuers aus dem Schornstein Ihres Nachbarn in die Nase steigen. Oder mag sein, daß Sie sich aus dem Schlafzimmerfenster lehnen, tief einatmen und auf einmal den köstliche Duft der Tannen in dem kleinen Wäldchen hinter Ihrem Zaun wahrnehmen.

Und da wir gerade von guten Gerüchen reden: Ich liebe den Duft frischer, noch feuchter Wäsche, wenn sie draußen auf der Leine hängt. In kühler Luft riecht sie warm und naß und sogar ein bißchen parfümiert vom letzten Spülgang. Als ich noch ein junges Mädchen war, half ich meiner Mutter oft dabei, wenn sie die Wäsche hinten im Garten aufhängte. Dann vergrub ich am liebsten meine Nase in den feuchten Hemden meines Vaters. Die rochen so gut, so appetitlich frisch.

Und noch heute geht es mir so: Wenn ich irgendwo den Duft des Waschmittels in die Nase bekomme, das meine Mutter damals nahm, sehe ich lebhaft vor mir, wie ich ihr bei der Wäsche half. Düfte und Gerüche haben überhaupt die Eigenart, einem lang vergessene Erlebnisse plötzlich wieder vor Augen zu stellen, so, als wären sie erst gestern geschehen. Ich bin sicher, daß die Parfümindustrie deshalb viele Millionen scheffelt. Raffinierte Geschäftsleute wissen genau, daß ein Hauch eines bestimmten Parfüms oder Haarwassers uns plötzlich liebe Erinnerungen und Umarmungen wieder lebendig werden läßt, kristallklar und überwältigend schön.

Doch Gottes Wort hat schon vor vielen Jahrhunderten von dieser Macht des Duftes gesprochen, als es noch kein einziges unserer heutigen Parfüms gab. Paulus hat an die Korinther folgendes geschrieben: „Gott aber sei Dank, der uns allezeit im Triumphzug umherführt in Christus und den Geruch seiner Erkenntnis an jedem Ort durch uns offenbart! Denn wir sind ein

Wohlgeruch Christi für Gott unter denen, die errettet werden, und unter denen, die verlorengehen" (2. Korinther 2,14+15; hier nach der Revidierten Elberfelder Bibel).

Bei dem Wort „Triumphzug" klingt die Praxis der römischen Sieger durch, die nach einem erfolgreichen Feldzug eine große Siegesparade durch Rom veranstalteten. Zuerst vergleicht sich der Apostel mit einem der Gefangenen, die in solch einem Zug mit langen Ketten hinter dem Wagen des Eroberers hergehen mußten, dann mit einem Diener, der Weihrauch trägt, und schließlich mit dem wohlriechenden Weihrauch selbst, der in Duftwolken über der ganzen Parade hing.

Paulus kannte die Macht, die hinter einem süßen Duft steht. Es war so, als ob er gesagt hätte: „Ich will ein Leben führen, das Gott dauernd an den Gehorsam, das Opfer und die Hingabe des Herrn Jesus Christus erinnert. Ich möchte, daß meine Worte und Taten für Gott duftende Erinnerungen an das irdische Leben Jesu sind."

Ist das nicht ein erstaunlicher Gedanke? Stellen Sie sich einmal vor, wie etwa der Geruch eines Buchenholz-Kaminfeuers in Ihnen herrliche alte Erinnerungen aufsteigen läßt, so daß Sie unwillkürlich lächeln müssen. Auf die gleiche Weise, so sagt die Bibel, kann Ihr gehorsames Leben Gott Freude machen mit einem Duft, der ihn lebhaft an den Gehorsam Jesu erinnert.

Da wollen wir nicht zulassen, daß der Ungehorsam aus unserem Leben einen schlimmen Gestank macht! Sie sind berufen, ja, Sie haben sogar das Vorrecht, ein süß duftender Wohlgeruch für Gott zu sein.

Also verströmen sie Ihren Duft, seien Sie gehorsam! Erinnern Sie Gott an Jesus Christus, geben Sie das frische Aroma von Gottes Sohn mitten in die abgestandene Atmosphäre einer sterbenden Welt.

Womit fängt Disziplin an?

Ken, mein Mann, der früher einmal Fußballtrainer war, denkt bei dem Begriff Disziplin gleich an eine harte, beherrschte, durch und durch männliche Haltung – für ihn mit dem Ziel verbunden, ein Leben nach Gottes Art zu führen. Er möchte so gerne ein Mann nach Gottes Herzen sein, ja, er sehnt sich förmlich nach solcher Disziplin.

Nun hielt gerade am letzten Sonntag unser Pfarrer, Dr. John MacArthur, eine ausgezeichnete Predigt zu diesem Thema. Ich kann Ihnen sagen, da war mein Mann ganz Ohr! Er hatte seinen Bleistift und seinen Notizblock gezückt und saß konzentriert und hoch aufgerichtet auf der Kirchenbank, begierig auf alle neuen Einsichten aus Gottes Wort, die er jetzt gleich hören würde.

Aber mein fest entschlossener und guter Mann nach Gottes Herzen sollte eine ziemliche Überraschung erleben.

Anstatt eines schmetternden Trompetenstoßes, der ihn anspornen sollte, sein Letztes zu geben für ein Leben in noch mehr Disziplin, hörte er eine Erkenntnis, auf die er ganz und gar nicht vorbereitet war.

„Wo beginnt man eigentlich mit der Disziplin?" fragte Dr. MacArthur und fuhr dann fort: „Am besten fangen Sie damit an, daß Sie Ihr eigenes Zimmer aufräumen!"

Ken setzte sich verblüfft in seiner Bank zurück. Ich konnte die Enttäuschung an seinem Gesichtsausdruck ablesen. Ich glaube, er hätte sofort ja gesagt, wenn der Pfarrer ihn gebeten hätte, aus einem Flugzeug zu springen, zwei Wochen lang zu fasten oder barfuß auf einen hohen Berg zu klettern.

Aber sein Zimmer aufräumen?

Auf dem Heimweg mußten wir beide darüber lachen. Denn Sie sollten sich einmal Kens Angelzimmer ansehen! Das ist ein kleiner Raum in unserem Haus, wo er Angelruten und Schnurrollen aufbewahrt, Dosen für Köder und andere Geräte und außerdem noch präparierte Trophäen. Also unter uns gesagt: In diesem Angelzimmer herrschte immer schon das reinste Chaos! Und er weiß das ganz genau. Er weiß auch, daß er da und nirgendwo anders anfangen muß, daß er seine Dosen wegräumen, seine Stiefel saubermachen, sein Ölzeug aufhängen muß.

Für Ken mußte also die Disziplin bei der Unordnung in seinem Zimmer anfangen.

Aber ich glaube, wir alle können hier etwas lernen. Es ist gut möglich, daß wir auf dem Weg zu einem disziplinierten Leben unseren Blick ganz auf die Ziele richten, die uns großen Einsatz abverlagen. Wir übernehmen beispielsweise gleichzeitig drei verantwortliche Aufgaben in unserer Kirchengemeinde. Wir lernen nicht nur Bibelverse, sondern gleich ganze Kapitel auswendig. Wir verkaufen den Fernseher, oder wir stehen jeden Morgen schon um vier Uhr auf, um ausführlich die Bibel zu lesen und zu beten.

Nun sind all das durchaus ehrenwerte Ziele, aber es kann sein, daß wir darüber viel einfachere Dinge übersehen haben, die direkt vor unseren Füßen liegen. Wir haben es etwa für völlig unwichtig gehalten, die Wohnung zu putzen oder pünktlich zu sein oder unsere Zunge im Zaum zu halten. Wir haben jahrelang diese „unaufgeräumten Zimmer“ unseres Lebens vernachlässigt – kleine Dinge, die vielleicht viel beredter über unsere Disziplin Auskunft geben als die Menge unseres Wissens.

Heute morgen habe ich einen kurzen Blick in Kens Angelzimmer geworfen, als ich mich auf den Weg zur Arbeit machte. Und wissen Sie was? Es ist jetzt schön sauber und aufgeräumt.

Mein harter, maskuliner Mann, der sich so sehr wünscht, ein Mann nach Gottes Herzen zu sein, ist jetzt auf dem besten Weg, ein wahrhaft disziplinierter Mensch zu werden.

Was kostet das? Gehorsam!

Als Alexander der Große einmal gefragt wurde, wie er die Welt erobert habe, antwortete er: „Ich habe ein ums andere Mal gehandelt, ohne je etwas aufzuschieben."

Charles Spurgeon, der große baptistische Prediger aus England, hat einmal gesagt: „Wir machen oft einen Fehler, indem wir unentschlossen herumtrödeln, wenn Gott uns gebeten hat, etwas zu tun, was für Christen selbstverständlich ist. Warum verschwenden wir Gottes Zeit und unsere eigene, anstatt das zu tun, was unsere christliche Pflicht wäre?"

Werfen wir einen Blick auf Abraham, den Vater des Glaubens im Alten Testament. Gott hatte zu ihm gesagt: „Verlasse dein Land, deine Verwandtschaft und das Haus deines Vaters und geh in das Land, das ich dir zeigen werde." Und wie lautete seine Antwort? „Da zog Abram aus, wie der Herr zu ihm gesagt hatte" (1. Mose 12,4).

Unser Empfinden dafür, wie dringend es ist, Gottes Willen zu tun, nimmt sich wahrscheinlich im Licht solcher Beispiele recht bescheiden aus. Allzuoft fällt es uns schwer, in Gang zu kommen, wenn Gott uns sagt, wir sollten aufstehen und etwas tun. Wir rutschen lieber unruhig auf unserem Stuhl herum und geben zu bedenken, wir seien nicht so ganz sicher, ob wir Gott auch richtig verstanden hätten. Wir überprüfen einmal und noch einmal den inneren Ruf zum Gehorsam – so oft, daß wir, bevor es uns bewußt wird, das Gebot zu gehorchen nach und nach zerredet haben. Ganz bestimmt sind wir nicht so wie Jesaja, der die Stimme Gottes hörte, aufsprang und rief: „Hier bin ich, Herr. Sende mich!"

Sind wir bereit, wie Abraham die bekannte und wohlvertraute Gegenwart gegen eine unbekannte Zukunft einzutauschen? Sind wir bereit, die Risiken des Gehorsams Gott gegenüber auf uns zu nehmen? Reagieren wir sofort?

Vielleicht würden wir es tun, wenn wir verstehen würden, daß Gehorsam Segen bedeutet. Gott hält sein Wort immer, und wenn wir seinem Wort gegenüber im Gehorsam leben, wird unser Leben gesegnet sein. Sicher, es wird auch etwas kosten – sogar Leiden wird es geben.

Gott sagte zu Paulus, er solle nach Mazedonien gehen, und Paulus tat es im Gehorsam. Doch es dauerte nicht lange, da wurde er in Philippi ins Gefängnis gesteckt.

Gott sagte zu Petrus, er solle das Evangelium predigen, und er tat es im Gehorsam. Und doch wurde Petrus am Ende seines Erdenlebens mit dem Kopf nach unten gekreuzigt.

Nun wird uns der Gehorsam nicht immer unser Leben kosten; aber vielleicht müssen wir unsere Bequemlichkeit aufgeben oder einiges von unserer Beliebtheit, unsere berufliche Position oder unser gesellschaftliches Ansehen. Unser Freund Abraham gab seine große Familie auf, seinen Beruf, seinen Besitz, seine zukünftige Sicherheit und sogar sein Heimatland.

Er sagte zu Gott: „Ich will dir gehorchen." Und Gott erwiderte: „Ich will dich segnen." Und das tat er auch.

Wir haben einfach keine Zeit dafür, unschlüssig herumzustehen und uns nicht recht entscheiden zu können, ob wir Gott gehorchen wollen oder nicht. Wenn Sie gehört haben: „Steh auf und geh!", und es dreht sich jetzt darum, gehorsam zu sein, dann packen Sie es mutig an.

Das könnte heute durchaus Ihr erster Schritt sein zum Gehorsam gegenüber Gottes Ruf.

Der Widerschein von Gottes Herrlichkeit

Ich sehe irgendwie anders aus, wenn ich in meinem Leben Gott gehorsam bin. Ich weiß nicht recht, wie ich das beschreiben soll. Vielleicht ist es ein Strahlen in den Augen. Vielleicht fällt es mir dann leichter zu lächeln. Oder ist es möglicherweise ein Leuchten auf dem Gesicht von innen heraus?

Ich weiß nicht genau, was es eigentlich ist, aber es ist zu spüren. Irgend etwas ist anders als sonst – immer dann, wenn ich mich ganz eng an den Herrn halte und meine Worte, Gedanken und Taten unter seine Kontrolle stelle. Dann ist es so, als ob die „Herrlichkeit des Herrn" den Tempel ganz ausfüllt.

„Na komm, Joni", sagen Sie jetzt vielleicht. „Nun bleib mal auf dem Teppich!" Schon gut. Aber es ist wirklich etwas dran!

Im ersten Buch der Könige verspricht Gott, daß seine Herrlichkeit den Tempel erfüllen soll, solange Salomo und das ganze Volk ihm treu bleiben. Und so geschah es auch:

„Als aber die Priester aus dem Heiligen gingen, erfüllte die Wolke das Haus des Herrn, so daß die Priester nicht zum Dienst hinzutreten konnten wegen der Wolke; denn die Herrlichkeit des Herrn erfüllte das Haus des Herrn" (1. Könige 8,10+11).

Aber schon im neunten Kapitel warnt Gott, daß seine Herrlichkeit wieder aus dem Tempel weichen werde, wenn das Volk ungehorsam sein und sich von ihm abwenden sollte. Er sagte sogar, daß alle – auch Menschen aus anderen Völkern – merken sollten, daß Gottes Herrlichkeit nicht mehr im Tempel wohne.

Ich will dieses Bild nicht überstrapazieren, aber ich glaube doch, daß es sich in einem bestimmten Sinne auch auf Sie und mich anwenden läßt. Heute sind wir der Tempel des Heiligen Geistes. Er nimmt Wohnung in uns, und wenn wir seinen Geboten gehorchen, werden wir bis zum Überlaufen mit Gottes Geist erfüllt.

Die Leute um uns herum können das dann einfach nicht übersehen. Sie merken, daß sich etwas an uns geändert hat, auch wenn sie es nicht recht deuten können.

Wenn wir jedoch Gottes Wort den Rücken kehren und uns kopfüber in die Sünde stürzen, dann füllt uns Gottes Geist nicht mehr aus. Er wird verdrängt und tief bekümmert. Er wohnt dann zwar immer noch in uns, aber er erfüllt uns nicht mehr mit seiner Herrlichkeit. Es ist dann so, wie es zu Zeiten Salomos angekündigt wurde: Die Herrlichkeit des Herrn hat den Tempel verlassen.

Sind das Worte, die Sie besonders aufhorchen lassen? Gibt es Zeiten in Ihrem Leben, in denen Sie manche Sünden kunstvoll vertuscht haben? Vielleicht haben Sie versucht, eine heimliche Auflehnung gegen Gott vor den Augen Ihrer Mitmenschen zu verbergen. Auch vor Ihrer Gemeinde und vor Ihren christlichen Freunden haben sie versucht, sie geheimzuhalten. Ihren besten Sonntagsanzug und ein frisches Hemd haben Sie angezogen, eine seidene Krawatte umgebunden. Oder Sie haben besondere Sorgfalt auf Ihr Make-up verwendet, Ihre Nase gepudert und ein hübsches, freundliches Lächeln auf Ihr Gesicht gemalt. „Es wird schon niemand merken!“ haben Sie gedacht.

Aber die anderen werden es doch merken, ganz bestimmt! Ich spreche da aus Erfahrung.

Also nehmen Sie meine Worte heute als eine freundliche Warnung. Machen Sie reinen Tisch mit Gott, und säubern Sie Ihren Tempel, so daß die Fülle der Herrlichkeit zurückkommt. Sie wird es tun – und einen frischen Wind mitbringen und das unbeschreibliche Leuchten, das nun wieder auf Ihrem Gesicht zu sehen ist.

Wenn Gottes Geist Sie ausfüllt und sich durch alle Türen und Fenster Ihres Wesens nach außen ergießt, dann wird das bald jeder in Ihrer Umgebung merken.

Von Achan lernen

Überlegen Sie einmal, wem Sie heute in irgendeiner Weise eine Hilfe sein könnten. Und nehmen Sie sich dann eine Minute Zeit, sich das Gesicht dieses Menschen vorzustellen. Vielleicht ist es eine gute Freundin aus Ihrer Gemeinde oder ein Verwandter, der weit weg wohnt. Sie würden ihm zu gerne über die weite Entfernung hinweg ein Geschenk überreichen, ein Paket voll neuer Kraft, eingewickelt in strahlende, sonnige Ermutigung. Sie möchten ihn anspornen, gute, gerade Wege zu gehen und ganz eng bei unserem Herrn zu bleiben.

Sicher, Sie können auf alle Fälle für diesen Menschen beten. Tun Sie es doch bitte! Sie können auch den Telefonhörer in die Hand nehmen oder eine schöne Karte in den Briefkasten werfen. Aber da gibt es auch noch etwas anderes. Etwas, an das Sie vielleicht gar nicht gedacht haben, etwas Geheimnisvolles und Wirkungsvolles. Und das hat zu tun mit der alten Geschichte von einem Mann, der Achan hieß.

Im Buch Josua können wir im 7. Kapitel von den erstaunlichen Siegen lesen, die Josua und seine Truppe für Gott und sein Volk errungen haben. Aber der Herr hatte dabei ein paar ganz strenge Richtlinien für diese Eroberungen festgelegt.

Nach der Schlacht von Jericho beispielsweise stellte Gott klar, daß alle Beute, sei es Gold oder Silber, Bronze oder Kupfer, direkt in die Schatzkammern des Herrn gebracht werden sollte. Niemand durfte sich die eigenen Taschen damit füllen, alle diese Dinge sollten vielmehr Gott geweiht und in seinem Heiligtum aufbewahrt werden.

Achan allerdings dachte anders darüber. Er zweigte ein paar dieser kostbaren Stücke für seinen Lebensabend ab und sagte niemand etwas davon außer seiner Familie. Damit käme er schon durch, dachte er – aber er hatte eben nicht mit dem Gott gerechnet, der sich in alles einmischt. Er hatte seine Rechnung ohne den allwissenden Herrn gemacht.

Denn Gott war nicht verborgen, was geschehen war. In Josua 7,1 heißt es: „Da entbrannte der Zorn des Herrn *über die Israeliten.*“ Also über das ganze Volk! Und tatsächlich: Schon der nächste Feldzug, den Josua anführte, war eine einzige Katastrophe. Die Israeliten wurden von ihren Gegnern, einer mickrigen Truppe aus lauter abgerissenen Gestalten, vernichtend geschlagen und tief beschämt. Und am Abend stand das Volk ungläubig an sechsunddreißig frischen Gräbern. Sechsunddreißig Söhne und Ehemänner kamen nicht mehr in ihre Zelte und zu ihren Feuerstellen zurück.

Ja, war das denn nicht dasselbe Heer, das die mächtige Stadt Jericho erobert hatte? Was war nur schiefgelaufen? Warum hatte der Herr seinen Segen gerade in einem so kritischen Augenblick zurückgezogen?

General Josua war außer sich. Er zerriß seine Kleider und warf sich vor der Lade des Herrn der Länge nach auf den Boden, das Gesicht in den Schmutz.

Aber hören Sie selbst, was für erstaunliche Worte Gott nun zu seinem Diener sprach: „Steh auf! Warum liegst du da auf deinem Angesicht? Israel hat sich versündigt, sie haben meinen Bund übertreten, den ich ihnen geboten habe, und haben von dem Gebannten genommen und gestohlen und haben's verheimlicht und zu ihren Geräten gelegt. Darum kann Israel nicht bestehen vor seinen Feinden, sondern sie müssen ihren Feinden den Rükken kehren; denn sie sind dem Bann verfallen“ (Josua 7,10–12).

So bekam Josua Wind davon, was Achan getan hatte. Wegen der Gierigkeit und des Ungehorsams dieses einen Mannes war Gott zornig auf das ganze Volk.

Sie können selbst nachlesen, wie Josua und das ganz Volk daraufhin mit Achan umgingen. Die eigentliche Erkenntnis aus diesem Kapitel ist ernüchternd: Die Sünde einer einzigen Person wirkte sich auf das ganze Volk aus.

Diese Lektion ist auch heute noch gültig. Wir bringen es durchaus fertig, kleine Sünden scheinbar beiseite zu schaffen, so daß andere Menschen sie nicht sehen. Wir können zum Beispiel sehr geschickt überspielen, auf welche Art und Weise wir andere massiv beeinflussen. Oder wir können Leute hinter ihrem Rükken zu Unrecht beschuldigen. Wir können unser Scherflein dazu beitragen, wenn die Nachbarn sich in Klatsch und Tratsch die Köpfe heiß reden. Wir können auch ein paar ganz private Gedanken und Tagträume verbergen, die Gott Schande machen und ihm gar nicht gefallen.

Wenn Achan heute zu uns reden könnte, dann würde er uns warnend sagen, daß unsere Sünden uns eines Tages einholen werden. Unser Ungehorsam kann nämlich die übrige Gemeinde anstecken – und er tut es auch. Wenn wir stolpern und in Sünde fallen, setzen wir damit ein Beispiel, an dem andere sich ausrichten. Wie beim Volk Israel befaßt sich Gott mit seiner Kirche als Gesamtheit, und wir dürfen nicht glauben, wir kämen mit unseren "kleinen Sünden" schon ungeschoren davon – und ohne daß sie eine Auswirkung auf unsere christlichen Freunde hätten.

Im Brief an die Epheser steht ganz deutlich, daß wir uns um die anderen Christen kümmern sollen, weil wir eins mit ihnen sind. Es wird uns Gläubigen nie gesagt, wir sollten eins *werden,* nein, wir *sind* schon eins, und es wird von uns erwartet, daß wir uns dementsprechend verhalten. Paulus hat das in seinem ersten Brief an die Korinther beschrieben. Dort heißt es in Kapitel 12, daß wir Christen alle zusammen wie ein menschlicher Körper sind, dessen Kopf Jesus Christus ist.

Der Körper des Menschen ist wahrscheinlich das erstaunlichste Beispiel überhaupt für gelungene Zusammenarbeit. Jeder Teil von ihm braucht die anderen. Wenn der Magen hungrig ist, dann entdecken die Augen sofort die nächste Bratwurstbude, nicht wahr? Die Nase zieht den appetitlichen Duft ein, die Füße laufen zum Imbißstand, die Hände tauchen die Wurst in den Senf und stecken sie dann in den Mund, und von dort aus rutscht sie in den Magen. Also, wenn das keine gute Zusammenarbeit ist!

Bibelabschnitte wie in Epheser 4 sagen uns also, daß wir uns als Christen untereinander mit allem beeinflussen, was wir als einzelne sind und tun. „Laßt uns aber wahrhaftig sein in der

Liebe und wachsen in allen Stücken zu dem hin, der das Haupt ist, Christus, von dem aus der ganze Leib zusammengefügt ist und ein Glied am andern hängt durch alle Gelenke, wodurch jedes Glied das andere unterstützt nach dem Maß seiner Kraft und macht, daß der Leib wächst und sich selbst aufbaut in der Liebe. So sage ich nun und bezeuge in dem Herrn, daß ihr nicht mehr leben dürft, wie die Heiden leben in der Nichtigkeit ihres Sinnes ..., weil wir untereinander Glieder sind" (Epheser 4,15-17.25).

Kein Organ kann etwas tun, ohne daß es den übrigen Leib betrifft. Die Hände des Torwarts, die den Ball halten, machen dem ganzen Menschen Ehre, und andererseits kann ein verstauchter großer Zeh den ganzen Körper unbeweglich machen.

Es liegt etwas Geheimnisvolles über dieser ganz engen Verbindung zwischen uns Gläubigen.

Wenn wir auch nur ein bißchen nach Christus, dem Kopf des Leibes, fragen und uns der Rest des Körpers nicht völlig egal ist – beispielsweise unsere Frauen, Männer, Kinder oder Nachbarn –, dann müssen wir unsere täglichen Herausforderungen und Versuchungen so angehen, daß uns diese Verbindung ständig bewußt ist.

Ja, was ist also das Nette, das Sie heute für einen Freund tun können? Auf ganz geheimnisvolle Weise können Sie diesem Menschen auf seinem Glaubensweg gerade dadurch helfen, daß Sie selbst Gott gehorsam sind in all den kleinen Prüfungen und Kämpfen, die Ihnen dieser Tag bringt.

Vielleicht kommt Ihnen Gehorsam wie eine höchst private, persönliche Entscheidung vor, die niemanden etwas angeht außer Sie selbst. Das hatte Achan damals auch gedacht. Aber er hat uns heute noch etwas zu sagen, auch wenn er schon lange tot ist.

Der Mythos vom Stillstands-Christen

Öffnen Sie einmal das große Buch der erfundenen Gestalten und blättern Sie das Register durch. Irgendwo hinter Dornröschen, E.T. und der Meerjungfrau, aber noch vor Tarzan und den Wichtelmännchen werden Sie eine Seite finden, die einem ganz unwirklichen Geschöpf gewidmet ist, dem „Stillstands-Christen“.

Er ist tatsächlich unwirklich – es gibt ihn nämlich gar nicht. Denn ein Christ, der sich nicht weiterentwickelt, bleibt nicht einfach stehen.

Christen wachsen entweder immer mehr auf ihren Herrn zu, oder sie entwickeln sich zurück. Eine Möglichkeit dazwischen gibt es nicht. Es ist so wie mit der wahren Liebe: entweder vertieft sie sich, oder sie beginnt abzusterben. Liebe kann einfach nicht stillstehen, und genausowenig kann es unser Leben mit Jesus Christus.

Da wundert es einen nicht, daß die Bibel Wachstum für so entscheidend hält. Immer wieder flehen die Schreiber des Neuen Testaments die Gläubigen an, doch weiterzugehen, sich höher, tiefer, stärker und weiter nach Wachstum auszustrecken. Hören wir uns nur ein paar Stellen an. Können Sie daraus nicht schon deutlich die Dringlichkeit spüren?

„Ich gedenke euer in meinem Gebet, daß der Gott unseres Herrn Jesus Christus, der Vater der Herrlichkeit, euch gebe den Geist der Weisheit und der Offenbarung, ihn zu erkennen“ (Epheser 1,16+17).

„Und ich bete darum, daß eure Liebe immer noch reicher werde an Erkenntnis und aller Erfahrung“ (Philipper 1,9).

„Eins aber sage ich: Ich vergesse, was dahinten ist, und strecke mich aus nach dem, was da vorne ist, und jage nach dem vorgesteckten Ziel, dem Siegespreis der himmlischen Berufung Gottes in Christus Jesus“ (Philipper 3,13+14).

„... das Evangelium, das zu euch gekommen ist, wie es auch in aller Welt Frucht bringt und auch bei euch wächst von dem Tag an, da ihr's gehört und die Gnade Gottes erkannt habt in der Wahrheit“ (Kolosser 1,5+6).

„... daß ihr des Herrn würdig lebt, ihm in allen Stücken gefallt und Frucht bringt in jedem guten Werk und wachst in der Erkenntnis Gottes“ (Kolosser 1,10).

„Euch aber lasse der Herr wachsen und immer reicher werden in der Liebe untereinander und zu jedermann, wie auch wir sie zu euch haben“ (1. Thessalonicher 3,12).

„Von der brüderlichen Liebe aber ist es nicht nötig, euch zu schreiben, denn ihr selbst seid von Gott gelehrt, euch untereinander zu lieben. Und das tut ihr auch an allen Brüdern, die in ganz Mazedonien sind. Wir ermahnen euch aber, liebe Brüder, daß ihr darin noch vollkommener werdet“ (1. Thessalonicher 4,9+10).

„Wir müssen Gott allezeit für euch danken, liebe Brüder, wie sich's gebührt. Denn euer Glaube wächst sehr, und eure gegenseitige Liebe nimmt zu bei euch allen“ (2. Thessalonicher 1,3).

„Aus diesem Grunde erinnere ich dich daran, daß du erweckest die Gabe Gottes, die in dir ist“ (2. Timotheus 1,6).

„Darum wollen wir jetzt lassen, was am Anfang über Christus zu lehren ist, und uns zum Vollkommenen wenden“ (Hebräer 6,1).

„Seid begierig nach der vernünftigen lauteren Milch wie die neugeborenen Kindlein, damit ihr durch sie zunehmt zu eurem Heil“ (1. Petrus 2,2).

„Wachset aber in der Gnade und Erkenntnis unseres Herrn und Heilands Jesus Christus" (2. Petrus 3,18).

Es geht also immer weiter. Für Passivität gibt es einfach keinen Platz im christlichen Glauben. Das Leben in Jesus Christus wird vielmehr mit einer langen Kette von Tätigkeitsworten beschrieben: Wachsen, loben, lieben, lernen, sich ausstrecken nach, erreichen, anziehen, ausziehen, vorwärtsdrängen, folgen, festhalten, sich einen Weg bahnen, laufen, weinen, zustandebringen, feststehen, kämpfen.

Bei einem Kind, bei einem Tier, einer Blume oder einem Baum ist Stillstand im Wachstum ein Alarmzeichen. Ein gesundes Leben wird nämlich immer Fortschritt und Wachstum zeigen. Alles andere sieht schon bald nach Sterben und Tod aus.

Wie können Sie also feststellen, ob Sie selbst noch wachsen? Stellen Sie sich einmal ein paar einfache und sehr direkte Fragen:

Wird mein Wahrnehmungsvermögen der Sünde gegenüber immer deutlicher und empfindsamer?
Wird meine Hoffnung immer leuchtender?
Wird meine Liebe umfassender?
Wird meine geistliche Unterscheidungsfähigkeit klarer?
Wird mein Glaube stärker?
Habe ich den Herrn Jesus lieber als früher?

Wenn Sie auf alle diese Fragen von Herzen ja sagen können, dann stehen Sie bestimmt auf der Seite derer, die weiter wachsen. Wenn nicht, dann bleibt Ihr Glaube nicht nur stehen – es ist noch schlimmer, denn dann entwickeln Sie sich zurück.

Man kann es auch noch anders ausdrücken: Das Getriebe eines Christen hat nur zwei Gänge, nämlich Vorwärts- und Rückwärtsgang. Leerlauf gibt es nicht, und parken kann man schon gar nicht.

Also wachen Sie auf! Hier stehen ernste Dinge auf dem Spiel. Sehen Sie, wenn bei Ihnen am Fuß eine bösartige Hautkrankheit auftreten würde, dann würden Sie sich auch gründlich behandeln und operieren lassen, ja, notfalls sogar den Fuß amputieren lassen, um Ihr Leben zu retten. Und Ihr geistlicher Gesundheitszustand ist bestimmt nicht weniger wichtig.

Legen Sie keinen Wert darauf, in das Buch der erfundenen Gestalten aufgenommen zu werden! Denn wenn Sie meinen, Sie wären ein Stillstands-Christ, so ist das ein gefährliches Täuschungsmanöver.

Gott und der Blitzschlag

Vor kurzem habe ich einen Artikel von Philip Yancey gelesen, in dem über ein schreckliches Feuer in der englischen Stadt Yorkminster berichtet wurde. Dort brannte die Kathedrale völlig aus, nachdem sie von einem gewaltigen Blitzschlag getroffen worden war.

Manch einer würde jetzt vielleicht sagen, daß das ganz nach göttlicher Strafe, nach Vergeltung klingt. Man muß dazu wissen, daß in dieser Kathedrale ein anglikanischer Bischof geweiht worden war, der öffentlich sowohl die Jungfrauengeburt als auch die Auferstehung Jesu Christi geleugnet hatte.

Ich kann mir vorstellen, daß viele gestandene Christen jetzt beifällig nicken und insgeheim denken: „Das geschieht denen aber ganz recht!"

Ein Problem bei dieser Gottesstrafen-Theorie ist nur, daß so etwas eine äußerst seltene Ausnahme bleibt. Nun gut, hier hat Feuer vom Himmel also eine sehr liberale, vielleicht sogar abtrünnige Kirche getroffen. Aber wie ist es denn mit all den anderen in denen offen nicht nur die Jungfrauengeburt und die Auferstehung, sondern auch fast alle anderen biblischen Lehren geleugnet werden? Wenn Gott falsche Lehren konsequent mit Blitzschlägen bestrafen würde, dann hätten wir sehr bald gar keine abtrünnigen Kirchen mehr, auch keine pseudochristlichen Versammlungshallen oder Vortragsräume.

Nein, Gott sei Dank arbeitet der Herr normalerweise nicht so! Es gibt kein erbarmungsloses Belohnungs- und Bestrafungssystem, und ich jedenfalls bin sehr froh, daß es nicht so ist. Denken Sie nur einmal darüber nach. Was wäre, wenn Gott die Dinge so geordnet hätte, daß wir bei jeder Sünde einen schmerzhaften Stich und bei jeder guten Tat ein prickelndes Vergnügen spüren würden? Das wäre sozusagen eine Art göttlicher Dressur. Würden Sie dann Gott gehorchen, weil Sie ihn liebhaben? Ich denke nicht. Sie würden einfach deswegen gehorchen, weil Sie gerne etwas Angenehmes empfinden und Schmerzen möglichst vermeiden wollen.

Philip Yancey schreibt dazu:

„Jeder Bund, der eine konsequente Belohnung für unser gutes Verhalten und eine genauso konsequente Bestrafung für unser schlechtes Verhalten vorsieht, ist von vornherein zum Scheitern verurteilt. Wir brauchen statt dessen einen neuen Bund mit Gott, einen Bund, der auf Vergebung und Gnade gegründet ist. Und genau deshalb gibt es überhaupt das Neue Testament. Es ging von dem unfairsten Geschehen in der Weltgeschichte aus, von der Hinrichtung Jesu Christi, um der göttlichen Gerechtigkeit Genüge zu tun mitten in einer Welt voller Ungerechtigkeit. Dieses Ereignis machte es auch dem letzten aller Menschen – etwa einem verurteilten Räuber, der schon am Kreuz hing – möglich, eine Ewigkeit voll unverdienten Glücks zu gewinnen." [4)]

Aber unser ursprüngliches Verlangen nach „Gerechtigkeit" ist nur schwer totzukriegen, nicht wahr? Wer von uns wünschte sich nicht ab und zu sehnlichst eine sichtbarere Art von Gerechtigkeit in unserer Welt? Meinen wir nicht oft, Gottes Hand hinter den sensationellen Schlagzeilen der Zeitungen zu sehen, etwa bei Flugzeugabstürzen, Blitzschlägen, Erdbeben oder der Ausbreitung von AIDS?

Immer wenn ich zu solchen Überlegungen neige, denke ich ganz nüchtern über meine eigene Beziehung zu Gott nach. Wenn es „gerecht" zugehen würde, müßte ich schon längst auf dem Weg zur Hölle sein. Und es war auch durchaus nichts Gerechtes daran, daß Jesus Christus meine Schuld bezahlt und der Vater mich als Adoptivkind in seine Familie aufgenommen hat. Es ist alles seiner Freundlichkeit und Barmherzigkeit zu verdanken.

Eines Tages wird der Richter kommen und alle Dinge in Ordnung bringen. Johannes der Täufer hat es so ausgedrückt: „Er hat seine Worfschaufel in der Hand; er wird seine Tenne fegen und seinen Weizen in die Scheune sammeln; aber die Spreu wird er verbrennen mit unauslöschlichem Feuer" (Matthäus 3,12). Bis zu diesem Tag jedoch ist es sein Wunsch, auf dem Planeten Erde Gnade zu schenken.

Und ich würde es auch gar nicht anders wollen.

Gottes Sache und unsere Sache

Seltsam, in 1. Mose 20,6 sagt Gott zu Abimelech: „Darum habe ich dich auch behütet, daß du nicht wider mich sündigtest."

Da protestiert doch unsere ganze Logik! Wie steht es dann mit der moralischen Verantwortung des Menschen? Was ist mit unserer individuellen Freiheit? Wie kann Gott uns denn von der Sünde abhalten und doch gleichzeitig sagen, wir seien selbst verantwortlich, wenn wir sündigen?

Nun, hier kommt die Gnade ins Spiel. Ob wir überhaupt die Tiefe, Größe und Kraft der Gnade Gottes begreifen können? Die Bibel sagt, daß Gottes Gnade immer für uns ausreicht – auch um unserer Not zu begegnen, wenn wir unmittelbar vor einer Versuchung stehen. Meinen Sie nicht, daß der oben genannte Gedanke dann doch einen Sinn ergibt – daß eigentlich Gott derjenige ist, der uns vom Sündigen abhält, wenn wir fest bleiben und ihm gehorchen?

Diese Gnade ist ein Geschenk. Wir lesen davon in Epheser 2. Wenn wir etwas geschenkt bekommen, müssen wir es entgegennehmen und glauben, daß es jetzt uns gehört. Wenn wir dagegen Gottes Gnadengeschenk ausschlagen und lieber unserer sündigen Natur folgen, ergibt es dann nicht auch einen Sinn, daß wir für solch ein Verhalten ganz allein verantwortlich sind?

Gott tut seinen Teil. Er bietet uns seine Gnade an, das heißt, er will uns den Wunsch und auch die Kraft geben, seinen Willen zu tun. Aber was wir mit seinem Angebot machen, bleibt uns überlassen.

Wie sollen wir darauf reagieren? Wir könnten mit Paulus sagen: „O welch eine Tiefe des Reichtums, beides, der Weisheit und der Erkenntnis Gottes! Wie unbegreiflich sind seine Gerichte und unerforschlich seine Wege! ... Denn von ihm und durch ihn und zu ihm sind alle Dinge. Ihm sei Ehre in Ewigkeit! Amen" (Römer 11, 33+36).

Gottes Gnade ist ein Geschenk, das wir empfangen und in Gebrauch nehmen müssen. Tun Sie das?

Konzentration auf das Wesentliche

Der Blick auf Jesus, wenn das Leben unübersichtlich wird

Konzentration auf das Wesentliche

Der Blick auf Jesus, wenn das Leben unübersichtlich wird

Es gibt ein berühmtes Gemälde von einem Tisch. Auf den ersten Blick allerdings würde man nie erraten, was hier dargestellt ist. Die Beine sind nicht dort, wo sie hingehören. Die Seite sieht eher aus wie die Vorderfront. Die Ecken wirken fast so, als seien sie nach innen gerichtet anstatt nach außen. Und die Tischplatte scheint auf dem Kopf zu stehen. Erst wenn man sich ganz auf das Gemälde konzentriert, beginnt man es zu verstehen.

Picasso wollte, daß der Betrachter auf diesem Bild das Unmögliche sehen kann.

Deshalb stellte er den Tisch gleichzeitig aus mehreren Blickwinkeln dar. Wenn Sie sich darauf konzentrieren, dann betrachten Sie den ganzen Tisch mit einem Blick aus mehreren Perspektiven: von der Seite, von unten und von oben. Und was zuerst aussieht wie irgendein abstrakter Wirrwarr, nimmt auf einmal Gestalt an. Die Teile des Tisches treten in eine Beziehung zueinander. Alles paßt plötzlich zusammen. Sie sehen schließlich einen ganz normalen Tisch, allerdings so, wie Sie ihn vorher noch nie gesehen haben.

Nimmt man einen anderen Blickwinkel ein und konzentriert sich bewußt, können außerordentliche Dinge geschehen. Wenn wir an Konzentration denken, dann stellen wir uns darunter normalerweise die Beschränkung oder Einengung unseres Blickwinkels vor. Aber Konzentration kann auch bedeuten, daß sich unser Blick weitet und wir das ganze Bild besser verstehen.

Und wenn Sie Ihren Blickwinkel so ausweiten, daß er über das Offensichtliche und schon Erwartete hinausgeht, dann können Sie sich immer auf große Überraschungen gefaßt machen.

Auf diese Weise müssen wir uns auch auf den Herrn Jesus konzentrieren. Unsere Vorstellungen von ihm sind immer wieder so ordentlich und aufgeräumt und symmetrisch, so ganz in Reih und Glied. Und dann kommt der Herr selbst und wirft unsere festgelegten Vorstellungen kurzerhand über den Haufen. Und wenn er das tut, fangen wir plötzlich an, unseren Meister und Heiland so zu sehen, wie wir ihn vorher noch nie gesehen haben. Wir entdecken, daß der Herr uns immer wieder in Erstaunen setzt. Und wenn wir den Blick auf ihn richten, dann hilft uns das, selbst Unmögliches wahrzunehmen.

Daran muß ich jedes Mal denken, wenn ich in Lukas 24 die Geschichte von den zwei Jüngern lese, die auf dem Weg nach Emmaus waren.

Sie hatten sehr festgelegte Vorstellungen von dem Messias, um den herum sie ihr ganzes Leben und ihren religiösen Glauben aufgebaut hatten. Sie hatten ihn immer nur aus einer Perspektive betrachtet, ihn als den politischen Erlöser gesehen, der sie von der römischen Gewaltherrschaft befreien sollte. Ihre Sicht war so eng und begrenzt, daß ihnen jetzt, wo der Herr gestorben war, alles sinnlos erschien. Die Ereignisse der letzten Woche waren für sie abstrakt und verwirrend, so wie die wildesten Bilder, die Picasso jemals gemalt hat. Nichts paßte zueinander, nichts konnte man in einen Zusammenhang bringen. Was konnten sie jetzt noch tun, außer nach Hause zu gehen und möglichst wieder da anzufangen, wo sie aufgehört hatten, als Jesus damals in ihr Leben trat?

Sie verstanden nur sehr wenig – doch da war schon ein herrlicher Störenfried unterwegs, der ihren Gesichtskreis erweitern und ihnen die größte Überraschung ihres Lebens bereiten sollte.

Als die zwei Jünger nun die Straße entlanggingen und die schlimmen Ereignisse beklagten, die in der Kreuzigung ihren Höhepunkt gefunden hatten, kam plötzlich ein Fremder zu ihnen. Der Herr Jesus selbst mischte sich in ihr Gespräch ein und fragte sie, worüber sie denn gerade redeten. Die Jünger, die ihn mit ihren blinden Augen nicht erkannten, waren vielleicht sogar ärgerlich über den ungebetenen Gast. Wer war dieser aufdringliche Mensch, der einfach in ihre vertraute Unterhaltung einbrach?

Aber während sie zusammen weitergingen, fing dieser Mann an, ihren Blick zu weiten. Er ließ sie die Dinge aus einem völlig anderen Blickwinkel sehen, während er ihnen die Schrift auslegte und erklärte, daß das Leiden und die Kreuzigung des Messias ein wichtiger Teil des Gesamtbildes waren.

Da wurde den zwei Jüngern eigenartig warm ums Herz, und sie sahen zum ersten Mal genauer auf diesen Störenfried – ihren auferstandenen Herrn. „Aha, das also hat die Schrift eigentlich gemeint! Tja, so haben wir das noch nie gesehen!"

Ganz allmählich begriffen sie Dinge, die ihnen noch vor wenigen Augenblicken völlig unmöglich vorgekommen waren – nur weil sie Jesus so betrachteten, wie sie ihn vorher noch nie gesehen hatten. Und ihr Leben wurde für immer verändert.

Hätten Sie nicht auch gern ein umfassenderes Bild von Jesus? Es ist eine wunderbare Tatsache, daß wir in der Beziehung zu Gott immer wieder Neues an ihm kennenlernen und entdecken. Gerade dann, wenn wir es am wenigsten erwarten, mischt er sich in unsere ordentlichen, aufgeräumten Vorstellungen ein und zeigt uns, daß er noch ganz anders ist und ganz anders wirken kann, als wir gedacht haben. Er hat Freude daran, eine Situation völlig auf den Kopf zu stellen und uns zu zeigen, wie das Unmögliche plötzlich ganz logisch erscheint.

Gregory Hotchkiss hat dazu folgendes geschrieben:

„Der Herr kommt nicht zu uns, um seinen Stempel der Zustimmung unter unsere Ansichten und Erkenntnisse über das Leben, über ihn und seinen Auftrag zu setzen. Er kommt vielmehr zu uns und mischt sich sanft, aber sehr bestimmt mit seinem Wort ein und sagt: ‚Hör zu, es ist ganz und gar nicht so, wie du es dir gedacht hast.'" [5)]

Ich bete darum, daß Ihnen die nächsten Seiten eine Perspektive eröffnen, aus der Sie Jesus noch nie gesehen haben.

Mitten im Strom

Als ich noch klein war und ab und zu mit meinen größeren Schwestern zusammen ausreiten durfte, hatte ich es immer schwer, mit ihnen Schritt zu halten. Das Problem lag einfach darin, daß ich ein kleines Pony ritt, das nur ungefähr halb so groß war wie ihre Pferde. Da mußte ich natürlich doppelt so schnell galoppieren, um überhaupt mitzukommen.

Doch das machte mir nichts aus. Ich nahm es als eine Herausforderung und hielt mich tapfer – jedenfalls bis wir an einen Fluß kamen. Meine Schwestern, die auf ihren großen Pferden saßen, fanden immer, es sei ein mächtiger Spaß, ausgerechnet an der tiefsten Stelle durch den Fluß zu reiten. Und sie schienen nie zu merken, daß mein kleines Pony beträchtlich tiefer in das strudelnde Wasser einsank. Das machte mir reichlich Angst, aber ich wollte es vor den Großen nicht zeigen.

Eine von diesen Flußdurchquerungen ist mir besonders im Gedächtnis geblieben, nämlich die durch den Patapsco. Ein paar Tage vorher hatte es geregnet, und der Fluß war gelblich-braun und hatte ziemliches Hochwasser. Und während unsere Pferde auf die Mitte des Stromes zu wateten, starrte ich wie gebannt auf das wirbelnde Wasser, das um die Beine meines Ponys schäumte. Mir wurde ganz schwindelig davon, und plötzlich bekam ich große Angst. Ja, ich verlor allmählich sogar mein Gleichgewicht im Sattel.

Da hörte ich mitten in der Panik die Stimme meiner Schwester Jay: „Hochgucken, Joni! Immer schön hochgucken!“

Und wirklich, sobald ich den Blick auf meine Schwester richtete, die schon auf der anderen Seite stand, konnte ich mein Gleichgewicht wiederfinden und kam sicher ans Ufer.

Dieses kleine Erlebnis fiel mir neulich wieder ein, als ich in Matthäus 14 von Petrus las. Der hatte anscheinend ähnliche Schwierigkeiten, als er auf dem Wasser zum Herrn Jesus gehen wollte. Sobald er nach unten auf die tobenden Wellen sah, wurde ihm schwindelig, und er verlor das Gleichgewicht. Weil er seinen Blick vom Herrn weggenommen und auf die wirbelnden Wasser um sich herum gerichtet hatte, fing er sofort an zu sinken.

Wie sind wir ihm doch so ähnlich! Anstatt uns auf das Wort Gottes zu verlassen, starren wir wie gebannt auf unsere Lebensumstände und lassen uns davon so gefangennehmen, daß wir anfangen, in unserem Glauben zu schwanken. Uns wird schwindelig vor lauter Angst und Not. Und im Handumdrehen haben wir das Gleichgewicht verloren.

Habe ich damit Ihren heutigen Zustand getroffen? Spüren Sie den Zugriff der Angst? Sie können gerade jetzt niemanden finden, der auf Ihr Kind aufpaßt, wo Sie doch heute zu einem wichtigen Arzttermin müssen? Sie können sich ein Leben ohne Auto gar nicht vorstellen, und ausgerechnet jetzt ist Ihr Wagen in der Werkstatt? Diesen Monat will Ihr Haushaltsgeld überhaupt nicht reichen? Oder hat vielleicht gestern Ihr heranwachsender Sohn ein paar neue Freunde mit nach Hause gebracht, die man wohl kaum Freunde nennen kann?

Da gerät man leicht in Panik, nicht wahr? Und zugegeben, dann ist es ziemlich schwer, nach oben zu sehen – besonders wenn man das Gefühl hat unterzugehen.

Aber mein Pony und ich, wir haben es geschafft, und Petrus ist schließlich auch heil wieder in sein Schiff gekommen. Tausende vor Ihnen haben den stürmischen Wind der Lebensumstände ertragen müssen und sich doch durchgekämpft und ihre Augen nicht von dem Herrn Jesus gewendet. Und wie ist es mit Ihnen?

Wenn Sie jetzt auch keinen Ausweg finden können – versuchen Sie wenigstens, nach oben zu sehen!

Eine Lehre von Corrie ten Boom

Vor einigen Jahren konnten mein Mann und ich bei der Beerdigung von Corrie ten Boom dabeisein. Es war eine ganz schlichte Trauerfeier, kurz, mit wenigen Blumen, für unsere Augen sehr europäisch. Aber wir fühlten uns ungeheuer gestärkt und herausgefordert, als wir an diesem Tag aus der Kirche kamen.

Mehrere Pfarrer sprachen über das Leben Corrie ten Booms und über ihr Werk, lasen Auszüge aus ihren Büchern vor oder erzählten Erlebnisse aus ihrem Dienst.

Alle sprachen von ihrer Liebe zu Jesus Christus. Einer sagte sogar, sie selbst hätte ihm besonders eingeschärft, daß er bei ihrer Beerdigung von der Liebe zu Jesus sprechen sollte und nicht etwa von Corrie ten Boom.

So war es auch jedes Mal, wenn ich sie besuchte oder reden hörte – Jesus war immer das Zentrum ihrer Gedanken und Worte. Sie sprach nur sehr selten vom „christlichen Leben" oder von „christlichen Erfahrungen". Sie redete nicht so von Christus, als ob er ein Bekenntnis oder eine Lehre oder ein bestimmter Lebensstil sei. Sie sprach von ihm als Person – einer Person, die sie lieber hatte als jede andere auf der ganzen Welt.

Als Ken und ich einen letzten Blick auf das Grab geworfen hatten, sagte ich zu ihm, daß Corries Leben mich an die Worte des Paulus im Korintherbrief erinnerte, wo es heißt: „Auch ich, liebe Brüder, als ich zu euch kam, kam ich nicht mit hohen Worten und hoher Weisheit, euch das Geheimnis Gottes zu verkündigen. Denn ich hielt es für richtig, unter euch nichts zu wissen als allein Jesus Christus, den Gekreuzigten" (1. Korinther 2,1+2).

„Woran liegt es eigentlich", sagte ich zu meinem Mann, „daß wir viel öfter damit beschäftigt sind, irgendeine Glaubenserfahrung zu erklären oder was es heißt, mit Jesus zu leben, anstatt einfach von ihm zu reden?"

Ich stelle immer wieder fest, daß ich selbst viel über mein Zeugnis, mein Vertrauen, meinen Gehorsam oder über den „Gott der Bibel“ rede. Ich spreche mehr über einzelne Punkte und über Lehren als über Jesus, meinen Herrn und Heiland.

Nun frage ich mich, ob das bei Ihnen ähnlich ist. Gott hat uns untersagt, unseren Heiland in sorgfältig gedruckten Lehren einzufangen, die dann zwischen die Seiten eines theologischen Lehrbuchs gepreßt werden. Und der Herr möge uns aus unserem geistlichen Schlummer wecken, wenn wir ein großes Theater um unser „Leben in Christus“ machen, anstatt ein schlichtes Zeugnis von Jesus abzulegen. Hoffentlich verlassen wir uns auch nie auf ausgeklügelte Techniken oder zugkräftige Geschichten oder die einflußreichen „hohen Worte“, von denen Paulus im Korintherbrief redet.

Lassen wir das Leben von Corrie ten Boom heute zu uns sprechen. Sie hat immer wieder gesagt: „Jesus ist Sieger!“ Jesus Christus soll unsere Botschaft sein, er soll unsere Freude und Hoffnung sein. Wir wollen heute weitersagen, wer er ist, und anderen Menschen von unserer Liebe zu ihm erzählen.

Gottes Gnade und die automatische Tempokontrolle

Ein sinniger Kniff, der einem das Leben leichter macht, ist etwas Hervorragendes. Das denke ich oft, wenn ich den Tempokontrollknopf in meinem Kleinbus benutze. Sie können sich sicher vorstellen, daß es nicht leicht für mich ist, immer, wenn ich Gas geben will, das ganze Gewicht meiner Schulter gegen einen Hebel zu drücken. Wenn ich also auf einer längeren Autobahnfahrt bin und eine freie Strecke vor mir habe, schalte ich einfach diesen Kontrollknopf ein und fahre ganz gemütlich mit einer konstanten Geschwindigkeit von etwa achtzig Stundenkilometern dahin.

Es kommt mir dann fast so vor, als ob das Auto von allein fährt. Es gibt selbsttätig mehr Gas, wenn die Strecke bergauf geht, und pendelt sich auf ebener Straße wieder auf die Normalgeschwindigkeit ein. Ich brauche nur ans Steuern zu denken. Alles andere geht automatisch, regelt sich selbst – und für mich ist es ganz einfach.

Ich nehme nur an, daß dabei die Gefahr besteht, daß ein Autofahrer sich allzusehr auf diesen Tempokontrollknopf verläßt und seine Gedanken abschaltet, während er auf dem Asphalt vorwärts rollt.

Und hier fällt mir noch eine andere Art von automatischer Fahrtüberwachung ein, die sogar noch gefährlicher ist. Und Sie und ich benutzen diesen „Knopf" öfter, als uns eigentlich bewußt ist.

Es hat etwas zu tun mit der Gnade Gottes und der Auffassung, die wir so gerne davon haben – nämlich, daß sie wie von selbst und ganz automatisch in unser Leben hineinwirkt. Ich will es Ihnen etwas näher beschreiben:

Sie lassen sich abends müde ins Bett fallen und murmeln Gott nur noch schnell ein Gutenacht-Gebet hin. Sie wachen morgens auf, ein bißchen später, als Sie eigentlich wollten, werfen eilig die Bettdecke beiseite, springen unter die Dusche und schenken Gott oder seiner Gnade kaum einen Gedanken. Im Hinterkopf kommt es Ihnen so vor, daß der Morgen ganz von selbst seine Richtung einschlägt – ohne daß Sie viel darüber zu entscheiden hätten. Und wenn Sie in einer unbeständigeren Verfassung sind, könnten Sie sogar das Gefühl haben, daß Ihr ganzes Leben auf eine automatische Geschwindigkeitskontrolle eingestellt ist. Sie brauchen eigentlich nur noch darüber zu entscheiden, in welche Richtung Sie steuern.

Warum verhalten wir uns eigentlich so? Vielleicht, weil uns das Leben einfacher scheint, wenn wir denken, daß die Gnade Gottes in unserem Leben so automatisch wirkt wie unsere Atmung, so selbsttätig wie unser Herzschlag. Aber so ist es eben nicht. Wenn es um Gottes Gnade geht, dann kann man die automatische Tempokontrolle ganz und gar nicht anwenden.

Gott wird uns nicht mit einer so lässigen Haltung davonkommen lassen. In 2. Petrus 1,2 wird uns gesagt, daß uns die Gnade im Überfluß gegeben wird „durch die Erkenntnis Gottes und Jesu, unseres Herrn“. Mit anderen Worten: Die Gnade kommt nur dann im Überfluß zu uns, wenn wir Jesus immer besser kennenlernen. Nur dann, wenn wir ihn im Gebet suchen, ihm in seinem Wort begegnen, ihm im Gehorsam folgen, ihn morgens begrüßen und uns abends mit Gedanken an ihn zur Ruhe legen.

Es kostet immer Einsatz, eine Beziehung zu entwickeln – auch, wenn es um eine enge Beziehung zum Herrn geht. Da läuft nichts automatisch.

In einer anderen Übersetzung heißt der Vers aus dem 2. Petrusbrief: „Gnade und Friede werde euch immer reichlicher zuteil in der Erkenntnis Gottes und Jesu, unseres Herrn!“ (Revidierte Elberfelder Bibel). Ich mag diese Formulierung. Sie sagt aus, daß Gnade und Friede in unserem Leben dann vermehrt werden, wenn unsere Erkenntnis über Jesus immer größer wird.

Schalten wir also den Tempokontrollknopf aus, liebe Freunde! Das Leben – jedenfalls das Leben im Überfluß, das Gott uns schenkt – funktioniert auf diese Weise nicht.

Die Gnade Gottes verlangt vielmehr unsere volle Aufmerksamkeit.

Worauf heften wir unseren Blick?

Der beste Ratschlag seit langer Zeit stand in einem Brief, den mir neulich ein Mann schrieb, den ich noch nie im Leben gesehen habe. Er heißt Ted Smith, und sein Rat lautete: „Viele Gläubige starren wie gebannt auf ihre Probleme und werfen nur ab und zu einen flüchtigen Blick auf den Herrn. Aber es ist viel besser, unverwandt auf den Herrn zu schauen und nur ab und zu einen Blick auf die eigenen Probleme zu werfen."

Das ist ein ungewöhnlich guter Satz. Es stimmt schon: Viel zu viele von uns lassen ihren Blick von ihrer schlimmen Lebenslage ganz und gar gefangennehmen. Wir machen uns daran, die überwältigende Höhe unserer Verantwortung abzumessen, die Tiefe unseres Dilemmas auszuloten und zum Gewicht unserer Sorgen noch ein paar Kilo hinzuzufügen. Und dabei schenken wir unserem Herrn nur gelegentlich einen kurzen und besorgten Blick – um uns zu vergewissern, daß er noch in der Nähe ist.

Es ist alles eine Frage der Blickrichtung; es kommt darauf an, wohin unsere Augen gerichtet sind, nicht wahr? Unsere Schwierigkeiten sind durchaus real und spürbar. Da hinterläßt der Hund überall in der Küche Spuren von seinem Futter. Ihr Mann ruft an und sagt, daß er heute abend (wieder mal!) später nach Hause kommt. Der Auflauf in Ihrem Backofen verwandelt sich in Holzkohle, und dann bricht zwischen Ihren Kindern oben im ersten Stock auch noch ein lautstarker Krach aus. Da ist es kein Wunder, wenn Sie mit hängenden Schultern dastehen, das Geschirrtuch in der Hand, und nicht mehr wissen, was Sie jetzt zuerst tun sollen. Und während Sie die Treppe hinaufstapfen, um den Schiedsrichter zu spielen, murmeln Sie schnell ein Stoßgebet vor sich hin.

Klingt das vertraut? Sie haben schon Hunderte von ähnlichen Situationen erlebt. Ihre Probleme schreien nach ungeteilter Aufmerksamkeit, und in all dem Durcheinander wird Gott beinahe vergessen.

Dazu müssen wir eine Anweisung aus dem Hebräerbrief anschauen: „Laßt uns aufsehen zu Jesus, dem Anfänger und Vollender des Glaubens, der, obwohl er hätte Freude haben können, das Kreuz erduldete und die Schande gering achtete und sich gesetzt hat zur Rechten des Thrones Gottes. Gedenkt an den, der soviel Widerspruch gegen sich von den Sündern erduldet hat, damit ihr nicht matt werdet und den Mut nicht sinken laßt" (Hebräer 12,2+3).

Das ist es, genau das! Denken Sie an Jesus. Er hatte eine bitter schwere Pflicht, er mußte sein Kreuz tragen – aber er richtete seinen Blick nach vorn, auf die Freude, die ihm verheißen war. Und wir, so fordert uns dieser Text klipp und klar auf, sollen ebenfalls unseren Blick erheben. Wir sollen unsere Augen auf den Anfänger und Vollender unseres Glaubens richten. Auf ihn allein sollen wir uns konzentrieren.

Und was ändert das an dem angebrannten Auflauf, dem schmutzigen Küchenfußboden und dem Streit zwischen den Kindern? Gar nichts. Aber was kann sich ändern? Ihr Blickwinkel! Konzentrieren Sie sich nicht voll und ganz auf Ihre Probleme, während Sie flüchtig ab und zu auf den Herrn sehen. Im Gegenteil, schauen Sie auf ihn, konzentrieren Sie sich auf ihn, betrachten Sie ihn lange, dann werden Ihre Probleme Sie nicht mehr so umwerfen, daß Sie schwach und mutlos werden.

Versuchen Sie es einfach. Am besten gleich jetzt. Schreiben Sie sich Hebräer 12,2+3 ab und kleben Sie sich den Vers über die Spüle, neben Ihren Computer oder ans Armaturenbrett in Ihrem Auto. So wird Ihr Blick immer darauf fallen. Und so werden Sie auch immer wieder wissen, worauf Sie sich konzentrieren sollen.

Unsere Schwäche und seine Stärke

Ich zitiere gerne Leute, die mir auf dem Weg mit Gott spürbar weitergeholfen haben, ganz besonders dabei, daß ich mein Leben nun mal im Rollstuhl führen muß. Dr. J.I. Packer ist in dieser Beziehung ein Lieblingsautor von mir. Und glauben Sie mir: Wenn ich ihn hier zitiere, dann könnten es geradezu meine eigenen Worte sein.

„Gott benutzt chronische Schmerzen und Schwächen ebenso wie andere Leiden als einen Meißel, mit dem er unser Leben wie ein Bildhauer bearbeitet. Unsere so deutlich empfundene Schwäche vertieft nur unsere Abhängigkeit von Jesus Christus, der uns jeden Tag neue Kraft schenken muß. Je schwächer wir uns fühlen, desto mehr verlassen wir uns auf den Herrn. Und je mehr wir uns auf ihn verlassen, desto stärker werden wir im Glauben, selbst wenn unser Körper dabei immer kraftloser wird. Wenn Sie mit Ihrem ‚Pfahl im Fleisch' leben können, ohne zu klagen, das heißt, wenn Sie dabei sanftmütig und geduldig und im Herzen frei bleiben, um andere Menschen zu lieben und ihnen zu helfen – selbst wenn Sie sich jeden Tag krank und matt fühlen –, dann ist das echte Heiligung. Es ist wahre Heilung für den Geist, der höchste Sieg der Gnade. Die Heilung Ihrer sündigen Persönlichkeit macht auf diese Weise große Fortschritte, auch wenn die Heilung Ihres sterblichen Leibes überhaupt nicht vorangeht. Und die Heilung der Persönlichkeit ist von Gott aus gesehen das Entscheidende." [6)]

Je schwächer wir uns also fühlen, desto mehr verlassen wir uns auf Gott. Und je mehr wir uns auf ihn verlassen, desto stärker werden wir. Das kann man nicht mit „außerordentlich starker Widerstandskraft" erklären, wie manche Leute vielleicht meinen. Und es ist auch kein „Zeichen für besonderen menschlichen Mut", wie diese Leute vielleicht auch denken könnten.

Widerstandskraft und Mut haben damit nichts zu tun. Unserem Gott macht es vielmehr Freude, gerade unsere menschliche Schwäche zu gebrauchen.

Es ist durchaus verständlich, wenn es Ihnen heute schwerfällt, mit Ihrer besonderen Schwäche zu leben. Sie finden es vielleicht fast unmöglich, dabei auch noch „sanftmütig und geduldig und im Herzen frei zu bleiben, um andere Menschen zu lieben und ihnen zu helfen."

Es ist nicht nur fast unmöglich, nein – es ist völlig unmöglich. Sie können es einfach nicht fertigbringen, solange Sie versuchen, die Widerstandskraft oder den Mut dafür in sich selbst zu finden. Dann werden Sie ganz bestimmt jedes Mal versagen.

Es ist vielmehr so, daß tiefempfundene Schwachheit unsere Abhängigkeit von Christus vertiefen soll, so daß wir allein von ihm Kraft erwarten. Denken Sie daran: Je schwächer Sie sich fühlen, desto mehr müssen Sie sich auf ihn stützen. Verlassen Sie sich auf Jesus. Das bedeutet: Vertrauen Sie ihm, gehorchen Sie ihm, verbringen Sie viel Zeit im aufmerksamen Gespräch mit ihm und erzählen Sie ihm von Ihren tiefsten Nöten.

Wenn Sie sich ganz fest auf ihn stützen, werden Sie feststellen, daß Sie viel stärker werden, als Sie es sich je haben träumen lassen. Es ist schon so, wie Dr. Packer es ausgedrückt hat: Das ist die eigentliche, wahre Heilung.

Überlegungen in einem Kinderzimmer

Vor kurzem hat eine Freundin ein Baby bekommen. Und als ich sie und ihren Mann neulich besuchte, mußte ich natürlich auch das Kinderzimmer bewundern.

Das hatten sie nun wirklich erstklassig eingerichtet! In einer Ecke saß ein riesiger Plüschvogel im Nest, ein großes Stofftier stand auf dem Nachttisch, und eine ganze Batterie von niedlichen Gestalten lag rundum im Kinderbettchen. Ganz zu schweigen von fünf Teddybären und einem „Baby-Aktionszentrum" mit einer Menge von Griffen, Knöpfen und Hebeln zum Drehen, Schnarren und Klingeln. Außerdem gab es noch zwei Mobiles mit Spieluhr und wer weiß wie viele Rasseln.

Dieses Kind war nun wirklich mit Spielsachen eingedeckt! Da konnte es ja überhaupt nicht vorkommen, daß ihm einmal langweilig würde oder daß es schlechte Laune hätte, nicht wahr?

Nun, so ganz stimmt das nicht. Es ist zwar richtig, daß sich das Kind mit diesen verlockenden Dingen und zahlreichen Zerstreuungsmöglichkeiten allein beschäftigen kann. Und manchmal wird es wohl auch ganz hingerissen den melodischen Klängen der Spieluhren lauschen.

Aber so eine Belustigung dauert immer nur eine gewisse Zeit. Ein kleines Kind kann man damit nämlich nur dann schnell beruhigen, wenn es keinen Hunger hat.

Warten Sie nur ab: Wenn das Baby das natürliche Verlangen nach Nahrung spürt, wird nichts anderes seine Bedürfnisse befriedigen können als die sehnlichst verlange Mahlzeit!

Genauso ist es mit unserer Seele. Ablenkung und Vergnügungen können uns wohl für eine Weile beschwichtigen – etwa Kirchenmusik, Kerzen, Fahnen, Ausschußsitzungen und christliche Fernsehsendungen. Aber all das wird uns – genau wie aufwendige Spielsachen – nur eine Zeitlang beschäftigen und unterhalten. Früher oder später setzen Langeweile und Enttäuschung ein. Wenn das Gewissen eines Gläubigen einmal erwacht ist, dann genügen alle solchen religiösen Ausschmückungen und Nebensächlichkeiten nicht mehr. Dann bekommt man, wie es in Hebräer 5 heißt, Hunger nach „fester Speise".

Ein Mensch, der vom Heiligen Geist angerührt worden ist, muß mit etwas Nahrhaftem gefüttert werden. Das Verlangen unserer neuen Natur treibt uns zu den Grundlagen des Glaubens, und dort beginnt unser herrlicher Weg mit Gott. Ein wirklicher Christ wird sich mit bloßen Äußerlichkeiten nicht zufriedengeben. Sie erscheinen ihm vielmehr wie Zeitverschwendung.

Sammeln Sie immer mehr fromme Dinge um sich herum und haben doch immer weniger Freude daran? Langweilen Sie sich? Sind Sie innerlich ruhelos? Wollen Sie sich nicht nur unterhalten lassen? Wollen Sie mehr?

Dann kann es gut sein, daß Sie einfach Hunger haben! Das Verlangen Ihrer neuen Natur verursacht Ihnen dieses schmerzhafte Hungergefühl. Und Sie werden erst dann zufrieden sein, wenn Sie die richtige Nahrung bekommen haben, so wie Jesus es in Johannes 6,35 sagt: „Ich bin das Brot des Lebens. Wer zu mir kommt, den wird nicht hungern; und wer an mich glaubt, den wird nimmermehr dürsten."

Wollen Sie dieses Verlangen stillen? Dann vergessen Sie die Teddybären und die Aktionszentren und das andere Babyspielzeug. Der König wartet nämlich schon auf Sie an seinem Eßtisch.

Zwischen zwei Kreuzen

In schwachen Augenblicken habe ich mich schon gefragt, ob die Jünger des Herrn Jesus es mit dem Glauben wohl genauso schwer hatten wie wir heute.

Schließlich hatten sie doch den ungeheuren Vorteil, daß sie jeden Tag Seite an Seite mit dem Meister leben konnten, und das fast drei Jahre lang. Johannes hat geschrieben, daß die Person Christi für sie etwas war, „was wir gehört haben, was wir gesehen haben mit unseren Augen, was wir betrachtet haben und unsere Hände betastet haben" (1. Johannes 1,1).

Sie waren Augenzeugen, als der Herr die größten Wunder tat. Sie sahen aus nächster Nähe, wie tote Menschen durch ein Wort zum Leben erweckt wurden, wie Aussätzige nach einer Berührung geheilt waren und Gelähmte wieder auf die Füße sprangen, wenn er es befahl. Sie sahen zu, wie die Hände Jesu frisches Brot und auf Holzkohlen gebackenen Fisch aus der bloßen Luft holten und austeilten – genug, um Tausende satt zu machen. Sie waren Zeugen, wie ein hoch aufwogender See und ein tosender Sturm von einem Augenblick zum anderen still und ruhig wurden – nur, weil Jesus ein paar Worte an sie richtete.

Wenn es allerdings um den Glauben geht, dann muß ich zugeben, daß die Jünger nicht diejenigen sind, mit denen ich mich am meisten identifizieren möchte. Doch es gibt jemand anderen in der Heiligen Schrift, der auf ganz außergewöhnliche Weise geglaubt hat: „Aber einer der Übeltäter, die am Kreuz hingen, lästerte ihn und sprach: Bist du nicht der Christus? Hilf dir selbst und uns! Da wies ihn der andere zurecht und sprach: Und du fürchtest dich auch nicht vor Gott, der du doch in gleicher Verdammnis bist? Wir sind es zwar mit Recht, denn wir empfangen, was unsere Taten verdienen, dieser aber hat nichts Unrechtes getan. Und er sprach: Jesus, gedenke an mich, wenn du in dein Reich kommst! Und Jesus sprach zu ihm: Wahrlich, ich sage dir: Heute wirst du mit mir im Paradies sein" (Lukas 23, 39-43).

Ja, es war schon wunderbar, wie die Jünger an Jesus geglaubt haben. Mit Ausnahme des Verräters blieben sie dem Herrn treu, in den goldenen Zeiten der Herrlichkeit genauso wie in den von Stürmen verdunkelten Tagen der Angst und Finsternis. Sie hatten alles verlassen, um dem Herrn zu folgen, und sogar ihr Leben setzten sie dafür aufs Spiel.

Aber meiner Ansicht nach war es ein noch viel größeres Zeichen von Glauben, daß der sterbende Verbrecher sein ganzes Vertrauen auf den Herrn setzte. Dieser Mann, der da neben Jesus am Kreuz hing, hatte nicht das Vorrecht gehabt, all die mächtigen Zeichen und Wunder zu sehen, bei denen den Jüngern vor Staunen der Mund offen stehenblieb. Er hatte nicht an ihren ruhigen Gesprächen am abendlichen Lagerfeuer teilnehmen können. Und er hatte auch nie ihre enge Gemeinschaft gespürt, wenn sie unter vollen Segeln im offenen Boot unter dem weiten Himmel Galiläas über den See gefahren waren.

Dieser Verbrecher erlebte Jesus nur in Todesschmerzen, im Leiden und in Schwachheit. Er sah, wie der Herr alleingelassen wurde, wie man sich über ihn lustig machte, wie er nackt, erniedrigt und verachtet am Kreuz hing. Er konnte kein bißchen Majestät und Macht an diesem Mann erkennen, und dennoch glaubte er.

Aber soviel diese Geschichte auch vom Glauben eines reumütigen Sünders erzählen kann, sie sagt noch mehr über den einen, der ihm darauf antwortete:

„Der Herr Jesus hat niemals einen so vollkommenen Beweis seiner Macht und seines Rettungswillens gegeben wie gerade bei dieser Gelegenheit. An dem Tag, an dem er am schwächsten schien, zeigte er, daß er ein starker Erlöser war. In der Stunde, in der sein Leib von schlimmen Schmerzen geplagt war, bewies er, daß er einfühlsam mit anderen mitempfinden konnte. Und in dem Augenblick, in dem er selbst dem Tode nahe war, schenkte er einem Verbrecher ewiges Leben." [7)]

Wenn es je einen Moment gegeben hat, in dem Jesus es wahrhaftig verdient hätte, auch einmal ein bißchen an sich selbst und seinen eigenen Trost zu denken, dann war es doch wohl am Kreuz. Aber selbst da dachte er an andere und bot ihnen Hoffnung und Leben an.

Er wandte sich einem Menschen zu, um ihn zu erlösen. Über die Begegnung zwischen den beiden, die an jenem dunklen Tag an zwei Kreuzen hingen, kann man immer wieder neu staunen. Und daß derselbe Heiland über all die Jahrhunderte hinweg sich Ihnen und mir zuwendet, um uns zu retten, das ist noch viel wunderbarer.

Wenn wir müde werden

Ab und zu träume ich mich in die Zeiten zurück, als ich noch ein Kind war und starke, gesunde Beine hatte.

Es gab damals viele schöne Erlebnisse mit unseren zahlreichen Verwandten oder Freunden, an die ich mich heute noch gerne erinnere: Ausflüge mit dem Zelt ans Meer, Picknicks am Fluß oder abenteuerliche Bergwanderungen mit dem Rucksack.

Ich denke da besonders an eine lange Wanderung mit meinem Vater und seinen Freunden, bei der ich erst sechs Jahre alt war. Ich mußte mich mächtig abstrampeln, um mit den Erwachsenen Schritt zu halten, und meine kleinen Beine, auch wenn sie damals ganz gesund waren, konnten mich doch nicht den ganzen Weg tragen.

Schließlich wurde ich müde, unendlich schwer und matt. Ich weiß noch, wie dankbar ich war, daß mein Papa und seine Freunde so große und starke Männer waren. Ihnen würde es ja nicht viel Mühe bereiten, so ein kleines Mädchen wie mich auf ihren breiten Schultern zu tragen.

Und als mein Vater sich endlich bückte und mich auf seinen Rücken hob, seufzte ich tief auf vor Erleichterung. Ich brauchte mir keine Sorgen mehr zu machen; er war stark genug, um sich und mich weiterzubringen.

Als ich darüber nachdachte, fiel mir eine Bibelstelle ein, die ich besonders liebe: „Kommt her zu mir alle, die ihr mühselig und beladen seid; ich will euch erquicken. Nehmt auf euch mein Joch und lernt von mir; denn ich bin sanftmütig und von Herzen demütig; so werdet ihr Ruhe finden für eure Seelen. Denn mein Joch ist sanft, und meine Last ist leicht" (Matthäus 11, 28-30).

Kommt Ihnen irgend etwas in diesem Text merkwürdig vor? Es scheint schon eigenartig, daß Jesus hier nicht sagt: „Seht mich an! Seht doch, wie groß und stark ich bin, wie mächtig und kraftvoll, wie ich alles voll im Griff habe! Ich bin ausdauernd genug, um alle eure Lasten zu tragen. Verlaßt euch nur auf mich, denn ich bin stark!"

Nein, statt dessen sagt er: „Kommt her zu mir ..., denn ich bin sanftmütig und von Herzen demütig."

Das ist sicher nicht das, was wir üblicherweise von unserer Umwelt zu hören bekommen. Dort werden die Starken, die Unerschütterlichen, die Entschlossenen, die, die niemals eine Träne vergießen und nie eine Schwäche zugeben, als die fähigen und leistungsstarken Lastenträger beschrieben.

Doch die Bibel redet anders. Gottes Wort erinnert uns daran, daß Demut, Sanftmut, Geduld, Freundlichkeit und Güte turmhoch über dem ganzen Getue mit den stolzen Machos stehen. Gerade zu den Demütigen und Sanften fühlen wir uns hingezogen, wenn wir selbst belastet oder schwach sind. Irgendwie wissen wir, daß gerade sie die Leute sind, die sich ernsthaft um andere kümmern und die wirklich beten. Gerade sie sind bereit, neben uns herzugehen und einen Teil unserer Last auf ihre Schultern zu nehmen.

Deshalb sind die Worte Jesu so überzeugend. Er ist stark, aber er ist auch offen für unsere Sorgen. Er kann gewiß unsere Lasten tragen, aber bei ihm wird es uns nie peinlich sein, wenn wir ihn um etwas bitten müssen, niemals kommen wir uns bei ihm vernichtend besiegt vor.

Fühlen Sie sich müde und matt? Gedrückt von vielen Lasten? Erschöpft vom langen Weg?

„Alle eure Sorge werft auf ihn; denn er sorgt für euch" (1. Petrus 5,7).

Ein Fischer namens Petrus hat dieses einfache Rezept gegen Angst und Erschöpfung vor fast zwanzig Jahrhunderten aufgeschrieben. Und seitdem hat noch niemand etwas Besseres gefunden.

Doppelte Verteidigung

Wie ist Ihre erste Reaktion, wenn Sie vor einer Versuchung stehen?

Es gibt viele Versuchungen für uns – beispielsweise mit unserem Glaubenszeugnis hinter dem Berg zu halten, die Wahrheit ein bißchen zu verbiegen, uns an Klatsch und Tratsch zu beteiligen oder unsauberen Phantasien nachzuhängen.

In unserem alltäglichen Krieg gegen die Sünde kann vor allem der erste Angriff unseres Feindes der gefährlichste sein. Schieben Sie schon beim ersten zaghaften Anklopfen fest den Riegel vor, dann wird es leichter sein, die Tür verschlossen zu halten, wenn Satan anfängt, sie mit Fausthieben und Fußtritten zu bearbeiten.

Jesus, unser Vorbild, hat uns zu Beginn seines Dienstes gezeigt, wie man schon den ersten Anlauf der Versuchung wirkungsvoll abwehren kann. Satan hatte sich damals genau den richtigen Zeitpunkt ausgesucht. Nach fast sechs Wochen Fasten in den wilden Einöden des Sinai muß Jesus ganz schwach vor Hunger gewesen sein.

Und genau in diesem Moment tiefer menschlicher Schwäche kam der Teufel. „Und der Versucher trat zu ihm und sprach: Bist du Gottes Sohn, so sprich, daß diese Steine Brot werden. Er aber antwortete und sprach: Es steht geschrieben: Der Mensch lebt nicht vom Brot allein, sondern von einem jeden Wort, das aus dem Mund Gottes geht“ (Matthäus 4,3+4).

Jesus erwiderte nun einen Angriff nach dem anderen damit, daß er Worte der Heiligen Schrift zitierte, und so machte er jeden Schlag des Satan zunichte. Und – er gab uns dadurch ein wunderbares Beispiel, dem wir nachahmen sollen.

Doch die Bibel ist nicht die einzige Verteidigungswaffe, die Gott uns gibt. Ein anderes Beispiel dafür, wie Jesus Versuchungen begegnet ist, wird uns am Schluß seines Dienstes vor Augen gestellt.

Im Garten Gethsemane zerrten die Streitkräfte der Hölle an der Menschlichkeit unseres Herrn und versuchten, ihn vom Gang zum Kreuz abzuhalten. Hätten wir diese Szene miterleben können, dann wäre das ein schrecklicher Augenblick für uns gewesen. Denn wäre Jesus vor dem Tod auf Golgatha zurückgeschreckt, dann wären Sie und ich ja in alle Ewigkeit verloren.

So, wie Jesus dreimal in der Wüste vom Teufel versucht wurde, trat die Versuchung auch im Garten Gethsemane dreimal an ihn heran. Und was tut Jesus diesmal? Er betet. Obwohl seine Freunde und Jünger nicht einmal wach bleiben, um bei ihm zu sein und ihm Mut zu machen, schüttet er doch weiter vor Gott sein Herz aus – mit Seufzen und Stöhnen, schwitzend vor Angst, in Todesqualen, das Gesicht auf der Erde.

In der Morgendämmerung seines Dienstes hat Jesus uns gezeigt, wie wichtig es ist, die Heilige Schrift zu gebrauchen, um unseren Feind damit zu bekämpfen. Und beim Sonnenuntergang seines Erdenlebens hat er noch einmal betont, wie wichtig das Gebet ist.

Die Schrift und das Gebet, das sind unsere Waffen. Und wir wissen sehr gut, daß wir beide gebrauchen sollen. Aber wie schwer fällt es uns doch mitten in unseren Schwierigkeiten, uns an dieses Vorbild Jesu zu erinnern!

Doch der Herr kann sogar das verstehen. Denn als er im Garten Gethsemane versucht wurde und seine Jünger immer wieder einschliefen, fand er sehr verständnisvolle Worte: „Der Geist ist willig, aber das Fleisch ist schwach“ (Matthäus 26,41). Er wußte wohl, wie stark der Druck der Versuchung manchmal ist.

Fühlen Sie sich heute „schwach im Fleisch“, auch wenn Ihr Geist willig ist? Sind Sie versucht, die Tür nur für einen kleinen Moment aufzumachen, weil allzu hartnäckig angeklopft wird?

Denken Sie daran: Was für ein Angriff auch gerade gegen Sie läuft, er kann überwunden werden. Jesus hat uns gezeigt, wie man das macht – am Anfang und am Ende seines Dienstes auf dieser Erde.

Und das ist ein weiterer Hinweis darauf, daß er ganz gewiß vom Anfang bis zum Ende bei uns ist.

Vertrauen

*Wissen, daß Gott alles
in der Hand behält, wenn uns die
Dinge aus den Händen gleiten*

Vertrauen

Wissen, daß Gott alles in der Hand behält, wenn uns die Dinge aus den Händen gleiten

Ich kenne meinen Mann Ken gut, fast (aber nicht ganz) in- und auswendig. Ich will nicht damit angeben, aber es gibt wirklich kaum ein Gefühl, das er vor mir verbergen könnte: Wenn seine Augen schmaler sind als sonst, dann weiß ich, daß er sich Sorgen macht. Wenn sein Mund sich spannt und seine Lippen auf eine ganz bestimmte Weise dünn werden, dann ärgert er sich. Und wenn er sehr viel Zeit damit verbringt, in Angelzeitschriften herumzublättern, dann ist er niedergeschlagen.

Ich weiß natürlich auch, daß es nicht vieles gibt, was mein Mann vor mir geheimhalten will. Er ist ein Mann, der sich gerne durchschauen läßt, der mich geradezu einlädt, ihn noch besser kennenzulernen, noch vertrauter mit ihm zu werden.

Und weil ich Ken sehr gut kenne, vertraue ich ihm auch. Ja, das verhält sich zueinander wie die logische Verbindung in einer mathematischen Formel: Je besser ich meinen Mann kenne, desto größer ist mein Vertrauen zu ihm.

Wenn es um unsere Beziehung zu Gott geht, ist diese Formel vom Kennen und Vertrauen mehr als ein mathematischer Lehrsatz. Sie ist eine Erkenntnis, die geradewegs aus der Heiligen Schrift stammt. König David hat es folgendermaßen ausgedrückt: „Darum hoffen auf dich, die deinen Namen kennen; denn du verlässest nicht, die dich, Herr, suchen“ (Psalm 9,11).

Es ist also eine Frage von Ursache und Wirkung – es hat einen direkten Zusammenhang. Das eine kann man nicht ohne das andere haben. Gott kennen heißt ihm vertrauen.

Das könnte eine gute Nachricht für Sie sein, wenn Sie in letzter Zeit bei sich betrübt einen Mangel an Vertrauen festgestellt haben, eine Unfähigkeit, sich auf den Herrn zu verlassen, weil da so viele große oder kleine Probleme waren. Es gibt eine Antwort auf diese unbefriedigende Situation: Wenn Sie lernen wollen, Gott noch mehr zu vertrauen, sich noch beständiger auf ihn zu verlassen, konsequent von ihm abhängig zu werden – dann müssen Sie sich bemühen, ihn noch besser kennenzulernen.

Der Apostel Paulus wußte das. Er gab die Gedanken aus Psalm 9 mit seinen eigenen Worten wieder, als er schrieb: „Ich weiß, an wen ich glaube, und bin gewiß, er kann mir bewahren, was mit anvertraut ist, bis an jenen Tag" (2. Timotheus 1,12). Paulus konnte sich fraglos darauf verlassen, daß Gott für seine Gesundheit, sein Einkommen, seinen Dienst und seine Beziehungen zu anderen Menschen sorgte – einfach weil er mit dem Herrn ganz vertraut war.

Wie macht man das eigentlich, Gott besser kennenlernen?

Suchen Sie, forschen Sie nach ihm! Und lassen Sie sich dabei von ihm ermutigen! In der Heiligen Schrift steht: „Wenn du aber den Herrn, deinen Gott, suchen wirst, so wirst du ihn finden, wenn du ihn von ganzem Herzen und von ganzer Seele suchen wirst" (5. Mose 4,29).

Dieser Vers macht auf mich den Eindruck, daß Gott uns dazu aufruft, mehr Zeit mit ihm zu verbringen, als wir gewöhnlich dafür einplanen – zusätzliche Augenblicke außerhalb unserer üblichen Bibelstunde oder Stillen Zeit.

Aber an diesem Punkt kann ich schon fast Ihre Gedanken erraten. „Na komm, Joni", sagen Sie vielleicht, „wir wollen doch mal realistisch bleiben! Ich mache jeden Tag Stille Zeit, besuche jede Woche den Bibelkreis, die Bibelstunde am Sonntag und außerdem den Gottesdienst, abends halte ich noch eine Andacht mit meinem Ehepartner – und jetzt soll ich mir allen Ernstes noch mehr Zeit für Gott nehmen?"

Einen Augenblick! Es geht nicht so sehr darum, daß wir uns noch mehr Zeit für Gott reservieren sollen, sondern eher um die Erkenntnis, daß alle unsere Zeit ihm gehört.

Stellen Sie sich beispielsweise einmal vor, Sie liegen bequem auf der Couch und sehen sich im Fernsehen irgendein schwachsinniges Lustspiel an. Zwischendurch, als eine Werbung eingeblendet wird, flüstert Ihnen der Heilige Geist zu: „Mach doch den Fernseher aus und nimm dir ein paar Minuten Zeit für mich." Wie reagieren Sie darauf?

Oder sagen wir, Sie werfen sich im Bett von einer Seite auf die andere und sind gereizt, weil Sie nicht einschlafen können. Aus dem Nichts heraus unterbricht plötzlich der Heilige Geist Ihre sorgenvollen Gedanken mit dem Vorschlag: „Warum nutzt du die Zeit nicht zum Beten?" Und? Tun Sie das dann auch?

Oder Sie haben vielleicht die Wahl zwischen einer Zeitschrift und Ihrem Lieblingsandachtsbuch. Der Heilige Geist mischt sich wieder ein und sagt: „Komm, wir lesen eine Weile in diesem Buch, das du schon länger nicht mehr in der Hand gehabt hast." Und? Was schlagen Sie nun auf?

Gott greift gerne über die Grenzen der festgelegten Minuten hinaus, die wir in unserem Tageslauf für ihn vorgesehen haben. Er erinnert uns daran, daß ihm jeder unserer Augenblicke gehört. Unser Vertrauen kann nur wachsen, wenn wir diese kostbaren, unerwarteten, zur Unzeit auftauchenden Momente nutzen, um ihn besser kennenzulernen.

Daran sollten Sie denken, wenn Sie die folgenden Seiten lesen und dabei Zeit mit dem Herrn verbringen. Jeder Gedanke, jede Bibelstelle ist eine Möglichkeit, Jesus ein bißchen besser kennenzulernen und ihm ein wenig mehr zu vertrauen.

Durch die Minuten, die Sie in dieses Kapitel investieren, werden Sie vielleicht um so besser vorbereitet sein, wenn der Geist Jesu Christi das nächste Mal in Ihre Freizeit „einschreitet" und Sie ermuntert, ihn noch besser kennenzulernen und noch vertrauter mit ihm zu werden.

In die Ecke gedrängt

Jesus hatte eine Art, die die Menschen seiner Zeit regelrecht ärgern konnte. Und heute ist es nicht anders. Man muß nur einmal die Evangelien durchlesen – bevor man es selbst richtig merkt, fühlt man sich schon zum Widerspruch gereizt.

Die Dinge, die Jesus tut, die Forderungen, die er stellt, die Beispiele, die er erzählt, die Art, wie er sich mit dem tatsächlichen Zustand unseres menschlichen Herzens beschäftigt – all das drängt Sie recht unbequem in die Ecke. Er hat einiges zu sagen zum Thema „Opfer", zur Vetternwirtschaft, zu verlogener Frömmigkeit, zu ernstgenommener Verantwortung und Freigebigkeit, und all das läßt Sie auf einmal fühlen, daß Sie mit dem Rücken zur Wand stehen. Plötzlich und ganz unerwartet bringt er Sie ins Nachdenken über Dinge, über die Sie sich früher, bevor Sie sein Wort aufgeschlagen hatten, bestimmt nie den Kopf zerbrochen hätten.

Kurz gesagt, Sie werden ärgerlich.

Jesu Forderungen lösen im Leben der Menschen anscheinend immer eine entscheidende Krise aus. Er befahl Petrus, sein Fischernetz auszuwerfen, obwohl er genau wußte, daß der die ganze Nacht gefischt hatte und daß auch nicht das bescheidenste Fischlein in seinem Netz hängengeblieben war.

Er sagte dem reichen Jüngling ohne Umschweife, er solle alle seine Güter verkaufen.

Er bestand darauf, daß Johannes ihn taufte, obwohl er damit dessen Verständnis vom Messias völlig auf den Kopf stellte.

Er verlangte, daß Nikodemus, der Schriftgelehrte – der sich mehr für theologische Streitgespräche und Diskussionen interessierte – das, was er verstanden hatte, in die Tat umsetzen sollte, statt nur darüber zu reden.

Das alles sind ungemütliche Ecken, in die wir uns gedrängt

fühlen; plötzlich stehen wir, geistlich betrachtet, mit dem Rükken zur Wand.

Aber was ich besonders an Jesus liebe, ist, daß er nicht zuläßt, daß wir wie angeklebt in dieser Ecke stehen bleiben müssen. Er will ja gar nicht, daß wir dort eingekeilt bleiben. Doch eins steht fest: Der einzige Weg, auf dem er uns aus dieser bedrängenden Situation herauskommen läßt, die einzige Möglichkeit, wie wir uns aus dieser unbequemen Ecke fortschleichen können, liegt darin, daß wir ihm folgen.

Jesus wird uns nur aus der mißlichen Lage befreien, in die er uns gebracht hat, wenn wir ihm und seinem Beispiel folgen. Es reicht ihm nicht, sich darauf zu verlassen, daß wir schon hinter ihm herkommen werden; die Sache ist zu wichtig und zu kostbar, als daß er sie uns allein überantworten könnte. Nein, er gebietet uns regelrecht, daß wir ihm folgen sollen.

Verlangt der Herr heute etwas von Ihnen, was Ihnen unangenehm ist? Vielleicht mit einer schlechten Gewohnheit aufzuräumen? Ihre Vorurteile abzubauen? Etwas von Ihrem persönlichen Stolz hinunterzuschlucken? Tief in die Tasche zu greifen und einem Menschen in Not zu helfen? Mit einem Freund, der Sie sehr geärgert hat, wieder neu anzufangen?

Herzlich willkommen in der unbequemen Ecke! Hier sind Sie in guter Gesellschaft!

Jeder rempelt nämlich mit dem Herrn Jesus früher oder später unsanft zusammen, ganz gleich, ob er ihn liebt oder haßt. Jesus verärgert die Leute, er inszeniert Krisen, er drängt. Er zwingt uns, eine Entscheidung zu treffen.

Wenn Sie nur lange genug in der unbequemen Ecke warten, werden Sie es erleben. Aber – ich bleibe da nicht lange stehen. Ich will ihm gleich auf dem Weg folgen, der wieder herausführt.

Was können wir ertragen?

Im Laufe der Jahre haben mich viele Leute gefragt: „Wie machen Sie das eigentlich, Joni? Wie werden Sie nur mit Ihrer Querschnittslähmung fertig? Wie können Sie das überhaupt ertragen?"

So etwas habe auch ich mich oft bei anderen Menschen gefragt. Jedes Mal, wenn ich jemanden sehe, der völlig blind oder taub ist, dann denke ich: „Wie in aller Welt kann man das nur aushalten?"

Oder da ist zum Beispiel meine Freundin Vicky, die noch stärker gelähmt ist als ich. Ich kann immerhin noch meine Arme hin und her schwenken und deshalb selbst Auto fahren. Sie aber kann nur die Schultern hochziehen. Manchmal habe ich es gewagt und zu ihr gesagt: „Vicky, ich weiß einfach nicht, wie du das schaffst. Ich glaube, ich könnte es nicht ertragen, wenn ich so gelähmt wäre wie du." Aber dann denkt sie wiederum an Menschen, die dauernd starke Schmerzen ertragen müssen, und kann sich nicht vorstellen, wie es sein würde, mit solcher Art von Leiden zu leben.

Das Leiden und unsere Fähigkeit, darunter stark zu bleiben, sind sehr unterschiedlich verteilt. In 1. Korinther 10,13 versichert uns Paulus, daß unser Herr uns niemals schlimmer versuchen und prüfen wird, als wir es ertragen können. Und er erinnert uns außerdem daran, daß der Vorrat an Gottes Gnade niemals zu Ende geht.

„Gott aber kann machen, daß alle Gnade unter euch reichlich sei, damit ihr in allen Dingen allezeit volle Genüge habt und noch reich seid zu jedem guten Werk" (2. Korinther 9,8).

Durch die Gnade Gottes haben Vicky und andere Menschen, die behindert sind wie sie, die Kraft gehabt, auch eine so schwere Krankheit zu ertragen. Aber für mich hat Gott eben diese noch größere Behinderung nicht ausgesucht. Ja, es stimmt schon, ich bin auch gelähmt, aber doch nur so weit, daß ich mit Hilfe seiner Gnade noch ein Leben führen kann, das für mich voller Freude und Sinn ist.

Womit sind sie betraut? Vielleicht sind Sie nicht gelähmt. Sie sind vielleicht auch nicht taub oder blind, und möglicherweise haben Sie auch keine Krebsgeschwüre im Körper. Aber Gott hat Sie dazu ausgewählt, daß Sie mit den ganz besonderen, einzigartigen Lebensumständen, in denen Sie nun einmal stehen, fertig werden sollen: mit Ihrem Singledasein oder mit Ihrer Ehe, mit Ihrer Unfruchtbarkeit, mit Ihrer Gefängnisstrafe, mit Ihren Finanzen, Ihrem Beruf, Ihrer Arbeitslosigkeit, mit Ihrem sozialen Umfeld, Ihrem körperlichen Erscheinungsbild, Ihren Fähigkeiten und Ihrer Ausbildung.

Alles, was Sie in Ihrem Leben als „Leiden" bezeichnen würden, hat Gott zugelassen

Und wagen Sie gar nicht erst zu denken, Sie könnten das nicht bewältigen! Der Vers in 1. Korinther 10,13 verspricht Ihnen nicht nur, daß Sie damit fertig werden, sondern daß Sie damit sogar Gott verherrlichen.

Also schauen Sie nicht auf den Mann mit der Gehirnlähmung, indem Sie denken: „Wie schafft der das nur?" Sehen Sie auch auf die gläubige Ehefrau, die ein demütiges und ruhiges Herz behält mitten in einer Familiensituation, in der sie regelrecht mißhandelt wird, nicht mit den Gedanken: „Ich könnte das nie fertigbringen!" Schütteln Sie auch nicht den Kopf, wenn Sie eine Mutter oder einen Vater mit einem schwer geistig behinderten Kind sehen, und sagen Sie nicht: „Nein, das könnte ich auf keinen Fall ertragen!"

Nehmen Sie sich statt dessen die Zeit, ernsthaft darüber nachzudenken, wie Sie in Ihrer besonderen, einzigartigen Situation fröhlich und gehorsam bleiben können. Nehmen Sie Ihre Lebensumstände als ein Geschenk aus Gottes Hand an. Und wagen Sie es, ihm dafür zu danken.

Man könnte nicht jedem Menschen das anvertrauen, womit Sie heute zu kämpfen haben, aber Ihnen ist es eben anvertraut worden. Finden Sie Sinn und Freude darin, schöpfen Sie Kraft aus Gottes Quellen – und halten Sie durch.

Gott hat die Gnade; und Sie haben die Wahl, ob Sie aus dieser Gnade leben wollen.

Auf einem hohen Felsen

Wenn das Leben allzuschnell vorbeihastet, wenn die drängenden Termine stündlich mehr werden und sich die noch zu erledigenden Aufgaben stapeln, dann fange ich an, mich nach den Bergen zu sehnen.

Nach ein paar Tagen im Gebirge scheint mir die Welt wieder ein bißchen weniger verrückt. Die Landschaft mit ihren Steilhängen und Tälern wirkt auf mich so, daß sich mein Denken klärt und ich eine neue Perspektive gewinne. Die Welt mit all ihren Problemen ist dann nicht mehr ganz so bedrohlich. Druck und Streß sind irgendwie nicht mehr so schlimm. Und das Leben sieht wieder so aus, als ob man damit fertig werden könnte.

Deshalb ist Psalm 61 einer meiner Lieblingstexte. Ich mag es, wenn David sagt: „Vom Ende der Erde rufe ich zu dir; denn mein Herz ist in Angst; du wollest mich führen auf einen hohen Felsen. Denn du bist meine Zuversicht, ein starker Turm vor meinen Feinden" (Vers 3+4).

Gott ist ein Felsen, der viel höher ich als Sie und ich. Und wenn uns unsere Welt von allen Seiten bedrängt, wenn die Termine uns wie Blutsauger umgeben, wenn unsere Verantwortung uns in die Schultern schneidet wie die Riemen eines zentnerschweren Rucksacks, dann brauchen wir unbedingt eine neue Perspektive. Dann brauchen wir einen Aussichtspunkt.

Wenn wir Zeit mit Gott verbringen – in der luftigen Höhe seiner Macht und Liebe –, gewinnen wir einen besseren und weiteren Überblick über unser Leben. Er ist der gewaltige Berg, der hoch über unsere vernebelten Horizonte erhaben ist. Der Blick von seiner Höhe aus kann unsere Gedanken klären, uns helfen, das Wichtige vom Unwichtigen zu unterscheiden. Und so werden wir neu erkennen, wie wir unser Leben schließlich doch wieder in den Griff bekommen können.

Vielleicht geht es Ihnen wie mir, vielleicht haben auch Sie

einen Monat hinter sich, der wie ein Wirbelwind vorübergestürmt ist. Sie stehen vor Anforderungen in Ihrer Familie und Enttäuschungen in Ihrem Beruf, vor anstrengenden Aufgaben in der Kirchengemeinde und zusätzlich noch vor Erwartungen, die Freunde an Sie richten. Und mit jedem neuen Druck spüren Sie, wie Sie innerlich schwächer werden.

Vielleicht können Sie sich jetzt nicht so ohne weiteres ein paar Tage frei nehmen und Hals über Kopf in die Berge fahren, schon gar nicht, wenn Sie etwa an der Küste wohnen und das Gebirge weit weg ist. Aber trotzdem können Sie jederzeit auf den Felsen klettern, der so viel höher ist als Sie.

Wenn Sie einige konzentrierte, gehaltvolle Minuten mit Ihrem verständnisvollen Herrn verbringen, wird Ihnen ein ganz neuer Ausblick geschenkt. Denn von den Gipfeln seiner Liebe aus werden Sie die Dinge wieder so sehen können, wie sie wirklich sind.

Gott ist uns immer voraus

Haben Sie auch schon das Gefühl gehabt, daß Sie dem Herrn weit vorauslaufen, während Sie Ihre alltägliche Woche durchleben?

Da rennen Sie unsanft gegen eine scharfkantige Versuchung oder einen Kummer, der sehr weh tut, und Sie wissen doch eigentlich aus der Heiligen Schrift, daß „denen, die Gott lieben, alle Dinge zum Besten dienen" (Römer 8,28). Aber irgendwie haben Sie dabei nur die Vorstellung, daß Gott immer hinter Ihnen herläuft, mit Kehrblech und Besen bewaffnet, und jederzeit bereit ist, die Scherben von dem Porzellan zusammenzufegen, das Sie gerade zerschlagen haben.

Oder Sie empfinden es vielleicht vor, als ob Gott mit einer großen Tube Klebstoff ein paar Schritte hinter Ihnen hergeht und nur darauf wartet, die zerbrochenen Stücke Ihres Lebens aufzuheben und wieder zusammenzusetzen. Oder, daß er Ihnen mit Hammer und Nägeln folgt und repariert, was Sie zerbrochen haben.

Kennen Sie dieses Gefühl? Es kommt Ihnen vor, als ob Gottes grundsätzliche Tätigkeit in Ihrem Leben darin bestünde, hinter Ihnen herzugehen und Ihnen ein Seil nachzuwerfen, wenn Sie wieder einmal kopfüber in einen Graben gefallen sind, der völlig unerwartet vor Ihnen aufgetaucht ist.

Unsere Vorstellungskraft macht sich vielleicht so ein Bild von Gott, aber es entspricht ganz bestimmt nicht den Aussagen der Heiligen Schrift. Denn Gottes Wort sagt uns immer wieder, daß der Herr *vor* uns hergeht, nicht etwa *hinter* uns her.

Psalm 23 erinnert uns daran, daß Gott uns führt. Auch in Psalm 25 wird uns gesagt, daß er uns leitet (Verse 4.5+9). In Psalm 139,3 heißt es: „Ich gehe oder liege, so bist du um mich und siehst alle meine Wege." Und in Johannes 10 versichert uns Jesus, daß der Gute Hirte seine Schafe kennt und „vor ihnen hergeht" (Vers 4).

Also ist Gott sicher nicht überrascht, wenn Sie in Versuchungen geraten. Er schickt Sie auch nicht vor sich her und folgt Ihnen als tröstende Rückendeckung mit einem Putzeimer in der einen und einem Heftpflaster in der anderen Hand. Und bestimmt hat er auch nicht seine Aufgaben als Wächter sträflich vernachlässigt, wenn Ihr Weg auf einmal voller Leiden ist.

Nein, er führt Sie, er geht vor Ihnen her und markiert einen geraden Weg für Sie. Und Sie können sicher sein: Wenn er vorausgegangen ist, dann hat er auch jedes Ereignis auf Ihrem Weg geplant, so daß es auf wunderbare Weise in Ihr Leben paßt und Ihnen zum Besten dienen wird. Dann wird er Ihnen die Kraft und Gnade und auch das Durchhaltevermögen schenken, um mit jeder Herausforderung fertig zu werden.

Sogar heute, wo Sie das Gefühl haben, Sie wären ganz allein auf der Welt.

Sogar heute, wo die große Windschutzscheibe Ihrer Lebensumstände auf einmal kracht und in tausend zackige Scherben zerfällt.

Gott ist eben mehr als eine Notrufnummer. Er ist mehr als ein Aufräumkommando mit Hammer, Nagel und Leim. Auch mehr als ein Versicherungsvertreter, der nach dem Unglücksfall den Schaden mit spitzem Bleistift und einem großen Scheckbuch nachrechnet.

Er geht vor Ihnen her, er bereitet vor, er plant, geht voraus, führt und leitet Sie, und das bei jedem Schritt auf Ihrem Weg.

Unnötige Schuldgefühle

Es ist klar, daß Gott uns vergibt; aber haben Sie schon einmal Schwierigkeiten damit gehabt, sich selbst zu vergeben?

Sind Sie schon einmal von Schuldgefühlen regelrecht verfolgt worden? Da bekennen Sie Ihre Sünde und finden trotzdem nirgendwo Erleichterung. Schuld, an die Sie immer wieder denken müssen und die Sie bedrückt, kann wie ein schwerer Felsbrocken sein, den Sie vergeblich auf Ihrer Schulter zu balancieren versuchen.

Offen gesagt: Manche Leute, die sich mit solchen Gedanken plagen, sind gerade die, die eigentlich am wenigsten Grund hätten, sich schuldig zu fühlen. Deswegen spreche ich hier von unnötigen Schuldgefühlen.

Lassen Sie mich das etwas näher erklären: Als ich damals verunglückt war und völlig gelähmt im Krankenhaus lag, da hatte meine Mutter unwahrscheinlich viel zu leiden. Sie wurde wegen meines Unfalls von Schuldgefühlen gequält – es waren verständliche Gefühle, aber sie waren dennoch völlig unnötig.

Sie machte sich immer wieder von neuem Vorwürfe, weil sie mir nicht beigebracht hatte, bei flachem Wasser vorsichtiger zu sein, weil sie mich nicht öfter davor gewarnt hatte, dort zu tauchen, wo ich den Grund nicht sehen konnte, oder weil sie mich nicht für einen Kurs über sicheres Verhalten beim Schwimmen und Tauchen angemeldet hatte.

Ich wußte sehr genau, daß meine Mutter nicht schuld daran war, daß ich einen so unvorsichtigen Sprung gemacht hatte. Wenn überhaupt jemand Schuldgefühle haben mußte, dann ich selbst. Aber im Rückblick glaube ich, daß es eben ihre Art war, an meinem Schmerz teilzuhaben. Ihre Schuldgefühle versicherten ihr irgendwie, daß sie an meinem Leid mittrug.

Kurz gesagt: Ihre Schuldgefühle waren eine Möglichkeit für sie, sich mit mir zu identifizieren.

Aber diese Art von Schuldgefühl ist völlig zwecklos und eine furchtbare Vergeudung von wertvollen seelischen Kräften. All die Gedanken, die mit „Ach, hätte ich doch nur ..." anfangen, wirken wie ein Ätzmittel, das sich tief in unsere Seele einfrißt.

„Wenn ich doch meine Tochter davon abgehalten hätte, mit so leichtsinnigen jungen Leuten in einem Auto mitzufahren!"

„Wenn meine genetischen Anlagen anders wären, dann wäre mein Sohn nicht so geboren worden!"

„Wenn ich meinem Jungen nicht erlaubt hätte, Mitglied im Fußballverein zu werden, dann ginge es ihm jetzt gut, und er läge nicht im Krankenhaus!"

„Wenn ich nur mehr darauf geachtet hätte, was mein Mann wirklich brauchte, dann hätte er mich sicher nicht verlassen!"

Ich weiß, es ist schwer, Leiden und Schmerzen in der eigenen Familie zu sehen und nicht in Versuchung zu geraten, die Verantwortung dafür wenigstens zum Teil auf sich zu nehmen. Es scheint dann fast unmöglich zu sagen: „Was geschehen ist, ist geschehen; jetzt muß ich mit dieser Situation fertig werden!"

Doch selbst der Apostel Paulus mußte das tun. In Philipper 3,13+14 sagt er: „Ich vergesse, was dahinten ist, und strecke mich aus nach dem, was da vorne ist, und jage nach dem vorgesteckten Ziel, dem Siegespreis der himmlischen Berufung Gottes in Christus Jesus."

Vielleicht tut Ihnen gerade jetzt im Innern alles weh, und Sie kämpfen verzweifelt mit den verschlungenen Fesseln unnötiger Schuldgefühle. Doch ich bitte Sie um Jesu Christi willen und besonders um derer willen, die Ihre ungehinderten, unverdünnten seelischen Energien brauchen: Sättigen Sie Ihre Seele mit der Verheißung Gottes! „So gibt es nun keine Verdammnis für die, die in Christus Jesus sind" (Römer 8,1).

Gott verurteilt Sie nicht für Geschehnisse, die außerhalb Ihrer Verantwortung liegen. Und selbst wenn Sie diese Dinge hätten verhindern können, so kann sein Blut doch alle Sünde wegwaschen und Ihr Herz weißer machen als frisch gefallenen Schnee.

Denken Sie immer daran: Gott ist derjenige, der Ihnen dabei helfen will, den schweren Felsbrocken der Schuldgefühle von Ihrer Schulter zu nehmen.

Gott und die „kleinen Dinge"

Manchmal fragen mich die Leute: „Joni, wie macht sich der Teufel eigentlich an Sie heran? Welche Feuerproben und Versuchungen gehen Ihnen wirklich unter die Haut?"

Ich bin dann nicht ganz sicher, ob die Leute von mir eine lange Liste von Lastern und Verlockungen erwarten, aber was ich ihnen meistens darauf antworte, ist folgendes: Der Satan greift mich am schlimmsten an, wenn etwas kaputtgeht.

Meine Bequemlichkeit und Unabhängigkeit beruhten ja hauptsächlich auf kleinen Dingen und auf den Einzelteilen einer anpassungsfähigen Ausrüstung. Und wenn diese Ausrüstung irgendwo versagt und ausfällt, beispielsweise ein Haken an meinem Korsettschnappverschluß oder eine Klammer an der Beinschiene oder ein Reifen an meinem Rollstuhl, dann nimmt mich das wirklich sehr mit.

Vor nicht allzulanger Zeit habe ich das einem meiner Freunde erklärt.

Wir unterhielten uns, während ich mit dem Rollstuhl zu meinem Auto fuhr. Ich startete den Motor und wollte gerade den Knopf drücken, der die elektrisch gesteuerte Autotür schließt, als mein Freund sich vorbeugte, mit der Hand den Griff von außen faßte und die Tür zuknallte.

Das war ja eigentlich eine freundliche Geste. Fast jeder würde das tun, wenn man sich von ihm verabschiedet. Nur ist meine Autotür eben vollgestopft mit empfindlichen Ketten, Spiralen und Schaltern. Ein Ruck von meinem „hilfreichen" Freund, und bevor ich noch „Halt!" schreien konnte, schnappte schon die Türkette von innen zu.

Ihm war das sichtlich peinlich, und ich war fast ärgerlich darüber. Nachher mußten wir beide über unsere Reaktionen lachen.

Sie haben wahrscheinlich dasselbe Gefühl, wenn Ihre Waschmaschine anfängt zu rosten, wenn der Drucker an Ihrem

Computer sich plötzlich nicht mehr bewegt oder wenn die Heizung in Ihrem Auto ausfällt. Fassen Sie sich ein Herz! Wenn Gott sogar eine Axt aus Eisen schwimmen lassen kann, wie es in 2. Könige 6,6 steht, oder wenn er die ägyptischen Streitwagen wie Blei im Meer versinken ließ, wie in 2. Mose 15,10 zu lesen ist, dann muß er auch die ganzen Spiralfedern und kleinen Scharniere und Hebelchen und allen anderen mechanischen Schnickschnack im Griff haben, der anscheinend immer genau im falschen Moment kaputtgeht.

Die Bibel stellt klar, daß Gottes Herrschaft sich nicht nur auf die „großen Dinge" erstreckt wie etwa unsere Pläne, Lebensträume und Schicksale. Wir wissen alle, daß der Herr in den weitreichenden Entscheidungen unseres Lebens seine Hand im Spiel hat. Nein, die Heilige Schrift sagt uns, daß der Herr sich auch zu den ganz kleinen und unwichtigen Dingen hinunterbeugt.

Ich versuche, so gut ich kann, daran zu denken, wenn beispielsweise die Batterien meines Rollstuhls mich aus heiterem Himmel im Stich lassen und mich irgendwo festsetzen, wo ich gar nicht bleiben will. Dann bemühe ich mich, eine gute Einstellung zu diesen Dingen zu behalten und mich daran zu erinnern, daß Gott immer noch alles in der Hand hat.

Wenn Sie das nächste Mal den Klempner anrufen oder einen Automechaniker bitten müssen, unter die Motorhaube Ihres Autos zu sehen, dann denken Sie daran, daß sich die überlegene Allmacht des Herrn auch auf so niedrige, alltägliche Gebrauchsgegenstände erstreckt wie Kühlschränke, Toaster, Radios und Ölfilter. Selbst auf diesen Gebieten bleibt er der Herr.

Also haken Sie gleich ein, seien Sie geduldig, rufen Sie einen Handwerker und bezahlen Sie die Rechnung. Aber vor allem: Vertrauen Sie auf Gott!

Er sorgt für uns

„Alle eure Sorge werft auf ihn; denn er sorgt für euch" (1. Petrus 5,7).

Das ist nicht nur ein einzelner Vers aus der Heiligen Schrift, das ist eine ihrer Grundlagen.

Die Autoren der Bibel schenken dem Mitgefühl und der Barmherzigkeit, die sich in Gottes Taten zeigen, stets große Beachtung. Immer wieder beweist Gott seine Liebe zu uns durch die innige, persönliche Fürsorge für seine Kinder.

Manche führen diesen Gedanken sogar noch weiter. Gott sorgt so sehr für uns, sagen sie, daß er nicht will, daß Kummer oder irgendein Leiden uns jemals das Leben schwermacht.

„Es liegt nur an uns", sagen sie. „Wenn wir Gott wirklich restlos vertrauen würden, dann würde er auch alles unternehmen, um uns von unseren Schmerzen zu befreien."

Doch es ist anders: Zwar behauptet niemand, daß Gott sich daran freuen würde, wenn wir mühsam zu kämpfen haben. Doch die Bibel sagt uns klipp und klar, daß der Herr zuläßt, daß manche Wunden und Schmerzen uns treffen und unser Leben belasten. Aber das bedeutet nie, daß er sich nicht mehr um uns kümmern würde.

Gott hat ganz bestimmt auch für Timotheus gesorgt, der häufig krank war.

Er sorgte für Jakobus, den das Schwert des Herodes traf, weil er Zeugnis für den Herrn abgelegt hatte.

Und er sorgte auch für Johannes, den Bruder des Jakobus, der im Exil leben mußte, in völliger Isolation auf einer einsamen Insel.

Gottes Fürsorge für all diese Menschen stand nicht im Gegensatz zu der Tatsache, daß sie leiden mußten. In Hebräer 12,6 steht dazu: „Denn wen der Herr lieb hat, den züchtigt er, und er schlägt jeden Sohn, den er annimmt."

Als Paulus in Jerusalem im Gefängnis saß, da erschien ihm der Herr und sagte zu ihm: „Sei getrost! Denn wie du für mich in Jerusalem Zeuge warst, so mußt du auch in Rom Zeuge sein" (Apostelgeschichte 23,11).

Gott sorgte für Paulus. Und zweifellos nahm Paulus auch den Rat seines Freundes Petrus an und warf alle seine Angst und Sorgen auf den Herrn. Doch trotzdem blieb er noch mindestens zwei Jahre in Haft, nachdem er diese Erscheinung gehabt hatte.

Hatte Gott in diesen zwei Jahren aufgehört, für ihn zu sorgen? Natürlich nicht. Gott erhörte das Gebet seines Dieners, indem er ihm die Gelassenheit schenkte, die ihn schreiben ließ: „Ich kann niedrig sein und kann hoch sein, mir ist alles und jedes vertraut, beides, satt sein und hungern, beides, Überfluß haben und Mangel leiden" (Philipper 4,12).

Gott sorgt auch für Sie.

Das ist ein wunderbares Versprechen. Es erinnert Sie an Gottes persönliche Fürsorge, auch wenn Sie wochenlang krank oder monatelang gesundheitlich eingeschränkt sind oder jahrelang in Ihrer Ehe zu kämpfen haben.

Klammern Sie sich an diese Wahrheit und machen Sie weiter. Ganz gleich, was geschieht.

Erwartungen

Neulich hatte ich gerade ein spannendes kleines Buch über das Beten zu Ende gelesen und konnte es gar nicht abwarten, abends meinem Mann davon zu erzählen.

Als Ken mir dann an diesem Abend beim Zubettgehen half, fing ich ganz begeistert an, ihm von den neuen Vorstellungen und Ideen zu berichten, die mir schon den ganzen Tag lang im Kopf herumgegangen waren.

Natürlich erwartete ich, daß er genauso begeistert sein würde wie ich. Doch siehe da, er war es nicht!

Ich will ja nicht gerade sagen, daß er gähnte und nur gelegentlich abwesend nickte, während großartige Worte der Weisheit von meinen Lippen troffen. Aber andererseits saß er auch nicht mit aufgerissenen Augen und von Ehrfurcht gepackt auf meiner Bettkante. Er war eben nur höflich interessiert und hörte mir beiläufig zu.

Mir reichte es jedenfalls! Demonstrativ hielt ich den Mund und brachte in der nächsten Stunde absolut nichts mehr heraus. Schließlich merkte er, daß ich ihm die kalte Schulter zeigte, und fragte mich, was eigentlich los sei. Und nach ein bißchen gutem Zureden erzählte ich ihm unter Tränen alles, was mich geärgert hatte.

Da hatte er es endlich begriffen!

„Ken", sagte ich zu ihm, „du verstehst das einfach nicht. Ich hatte so gehofft, du würdest über diese Dinge genauso denken wie ich – über dieses Buch, meine ich. Ich hatte so gehofft, du wärst davon genauso begeistert wie ich!"

Ich muß zugeben, daß Ken dann freundlich und verständnisvoll zu mir war, zwar ein bißchen enttäuscht über mich, aber interessiert daran, gründlich über die Sache zu reden.

Wir meinten dann beide, daß ich wohl falsche Erwartungen gehegt hatte. Auch Ken tut das gelegentlich. Besonders, wenn ich nicht gleich aus dem Häuschen darüber bin, wie viele Fische er von seinen Angeltouren mitgebracht hat. Aber im Laufe unseres Gesprächs sagte er noch etwas, was bei mir einen tiefen Eindruck machte.

„Joni, wenn ich all deine Erwartungen befriedigen würde, dann bräuchtest du ja Gott gar nicht mehr."

Da steckt viel Wahrheit drin, nicht wahr? Wenn unsere Ehepartner uns nämlich all das gäben, was wir von ihnen erwarteten, dann hätten wir nicht mehr so sehr die Neigung, uns auf den Herrn zu verlassen.

Der Prophet Micha spricht zwar zu einem Volk, das nicht mehr nach Gott fragte, aber dennoch sollten wir im Blick auf unsere Erwartungen einmal seine Worte hören: „Niemand glaube seinem Nächsten, niemand verlasse sich auf einen Freund! Bewahre die Tür deines Mundes vor der, die in deinen Armen schläft! ... Ich aber will auf den Herrn schauen und harren auf den Gott meines Heils; mein Gott wird mich erhören" (Micha 7,5+7).

An anderer Stelle spricht Gottes Wort davon, daß wir unser Vertrauen nicht auf Pferde und Streitwagen und nicht auf Fürsten setzen sollen. Es ist eben so leicht, immer wieder falsche Erwartungen aufzubauen!

Aber Gott will nicht, daß wir irgend etwas oder irgend jemand an seine Stelle setzen. Keine Pfarrer oder Lehrer, keine Freunde oder Freundinnen, nicht einmal unsere Männer oder Frauen.

Wenn Ihre Erwartungen also vor kurzem enttäuscht worden sind und Sie sich betrogen fühlen, wenn Sie fürchten, daß ein bestimmter Mensch nicht all das ist, was Sie von ihm erhofft hatten – dann ist das vielleicht Gottes Weg, Sie daran zu erinnern, daß Sie Ihr Vertrauen einzig und allein auf ihn, den Heiligen, setzen sollen.

Er kann alle Ihre Erwartungen erfüllen. Und im Gegensatz zu Ihrem Mann, Ihrer Frau oder Ihren guten Freunden ist er eben wirklich vollkommen.

„Alle Dinge" – was heißt das eigentlich?

„Wir wissen aber, daß denen, die Gott lieben, alle Dinge zum Besten dienen" (Römer 8,28).

Diesen Spruch haben Sie sicher auch schon als schön gemaltes Wandbild oder als Stickerei entdeckt, vielleicht auch als kleinen Magneten an einer Kühlschranktür oder gelegentlich als Anhänger an einem Schlüsselring; ich habe ihn sogar einmal handgestickt auf einem Teddybär gesehen. Und möglicherweise haben Sie diesen Bibelvers in mehreren Übersetzungen auswendig gelernt.

Könnte es wohl sein, daß wir die Worte aus Römer 8,28 oft gar nicht mehr richtig ermessen, weil uns dieser Vers so vertraut ist?

Als ich neulich wieder einmal in diesem Kapitel las, kam mir plötzlich eine Frage, die ich vorher noch nie gestellt hatte: ‚Was hatte der Apostel eigentlich im Sinn, als er schrieb, daß uns *alle* Dinge zum Besten dienen? Was meinte er damit? An welche Dinge hat er da eigentlich gedacht?'

Als ich dann ein paar Verse weiterlas, bekam ich einige sehr überraschende Antworten auf meine Fragen. Gegen Ende desselben Kapitels scheint Paulus nämlich näher zu beschreiben, welche „Dinge" er gemeint hat.

Das, was wir in Vers 35 nachlesen können, klingt wirklich nicht sehr hübsch. Es sind bestimmt keine Worte, die man in Kreuzstich ausgeführt an die Wand hängen oder einem Teddybären auf den Bauch sticken würde.

Es fängt an mit „Trübsal" und geht weiter mit „Angst". Und dann kommt noch „Verfolgung", „Hunger", „Blöße", „Gefahr" und „Schwert".

Eine schöne Liste! Das waren also die Dinge, von denen Paulus glaubte, daß sie ihm in seinem Leben zum Besten dienen würden. Er ertrug sie alle und war ganz zuversichtlich, daß

Wer KLÄX nicht kennt, der pennt!
KLÄX
Die neue Zeitschrift für Kinder!
Und das ist in KLÄX drin:
Comic-Serien, Preisausschreiben,
Poster, Bibelseiten, Tiergeschichten,
Berichte der KLÄX-Junior-Reporter,
Detektivgeschichten,
Witze, Rätsel, Themen
(zum Beispiel „Angst“,
„Gebet“) und vieles mehr…
Außerdem kann jeder Abonnent kostenlos Mitglied im KLÄX Club werden!
Also: Hol Dir Dein Abo!
56 Seiten vier Mal im Jahr für nur DM/Sfr. 19,–.
Bestellen kannst Du auf der Rückseite der Karte.

keine noch so große Trübsal oder Not ihn von der Liebe Gottes trennen konnte.

Irgendwie kann ich mir nicht vorstellen, daß Paulus mit den Worten aus Römer 8,28 so umgehen konnte wie jemand, der mit einem Schulterzucken sagt: „Na ja, das habe ich ja alles schon x-mal gehört!“ Ich kann mir nicht denken, daß Paulus einer so wunderbaren Glaubenserkenntnis gegenüber jemals gleichgültig und unaufmerksam geworden ist. Vielmehr habe ich deutlich den Eindruck, daß Blöße, Gefahr und Schwert ihn dazu brachten, sich erwartungsvoll auf die Zehenspitzen zu stellen und sich ganz nah bei Gott zu halten.

Worin bestehen nun „alle Dinge“ heute in Ihrem Leben? Mit welcher Liste könnten Sie aufwarten? Nein, „Hunger“ steht wahrscheinlich nicht ganz oben. Und ich vermute, daß „Blöße“ und „Schwert“ auch nicht vorkommen. Vielleicht steht noch nicht einmal „Verfolgung“ darauf. Aber auch Sie haben eine Liste mit Nöten, die Ihnen genauso zu Herzen gehen wie damals dem Apostel Paulus.

Können Sie Gott dafür danken, daß er Ihnen all die Umstände und Ereignisse in Ihrem Leben zum Besten dienen läßt?

Können Sie erfassen, daß die Liste Ihrer heutigen Probleme und Nöte Sie nie und nimmer von der Liebe Gottes scheiden kann? Und auch nicht die von morgen und übermorgen?

Lassen Sie nicht zu, daß die Worte aus Römer 8,28 für Sie so etwas werden wie ein Paar alte, ausgelatschte Pantoffeln. Schlurfen Sie nicht achtlos damit durchs Leben. Lassen Sie die Erkenntnis von Gottes allmächtigem Handeln im Leben seiner Kinder nicht zu einer unrealistischen Vorstellung werden, die vom Alltag meilenweit entfernt ist. Jedesmal, wenn in Ihrem Leben ein Hindernis auftaucht, sie einen Rückschlag hinnehmen müssen oder in einen Kampf verwickelt werden, kann sich Ihnen dieser Vers neu entfalten.

Er ist dann so neu und herrlich wie der Sonnenaufgang morgen früh und so frisch wie Ihr nächster Kummer.

Leiden

Wenn Gott seine Geschenke in Schmerzen verpackt

Leiden

Wenn Gott seine Geschenke in Schmerzen verpackt

Auf meinem Schreibtisch lag ein zerknülltes und wieder glattgestrichenes Blatt liniertes Papier. Darauf sah man, mit Buntstift gemalt, in der oberen rechten Ecke eine Sonne, die fünf dicke Strahlen auf die fröhlichen Gesichter von ein paar tanzenden Blumen fallen ließ. In der Mitte stand breit und gewichtig ein weißes Haus mit zwei großen Fenstern und roten Fensterläden. Und vor dem Haus saß ein Mädchen in einem Stuhl mit riesigen Speichenrädern. Sie hatte blonde Haare und zwei rosa Kreise auf den Wangen, und sie lächelte breit und freundlich, wobei man eine Reihe schöner Zähne sah.

Ich lächelte auch. Sollte das wohl ein Portrait von mir sein?

Darunter waren in großen Druckbuchstaben mit rotem Filzstift die folgenden Worte geschrieben:

Liebe Joni,
Ich habe meine Katze gern und die Schule.
Ich mag auch die Ferien gern.
Wenn ich groß bin,
will ich einen Rollstuhl haben wie Du.
Schöne Grüße
Shannon

Jetzt mußte ich lachen. Shannon ist ein gesundes, lebhaftes kleines Mädchen, das „Himmel und Hölle" spielt und Seilspringen und „Mutter, wieviel Schritte darf ich gehen?". Es ist ihr vielleicht nicht klar, aber sie hat überhaupt keine Verwendung für einen Rollstuhl.

Doch erzählen Sie ihr das mal! Bei ihr steht ein Rollstuhl ganz oben auf der Wunschliste zum Geburtstag, er ist ihr sogar noch wichtiger als ein lila Fahrrad mit weißen und rosa Flatterbändern am Lenker. Aus ihrer Sicht ist ein Rollstuhl etwas Abenteuerliches, eine Möglichkeit zu herrlichen Vergnügungsfahrten, die Einführung in einen ganz besonderen Klub.

Shannon hat keine Ahnung davon, welchen Preis man zahlen muß, um diesem Klub beizutreten. Es kostet viele Schmerzen, das bittere Gefühl des Gelähmtseins, Enttäuschungen, Kummer und hunderterlei Schwierigkeiten. Sie achtet nicht darauf. Sie sieht nicht die dunklen Seiten, hält es nicht einmal für wert, darüber nachzudenken. Alles, was sie sich wünscht, ist die Möglichkeit, so zu werden wie ich, sich mit mir zu identifizieren, mich besser kennenzulernen. Und wenn dazu gehört, im Rollstuhl zu fahren, na prima, dann will sie auch einen haben!

Man muß wohl so ein Kind wie Shannon betrachten, um die Bedeutung zu erfassen, die hinter den folgenden Worten des Paulus an die Philipper liegt: „Ja, ich erachte es noch alles für Schaden gegenüber der überschwenglichen Erkenntnis Christi Jesu, meines Herrn. Um seinetwillen ist mir das alles ein Schaden geworden, und ich erachte es für Dreck, damit ich Christus gewinne ... Ihn möchte ich erkennen und die Kraft seiner Auferstehung und die Gemeinschaft seiner Leiden und so seinem Tode gleichgestaltet werden" (Philipper 3,8+10).

Es gibt keine bessere Möglichkeit, sich mit Jesus zu identifizieren, das heißt, so zu sein wie er und ihn kennenzulernen, als in die Gemeinschaft seiner Leiden eingeführt zu werden. Oder, wie Shannon wohl sagen würde, in seinen „Klub" zu kommen.

Das Leiden reißt das Leben aus allem Abstrakten und Theoretischen heraus und macht es schmerzlich real und konkret. Hochfliegende Predigten von redegewandten Bibellehrern bringen den Menschen, die von ihrem Leiden ringsum eingeschlossen sind, keinerlei Erleichterung. Und philosophische akademische Seminare in von Efeu bewachsenen, ehrwürdigen Universitätsgebäuden liefern denen, die tiefen Schmerz erleben, weder Hoffnung noch Trost.

Wenn wir leiden, erkennen wir genau, daß wir es nicht mit

theologischen Ideen zu tun haben, sondern daß es um eine Person geht – um die uns herzlich zugewandte und vertraute Person Jesus Christus. Zu anderen Zeiten, wenn das Leben leichter und schöner läuft, kommen wir vielleicht damit durch, daß wir nur etwas über ihn wissen, daß wir versuchen, es ihm gleichzutun, daß wir ihn zitieren und über ihn reden. Aber erst in der Gemeinschaft des Leidens werden wir Jesus wirklich kennenlernen. Dann identifizieren wir uns mit ihm am Punkt seiner tiefsten Erniedrigung. Das Kreuz, Zeichen seines größten Leidens, wird dann unser persönlicher Berührungspunkt mit dem Herrn der Welt.

Niemand verlangt von Ihnen, daß Sie um die Mitgliedschaft in diesem Klub der Leidenden bitten, wie es meine kleine Freundin Shannon tun würde. Aber es liegt etwas Schönes in ihrer herrlichen, wild entschlossenen Hingabe, in ihrem kindlichen Vertrauen, das dem Herrn sehr lieb ist. Alles, worum ich Sie bitte, ist, daß Sie die nächsten Seiten mit einem zuversichtlichen und hoffnungsfrohen Lächeln lesen, mit dem Lächeln eines Kindes, das von Gott herzlich geliebt ist.

Sie müssen sich das Leiden nicht aussuchen. Sie müssen sich auch nicht für Schmerzen und Erniedrigung entscheiden. Sie müssen sich nur für Gottes Willen entscheiden – wie Jesus es am Kreuz auch tat. Wenn Sie das tun, werden Sie in den Klub eingeführt – in die Gemeinschaft seines Leidens.

Und diese Mitgliedschaft gibt Ihnen einige Vorteile und Vorrechte. Fragen Sie nur Shannon danach, die weiß es.

Das Leiden – Freund oder Feind?

Das Feuer ist ein sehr launischer Freund. In einem Augenblick kann es der beste Gefährte sein, den man sich nur vorstellen kann. Und im nächsten kann es sich schon boshaft und voller Rache gegen einen wenden.

Dabei fällt mir ein Zelturlaub mit meinem Mann ein, der schon ein paar Jahre zurückliegt. Ich hatte mich damals so richtig auf einen kalten Abend im Hochgebirge gefreut, an dem man gemütlich neben einem Feuer hockt und sich wärmt. Deshalb hatte ich auch nichts dagegen, als Ken mich einmal neben der Feuerstelle im Rollstuhl sitzen ließ, weil er noch seine Feldflasche am Bach mit Wasser füllen wollte.

Es war ein sehr schöner Abend. Der Himmel sah aus wie ein riesiges Gewölbe, und die Sterne schienen viel tiefer zu hängen als sonst. Eine leichte Brise wehte den Duft der Tannen gerade zu unserem Zelt hin, und das Feuer knackte und knisterte, als ob sich ein paar Leute freundlich unterhalten. Ich saß wie gebannt vor den gelbroten Flammen, spürte die Hitze im Gesicht und atmete tief den Geruch des brennenden Eichenholzes ein.

Das Feuer war mein Freund mitten in einem kalten, dunklen Wald.

Doch plötzlich kam Wind auf, und schon änderte sich das ganze Bild. Die Flammen sprangen empor, und im Nu hüllte mich eine Wolke von erstickendem Rauch ein. Ich war unfähig, mich vom Feuer wegzurollen oder auch nur laut aufzuschreien; ich konnte nur dasitzen und husten und keuchen. Entsetzt sah ich die sich immer weiter ausbreitenden Flammen, die schon um meine Füße züngelten. Ein paar entsetzliche Sekunden lang hatte ich Angst, ich müßte verbrennen. Und das Schlimmste war: Ich konnte nichts dagegen tun.

In dem Augenblick kam Ken zurück, ließ seine Flasche fallen

und rannte herbei, um mich aus dem Qualm und Feuer herauszuziehen.

An diesem Abend bekam ich Respekt vor unserem Lagerfeuer. Ich hatte gelernt, wie schnell ein gemütliches Feuer in den Bergen sich von einem Freund in einen Feind verwandeln kann.

Feuer ist eins von vielen Dingen mit Macht zum Guten, aber genauso auch zum Bösen. An einem Lagerfeuer kann man lekkere Würstchen grillen, doch im nächsten Moment schon kann es um sich greifen und einen ganzen Wald niederbrennen.

So ist es auch mit dem Leiden. Es hat tiefgreifende Möglichkeiten zum Guten, aber es kann auch zerstören. Leid kann Familien fester zusammenschweißen und sie in der Not vereinen, aber es kann sie auch durch Egoismus und Verbitterung auseinanderreißen. Leid kann die harten Ecken und Kanten in Ihrem Charakter abschleifen, aber es kann Sie auch innerlich verhärten.

Es kommt dabei auf einiges an. Es kommt auf uns an, darauf, wie wir reagieren, wozu wir uns entscheiden, wenn wir mitten im Leiden stehen. Gebrauchen wir es, oder lassen wir uns von ihm gebrauchen? Gehen wir mit unserer Not zu Gott, oder versuchen wir, alles ganz allein durchzukämpfen?

Seien Sie nicht erstaunt über die schmerzlichen Versuchungen, unter denen Sie leiden müssen, so, als ob Ihnen etwas Ungewöhnliches passierte. Denken Sie an die Worte von Jakobus: „Selig ist der Mann, der die Anfechtung erduldet; denn nachdem er bewährt ist, wird er die Krone des Lebens empfangen, die Gott verheißen hat denen, die ihn lieb haben“ (Jakobus 1,12).

Das Leiden, das zuerst wie ein grimmiger Feind aussieht und in uns entsprechende Gefühle weckt, kann ein wertvoller Bundesgenosse sein. Und nur Sie entscheiden, was es für Sie persönlich sein wird.

Fingerabdrücke

Letzten Monat mußte mir ein Geheimdienstagent Fingerabdrücke abnehmen. Nein, ich hatte kein Verbrechen begangen. Es mußte vielmehr deswegen gemacht werden, weil der Präsident der USA mich zu einem Mitglied des Nationalrats der Behinderten ernannte. Was für eine Ehre! Aber nach der Ernennung mußte der Geheimdienst eben eine routinemäßige Überprüfung bei mir vornehmen, und die erwies sich als sehr anstrengend. Dazu gehörte auch die Abnahme von Fingerabdrücken.

Der höfliche Beamte hatte erhebliche Schwierigkeiten mit mir. Doch, doch, ich machte mit, so gut ich nur konnte, aber haben Sie vielleicht schon einmal versucht, von einem Menschen Fingerabdrücke zu nehmen, der seine Hände zwanzig Jahre lang nicht mehr gebrauchen konnte? Eine überflüssige Frage! Natürlich nicht. Und ich hatte mir auch nicht vorgestellt, daß es eine so schwierige Sache sein könnte. Dieser arme Mann zerbrach sich nun den Kopf und versuchte mühsam, von meinen Fingerspitzen Abdrücke zu machen.

Schließlich, nach vier oder fünf vergeblichen Versuchen, sah er mich an, schüttelte den Kpf und sagte: „Tja, es tut mir leid, aber Sie haben einfach kein Profil auf Ihren Fingern."

Ich wußte erst gar nicht, was er meinte, bis er meine Hand umdrehte, so daß ich mir meine eigenen Finger einmal gründlich von nahem besehen konnte. Er hatte recht. Ich hatte mir noch nie die Zeit genommen, sie genau zu betrachten, aber die Fingerkuppen waren tatsächlich glatt und hatten fast überhaupt keine Rillen.

Ich meinte, ihm sei so etwas sicher schon einmal passiert, aber er sagte, das habe er noch nie erlebt. Die einzigen Leute, von denen man keine Fingerabdrücke machen könne, seien die Menschen, die ihre Hände niemals gebrauchten. Und er erklärte weiter, daß die Rillen an den Fingerspitzen sich vertiefen, wenn man viel arbeitet. Die Hände von Maurern, Zimmerleuten, Stenotypistinnen und von Hausfrauen, die viel Geschirr spülen, ergeben immer gute Abdrücke. (Und ich glaube, die von fleißigen Panzerknackern auch!)

Das ist eigenartig. Ich hätte gedacht, daß es genau umgekehrt wäre, daß harte Arbeit die Rillen an den Fingerspitzen eher abschleifen würde. Aber nein, sie vertieft sie sogar noch.

Ich denke, etwas ganz Ähnliches geschieht bei den Menschen, die sich im Dienst für den Herrn voll und ganz einsetzen. Wir meinen oft, daß sich solche Christen in ihrem unermüdlichem Dienst abarbeiten, ja, sich sozusagen aufreiben müßten. „Die sind ja bald ganz ausgebrannt", denken wir dann. „Sie vertrocknen innerlich und verausgaben sich so sehr, bis sie schließlich selbst nichts mehr zu geben haben."

Aber das glaube ich nicht. Wenn mit Hilfe der Kraft und der Gnade Gottes harte Arbeit getan wird, vertieft und bereichert sie das Leben. Wenn wir Christus dienen, wird unser Leben in ihm aufgebaut und gestärkt – nicht etwa aufgezehrt, wie wir vielleicht denken könnten. Tut sich denn ein Obstbaum einen Schaden an, wenn er köstliche Früchte trägt? Oder stellen wir die Gesundheit eines Weinstocks in Frage, wenn er voller Trauben hängt?

Sehen Sie sich nur den Apostel Paulus an. Er sagt in 2. Timotheus 4,6: „Denn ich werde schon als Trankopfer gesprengt, und die Zeit meines Abscheidens steht bevor" (Revidierte Elberfelder Bibel). Er hatte den guten Kampf gekämpft, das Wettrennen siegreich beendet.

Aber aufgebraucht zu werden, bedeutete für Paulus nicht etwa, daß er völlig erschöpft gewesen wäre. Er war keineswegs abgearbeitet und ausgelaugt. Sein Geist war im Herrn Jesus Christus so stark wie eh und je. Er war im Besitz all seiner Kräfte. Das Leben war nie zuvor so erfüllt für ihn gewesen. Und niemand hatte Mühe, die Spuren seines Wirkens zu erkennen, zu sehen, daß er wirklich in der Nähe des Herrn Jesus Christus lebte.

Sie brauchen keine Angst davor zu haben, sich zu verausgaben! Wenn Sie in der Versuchung stehen, ein bescheidenes Pflänzchen in Gottes Reich zu bleiben, dann werden Sie sicher auch eingehen wie ein Primelchen. Dann werden Sie keine Spuren und keine Zeugnisse hinterlassen, und Sie werden auch keine Möglichkeiten haben, anderen Menschen Jesus nahezubringen. Niemand wird Ihrem Lebensweg nachspüren oder Ihren Fußtapfen folgen können.

Also steigen Sie lieber gleich heute ein und hinterlassen Sie Fingerabdrücke, gute, leicht zu erkennende Fingerabdrücke im Dienst für Gott, und zwar auf allem, was Sie in die Hand nehmen.

Und wenn Sie Schwierigkeiten bekommen, weil Sie dem Herrn Jesus nachfolgen, dann seien Sie sicher, daß Verfolgung immer auch ein Beweis dafür ist, daß Sie mit Gott leben.

Gottes Arbeit an seinem Kunstwerk

Einer der Gründe, warum ich das Malen und Zeichnen so liebe, liegt darin, daß Gott mich bei dieser Arbeit oft mit einer plötzlichen Einsicht überrascht und mir ein ganz neues Verständnis für sein Wort schenkt.

Neulich ist mir das passiert, als ich für ein Weihnachtsbild an einem Entwurf für das Gesicht der Jungfrau Maria arbeitete. Sie sollte wie eine junge jüdische Bäuerin aussehen, aber ich wollte sie gleichzeitig so darstellen, daß ihre Würde schon aus ihren Gesichtszügen herausleuchten sollte.

Ich sammelte alle möglichen Fotos von jungen jüdischen Frauen. Ich blätterte Modezeitschriften durch, um ganz genau die Form von Wangenknochen zu studieren. Ich experimentierte mit kühlen und warmen Rosatönen. Ich machte sogar verschiedene Entwürfe von Augenbrauen. Und dann kam ein Entwurf nach dem anderen, ich radierte und verbesserte ein ums andere Mal. Ich zeichnete Marias Gesicht aus ganz verschiedenen Perspektiven und versuchte den vollkommenen, den idealen, den allerbesten Entwurf für das endgültige Bild zu finden.

Nun fällt es mir nicht schwer, einen Entwurf beiseite zu legen, der mir nicht wirklich wichtig ist, oder eine Idee aufzugeben, die mich nicht besonders begeistert. Da kann ich auch ein oder zwei kleine Fehler ertragen. Aber wenn ich bei einer Sache Feuer gefangen habe, glauben Sie mir, dann wird immer und immer wieder überarbeitet und radiert. Und das geht so lange, bis das Ergebnis genau so ist, wie ich es mir vorgestelllt habe.

Und ich bin überzeugt, daß Gott ebenso mit uns umgeht.

Wenn wir den Herrn darum bitten, uns in Ruhe zu lassen und uns nicht weiter zu bearbeiten, dann bitten wir ihn darum, uns weniger zu lieben.

Viele von uns meinen, Gott gehe nicht liebevoll mit uns um, wenn er uns durch harte Prüfungen schickt und uns schwere

Wege gehen läßt, wobei er uns vollständig zu dem Menschen umgestalten will, der wir nach seinem Willen sein sollen. Aber könnte es nicht sein, daß wir dann nur eine einzige Dimension seiner Liebe betrachten – nämlich seine Freundlichkeit und Sanftheit – und diese eine Seite so ausschließlich betonen, als wäre sie das Ganze?

Gottes Liebe ist größer und geht tiefer. Es gehört auch konstruktive Kritik dazu, Ermahnung, Tadel und Ansporn, damit wir unser Bestes tun. Wenn wir unter Liebe nur verstehen, dem anderen alles Leiden und sämtliche Unannehmlichkeiten zu ersparen, dann meinen wir natürlich oft, daß Gott uns nicht liebt. Dann hat aber auch ein Arzt keine Liebe, wenn er einem schreienden Säugling eine Spritze in den Po gibt.

Es stimmt, wir sind das Ziel von Gottes tiefer Liebe und Aufmerksamkeit. Bitten Sie ihn nur nicht, daß er damit aufhört, Sie immer besser und vollkommener zu machen! Gott hat eine endgültige Vorstellung vor Augen, wie Sie sein sollen, und er bringt Sie zur Vollendung – er macht eine Überarbeitung nach der anderen, er radiert und entwirft immer wieder neu, wenn wir etwas an diesem Bild verdorben haben.

Und wenn er das tut, liebt er Sie deshalb nicht weniger. Nein, glauben Sie mir nur, er zeigt darin seine Liebe zu Ihnen.

Tränen

Vor Jahren, als ich im Krankenhaus lag, fiel mir etwas sehr Seltsames auf: Obwohl es dort so viele Schmerzen gab, so viel Enttäuschung im Leben von Kindern und Jugendlichen, die Unfälle oder Verletzungen erlitten hatten, hat damals nie jemand geweint – dabei gab es so vieles, was ihnen weh tat.

Manchmal lag ich mitten in der Nacht in meinem Krankenzimmer wach. Dann war ich den Tränen sehr nahe, aber ich kämpfte sie mit Gewalt nieder. Denn erstens war niemand in der Nähe, der mir die Nase hätte putzen oder die Augen hätte abwischen können. Und außerdem hatte ich auch Angst, ich könnte die anderen in meinem Zimmer aufwecken, und sie würden mich dann hören. Vielleicht, ganz vielleicht, würden sie sich ja am nächsten Tag bei der Bewegungstherapie über mich lustig machen. Also schluckte ich meine Tränen herunter.

Das erinnert mich an etwas, was Chuck Colson mir einmal gesagt hat: „Männer und Frauen, die im Gefängnis sitzen, weinen nie. Denn das ist ein Zeichen von Schwäche, und Schwäche kann im Gefängnis sehr gefährlich sein."

Zum Glück änderte sich das, als ich aus dem Krankenhaus entlassen wurde und lernte, enger mit dem Herrn zu leben. Während ich Jesus immer näher kam, lernte ich, daß Schwäche etwas ist, auf das man sogar stolz sein kann, etwas, woran man sich freuen darf. Der Apostel Paulus hat uns gesagt, daß er sich seiner Schwachheit rühmen wolle, und er schrieb an die Gemeinde in Korinth „aus großer Trübsal und Angst des Herzens unter vielen Tränen" (2. Korinther 2,4).

Dann erfuhr ich einiges von David. Er war ein ganzer Mann, ein Krieger und ein König. Aber auch er konnte weinen. Die Psalmen zeugen von den Tränen dieses Mannes. Und im Hebräerbrief (Kapitel 5,7) las ich, daß Jesus „Bitten und Flehen mit lautem Schreien und mit Tränen dargebracht" hat.

Und auch der große, stämmige Petrus bewies, daß Tränen etwas ganz Natürliches sind, wenn das Gewissen einen überführt und man tiefes Bedauern empfindet. Denn in dem Augenblick, als er den Hahn krähen hörte, erkannte er plötzlich seine Sünde und weinte bitterlich (Matthäus 26,75).

Als ich von diesen Menschen in der Heiligen Schrift gelernt hatte, gab mir das Mut und Zuversicht, auch selbst zu weinen. Jetzt waren Tränen für mich nichts Peinliches mehr, kein Zeichen von Schwäche oder Schande.

Was bedeuten Ihnen Ihre Tränen? In der Bibel heißt es: „Die mit Tränen säen, werden mit Freuden ernten" (Psalm 126,5). Gott schenkt Ihnen Grund zur Hoffnung, auch wenn Sie es jetzt schwer finden, Ihre Tränen zurückzuhalten. Das Weinen wird nicht ewig dauern. Aber aus Ihren Tränen des Kummers, der Liebe oder der Reue wird Gott Frieden erwachsen lassen – und der wird ewig dauern.

In Offenbarung 7,17 wird das in den Worten ausgedrückt: „Denn das Lamm mitten auf dem Thron wird sie weiden und leiten zu den Quellen des lebendigen Wassers, und Gott wird abwischen alle Tränen von ihren Augen."

Es ist schon seltsam für mich: Im Himmel, wo ich mir endlich wieder selbst die Augen werde abwischen können, brauche ich es nicht mehr zu tun!

Schönheit statt Asche

Die ersten Worte in Jesaja 61 verheißen uns, daß Gott Schönheit in unser zerbrochenes Leben bringen will. Er will die Asche nehmen und uns dafür Schönheit geben.

Gott wird, so sagt der Prophet, „schaffen den Trauernden zu Zion, daß ihnen Schmuck statt Asche, Freudenöl statt Trauerkleid, Lobgesang statt eines betrübten Geistes gegeben werden, daß sie genannt werden ‚Bäume der Gerechtigkeit', ‚Pflanzung des Herrn', ihm zum Preise" (Jesaja 61,3).

Das sind tröstliche Worte für Menschen, die in ihrem Leben stark eingeengt sind, die ihren täglichen Kampf mit riesigen persönlichen Hindernissen führen müssen. Ich kenne solche Leute: zerbrochene Männer und Frauen, denen Schmuck statt Asche gegeben worden ist – strahlende Gläubige, die Gottes Namen erhöhen mitten in einer gleichgültigen und bösartigen Welt.

Bei einem Konzert, das ich besuchte, habe ich eine Gruppe von Taubstummen erlebt, die auf der Bühne standen und in ihrer Zeichensprache Kirchenlieder darstellten, während ein Chor sie sang. Die Gesichter dieser Menschen strahlten vor Freude. Man konnte ihnen anmerken, daß sie an die Worte der Lieder wirklich glaubten – auch wenn sie weder die Laute noch die Melodien oder die musikalische Begleitung hören konnten.

Ich habe zunächst versucht, mir das ganz sachlich anzuhören. Aber der Anblick hat mich so bewegt, daß ich meine Tränen nicht zurückhalten konnte.

Eine Zeitlang später spürte ich dieselbe Gefühlsaufwallung, als ich den Worten eines Mannes mit Namen David Ring zuhörte, der Zeugnis für den Herrn ablegte. Er ist durch eine Gehirnlähmung schwer behindert, und man muß ganz genau zuhören, um zu verstehen, was er sagt. Mit seiner heiseren, kehligen Stimme sagte er, daß es am allerwichtigsten sei, Gott zu danken. Die Heilige Schrift zog sich durch all sein Denken, und er strahlte Frieden und Freude aus.

Auch da liefen mir die Tränen übers Gesicht. Aber ich kam mir nicht albern vor, und ich schämte mich nicht dafür, daß ich weinte.

Später allerdings fragte ich mich, warum ich eigentlich so gerührt gewesen war. Ich forschte ehrlich nach den Gründen. War es Mitleid gewesen? Taten mir diese Menschen ganz einfach wegen ihrer Behinderung leid?

Nein, ich glaube nicht. Ich denke eher, daß mir das zu Herzen ging, wovon Jesaja sprach: es war die Schönheit, die hier durchleuchtete. Es war die liebenswürdige Wesensart, die richtige Antwort, das ehrliche Zeugnis – all das aus tiefer Zerbrochenheit entstanden. Aus dem, was Asche der Verbitterung hätte werden können, schenkte Gott diesen Menschen unendlich viel. Sie waren die „Pflanzung des Herrn" geworden, „ihm zum Preise".

Wenn Sie also das nächste Mal tief bewegt sind von der Fröhlichkeit und der Durchhaltekraft eines behinderten Christen, dann danken Sie dem Herrn für diese Gnade, die Asche in Schmuck verwandelt.

Ein solcher Mensch ist vom Herrn gepflanzt, und Gott gebührt Lob und Ehre dafür.

Nur eine schnelle Skizze?

Mein Zeichenlehrer, ein ausgezeichneter Meister seiner Kunst, hat mir vor einiger Zeit eine spannende Geschichte über den Wert sorgfältiger Arbeit erzählt.

Vor vielen Jahren gab es einen berühmten japanischen Künstler mit Namen Hokusai, dessen Zeichnungen auch im Königshaus sehr begehrt waren. Eines Tages kam ein Adliger zu ihm und bat um ein Bild von seinem besonders schönen Vogel, der schon viele Preise gewonnen hatte. Er ließ den Vogel bei Hokusai, und der Künstler sagte, er solle in einer Woche wiederkommen.

Der Edelmann vermißte seinen schönen Vogel sehr und wartete sehnsüchtig darauf, am Ende der Woche sein Lieblingstier und auch das Bild abzuholen. Doch als er bei Hokusai ankam, bat ihn der Künstler demütig, er möge noch zwei Wochen Geduld haben.

Die Verzögerung aber dehnte sich weiter aus, und aus den zwei Wochen wurden zuerst zwei und schließlich sechs Monate.

Als ein Jahr vergangen war, stürmte der Adlige schließlich in Hokusais Atelier. Er weigerte sich, noch länger zu warten, und verlangte gebieterisch seinen Vogel und sein Bild. Hokusai verbeugte sich tief vor ihm, drehte sich zu seinem Tisch um und nahm einen Pinsel und ein großes Blatt Reispapier. Und in wenigen Augenblicken hatte er mühelos ein genaues Abbild des schönen Vogels zu Papier gebracht.

Der Edelmann war verblüfft. Und dann wurde er sehr ärgerlich! „Warum hast du mich ein ganzes Jahr lang warten lassen“, rief er, „wenn du das Bild in so kurzer Zeit hättest malen können?“

„Ihr versteht nicht, Herr“, erwiderte Hokusai. Und dann führte er seinen Besucher in ein Zimmer, dessen Wände ganz mit Zeichnungen dieses einen Vogels bedeckt waren.

Doch keine davon zeigte die gleiche Anmut und Schönheit wie die, die der Künstler eben erst gemalt hatte. Aus so viel harter Arbeit und Sorgfalt war also die Meisterschaft von Hokusais Kunst entstanden.

Was mein Zeichenlehrer mir damit sagen wollte, war klar: Nichts, was echten und bleibenden Wert hat, entsteht wie von selbst.

Das ist auch so, wenn ich male. Als Christ fühle ich mich verpflichtet, wirklich Qualität zu liefern – das Beste, was ich nur tun kann, für Gott zu tun. Nach außen hin sieht es vielleicht so aus, als ob ich einfach nur vor einer Staffelei sitze und dank einer raschen Eingebung mühelos eine Zeichnung hinlege. Aber lassen Sie mich eines sagen: Hinter dem, was nach spontaner Kreativität und reinem Talent aussieht, stecken stundenlange Studien, Versuche, Entwürfe, Skizzen und Farbtests.

Das trifft auch auf das Gemälde unseres Lebens zu! Denn hinter jedem anziehenden christlichen Leben steht viel Disziplin, Gebet im stillen Kämmerlein, fleißiges Lesen in Gottes Wort, verborgene Taten der Großzügigkeit und Gehorsam dem Herrn gegenüber, auch wenn niemand zusieht.

Wir dürfen nicht die Nachlässigkeit übernehmen, mit der die Welt auf Kunstwerke – und auf das Leben – schaut. Wenn wir etwas von wirklichem, bleibendem Wert in unserem Charakter haben wollen, dann entsteht das niemals von ganz allein.

Kontraste

Ein Künstler malt, damit Menschen etwas sehen können.

Er vermittelt Schönheit, er stärkt die Vorstellungskraft, regt die Sinne an und fordert sie heraus. Und er versucht, das alles fertigzubringen, ohne aufdringlich oder allzu deutlich zu werden. Ein guter Künstler wird den Betrachter die Aussage des Bildes selbst entdecken lassen.

Ich denke an eine Zeichnung, die ich erst vor kurzem gemacht habe. Es war ein Bild von einem Pferd, und während ich malte, stieß ich auf Einzelheiten, die ich besonders anziehend fand und die der Betrachter deswegen auch ganz besonders beachten sollte. Beispielsweise die geschwungene Linie an der Stelle, wo der Hals in den Brustkorb übergeht, oder die schlanken Fußfesseln. Und die Neigung des Kopfes war ebenfalls interessant.

Als Malerin dachte ich mir: „Wie kann ich den Betrachter dazu bringen, daß er sich diese Einzelheiten genauer ansieht, ohne daß ich allzu deutlich darauf hinweisen muß?"

Mir fiel dann auf, daß das Pferd eine sehr warme goldbraune Farbe hatte. Und was ist farblich gesehen das Gegenstück dazu? Natürlich violett – es bildete einen kühlen, dunklen Kontrast zu dem Goldton des Pferdes.

„Nun gut, so werde ich es machen", überlegte ich. „Ich trage dieses kühle Violett dicht neben den Teilen des Pferdes auf, die ich gerne hervorheben möchte. Das lenkt den Blick des Betrachters dorthin und wirkt doch nicht allzu auffallend."

Während ich nun am Hals des Pferdes arbeitete, pinselte ich einen Hauch Violett neben das Gold. Und diese beiden Farben, in Flächen nebeneinander gesetzt, zogen tatsächlich auf zarte und geheimnisvolle Art die Aufmerksamkeit auf sich. Künstlerisch gesehen war das also ein erfolgreicher Versuch, die Augen des Zuschauers auf das zu weisen, was ich ihm gerne zeigen wollte.

Auch Gott ist ein Künstler. Und es gibt auch in Ihrem Leben und in ihrem Charakter Einzelheiten – gute Dinge von hoher Qualität –, die nach Gottes Willen von anderen beachtet werden sollen. Er will aber keine aufdringlichen Methoden oder überwältigende Effekte anwenden, und deshalb bringt er den kühlen, dunklen Kontrast des Leidens in Ihr Leben. Dieser Kontrast zu dem hellen, goldenen Charakter Jesu Christi in Ihnen wird Aufmerksamkeit hervorrufen und nur um so deutlicher auf Ihren Herrn hinweisen.

So steht Licht gegen Dunkelheit, Schönheit gegen Trübsal, Freude gegen Sorge, eine freundliche, geduldige Haltung gegen bittere Schmerzen und Enttäuschungen. All das sind große Kontraste, die auf ihre Art die Aufmerksamkeit auf sich lenken.

Dann fängt Ihr Leben an zu knistern, wird für andere interessant. Die Menschen um sie herum bemerken Sie zunächst nur aus den Augenwinkeln, aber sie werden doch von Ihnen angezogen und wissen selbst nicht so recht, warum.

Diese Menschen sehen dann tatsächlich, was sie nach dem Willen des Meisters wahrnehmen sollen: Jesus Christus in Ihnen, der so deutlich hervortritt, weil er in Kontrast steht zu der gegenteiligen Kraft des dunklen Leidens.

Sie aber sind die Leinwand, auf die Gott seine herrlichen Farben der Wahrheit aufträgt, auf der er Schönheit vermittelt und dadurch andere Menschen dazu führt, ihn besser zu erkennen.

Das Feuer schüren

Könnten die folgenden Worte auch von Ihnen stammen?

„Herr, du hast mich überredet, und ich habe mich überreden lassen. Du bist mir zu stark gewesen und hast gewonnen; aber ich bin darüber zum Spott geworden täglich, und jedermann verlacht mich. ... Denn des Herrn Wort ist mir zu Hohn und Spott geworden täglich. Da dachte ich: Ich will nicht mehr an ihn denken und nicht mehr in seinem Namen predigen. Aber es ward in meinem Herzen wie ein brennendes Feuer“ (Jeremia 20,7-9).

Diese Klage stammt aus dem Buch des Propheten Jeremia. Er war es inzwischen gründlich leid, das Etikett des „religiösen Fanatikers“ zu tragen. Er hatte die Nase voll von dem Spott der Leute, von all der Ablehnung und den vielen Beleidigungen. Das Gerede und der Klatsch und Tratsch über ihn war ihm einfach zuviel geworden.

Vielleicht haben Sie schon etwas Ähnliches gesagt oder gedacht. Glauben Sie mir nur, Sie sind nicht der erste, der zu Gott sagt: „Hör mal, diesen Ärger brauche ich nicht auch noch. Ich werde von nun an nichts Biblisches mehr in den Mund nehmen. Ich werde auch nicht mehr von dir reden, dann sind die Leute hoffentlich wieder etwas freundlicher zu mir!“ Andere haben es so satt gehabt, belächelt und verachtet zu werden, daß sie sogar sagten: „Ich werde von jetzt an nicht einmal mehr Gottes Namen erwähnen!“

Auch ich habe das schon einmal gedacht. Kurz nach dem Unfall, durch den ich gelähmt wurde, gab ich mein Bestes, um im Krankenhaus Zeugnis für Gott abzulegen. Mit ein paar Querschnittsgelähmten, die meist in der Nähe des Aufzugs in ihren Rollstühlen herumsaßen und sich langweilten, redete ich damals über Jesus. Sie hörten es sich teilnahmslos an, rauchten dabei Zigaretten, und ließen sich von allem möglichen ablenken.

So gut ich konnte, versuchte ich, ihnen zu erzählen, wie Gott mir aus meiner eigenen Depression herausgeholfen hatte, aber ich merkte ihnen an, daß sie mich lediglich ertrugen, bis ich endlich wieder abzog. Wenn ich an ihnen vorbei zum Aufzug fuhr, konnte ich jedes Mal richtig spüren, daß sie über mich verärgert waren. Und ich weiß noch, wie ich damals dachte: „Na schön. Ich wollte anderen von Gott erzählen, aber es hat mir nur noch mehr Kummer eingebracht. Als ob ich nicht wahrhaftig schon genug davon hätte!"

Ich kam mir vor wie Jeremia – ich fühlte mich von Widerständen überwältigt.

Aber es gab noch etwas anderes bei diesem Propheten, womit ich mich identifizieren konnte. Nachdem Jeremia alles vor Gott abgeladen und seinen Schmerz und seinen Ärger herausgeschrien hatte, kam er auf das Grundsätzliche zurück: „Herr, du weißt ja, daß ich sogar dann, wenn ich aufhören wollte, von dir zu sprechen, es einfach nicht fertigbringen könnte. Dein Wort lebt in meinem Herzen, und da brennt es wie ein Feuer."

Ich danke Gott dafür, daß er das Feuer im Herzen des Propheten trotz allem in Brand gehalten hat, so daß es nicht erlosch. Und dafür, daß er es auch in meinem Herzen tat.

Spüren Sie dieses Feuer auch tief in Ihrem Innern? Selbst wenn der Spott und das Gerede es auslöschen wollen? Selbst wenn Sie deutlich spüren, daß man Sie meidet und ablehnt, weil Sie von dem Herrn reden?

Wenn Sie dieses Brennen spüren – dieses Drängen, Gottes Wort weiterzusagen –, dann lassen Sie nicht zu, daß es von Ihrer Mutlosigkeit und Ihren Ängsten erstickt wird. Schüren Sie vielmehr das Feuer! Fachen Sie die Flammen neu an! Paulus hat ähnlich an seine Freunde geschrieben: „Den Geist dämpft nicht" (1. Thessalonicher 5,19).

Und selbst wenn das Feuer in Ihnen auf ein kleines Stückchen glühende Kohle zusammengeschrumpft ist, ja, wenn vielleicht nur noch ein schwacher Schimmer zu erkennen ist, so besteht doch noch die Möglichkeit, daraus ein großes Feuer zu entfachen.

Lassen Sie nur nicht zu, daß irgend jemand Wasser darauf gießt!

Wenn Gott sagt: Es ist genug!

Wenn Sie jemals mit dem Leiden gerungen haben, dann wissen Sie, wie Ihr Zeitgefühl sich dabei verändern kann. Manchmal scheint die ganze Lage immer nur noch schlimmer zu werden – die Schmerzen verstärken sich, aus der Furcht wird Todesangst. Und Sie fragen sich, wann und ob das überhaupt noch enden wird.

In solche Zeiten kann Gottes Wort – ganz gleich, ob in einzelnen Aussagen oder in größeren Abschnitten – eine hochwillkommene neue Blickrichtung bringen.

Zunächst einmal ist es gut zu wissen, daß eines Tages tatsächlich der Vorhang über allem Leiden und allen Schmerzen zugezogen wird. Es wird einmal einen Zeitpunkt geben, an dem der Herr sagt: „Es ist genug!" Am Ende unserer Zeit wird er einen neuen Himmel und eine neue Erde schaffen, und dort wird es keine Tränen, keine Klagen und keine Schmerzen mehr geben. Die Erde, wie wir sie kennen, existiert dann nicht mehr – sie wird durch eine neue Erde ersetzt.

Das letzte Buch der Bibel gibt uns eine großartige Vorschau auf Gottes endgültigen Triumph über die Sünde und ihre Verbündeten wie Leiden, Krankheit und Sorgen. All das wird geschehen, wenn Gott dem Teufel und seinen Dämonen den letzten tödlichen Schlag versetzt. Und wenn sie überwältigt sind, so ist uns zugesagt, wird das Leiden aus unserem Gedächtnis schwinden wie ein böser Traum.

Doch bis es soweit ist, kann Gott auch unser Leiden zu seiner Verherrlichung gebrauchen. Es ist niemals unnütz!

Im Buch der Sprüche heißt es: „Der Herr macht alles zu seinem Zweck, auch den Gottlosen für den bösen Tag" (Sprüche 16,4). Das heißt, sein Plan und seine Absicht liegen auch hinter Ihrem Schmerz. Selbst das Böse, das Sie nicht beeinflussen können – böse Menschen oder böse Vorhaben oder Ungerechtigkeit und Niederträchtigkeit – wird auf geheimnisvolle Weise so in Gottes Plan hineinverwoben, daß es Ihnen zum Besten dienen muß (Römer 8,28).

Doch gerade jetzt fragen Sie sich vielleicht, was Sie mit der Zeit machen sollen, die Sie vor sich sehen: Tage, die Ihnen wie Wochen erscheinen, und Minuten, die sich wie Stunden dehnen. Ich kenne das nur zu gut!

Und ich kann nur noch einmal sagen, daß die Zeit kommen wird, für die uns Sieg, Gerechtigkeit und Erlösung zugesichert ist. Die jetzige Zeit, in der die Sünde und das Böse noch existieren können, ist keine Bedrohung für Gott und sein Wesen. Und auch Sie als sein Kind sind nicht bedroht, denn Freiheit und Erfüllung warten gleich hinter dem Horizont auf Sie.

Das ist wahre Hoffnung, durch und durch echte Hoffnung! Hören Sie sich noch einmal ihren triumphierenden Klang an – wie die Stimme von großen tönenden Glocken an einem hellen Morgen: „Siehe, ich sage euch ein Geheimnis: Wir werden nicht alle entschlafen, wir werden aber alle verwandelt werden; und das plötzlich, in einem Augenblick, zur Zeit der letzten Posaune. Denn es wird die Posaune erschallen, und die Toten werden auferstehen unverweslich, und wir werden verwandelt werden. Denn dies Verwesliche muß anziehen die Unverweslichkeit, und dies Sterbliche muß anziehen die Unsterblichkeit. Wenn aber dies Verwesliche anziehen wird die Unverweslichkeit und dies Sterbliche anziehen wird die Unsterblichkeit, dann wird erfüllt werden das Wort, das geschrieben steht: ‚Der Tod ist verschlungen vom Sieg. Tod, wo ist dein Sieg? Tod, wo ist dein Stachel?' Der Stachel des Todes aber ist die Sünde, die Kraft aber der Sünde ist das Gesetz. Gott aber sei Dank, der uns den Sieg gibt durch unseren Herrn Jesus Christus! Darum, meine lieben Brüder, seid fest, unerschütterlich und nehmt immer zu in dem Werk des Herrn, weil ihr wißt, daß eure Arbeit nicht vergeblich ist in dem Herrn" (1. Korinther 15, 51-58).

Geheimnis

Gott kann man nicht immer verstehen

Geheimnis

Gott kann man nicht immer verstehen

Seit wir früher in der Schule Geometrieunterricht hatten, hat es mich immer gereizt, die vierte Dimension zu begreifen. Klingt das ein bißchen verrückt? Nun, ich habe immer schon einen Hang verspürt, Geheimnisse zu enträtseln.

Die erste Dimension kann ich mühelos erklären, das ist ein Punkt im Raum. Und die zweite? Ein Punkt, der sich durch den Raum bewegt, erzeugt eine Linie. Und die dritte Dimension? Eine Linie, die sich ihrerseits durch den Raum bewegt, erzeugt einen geometischen Körper. Aber die vierte? Ja, das ist ein Geheimnis. Ich weiß wohl, es hat etwas zu tun mit Einstein und $E = mc^2$, aber das geht einfach über die Grenzen meines Verstandes hinaus.

Einmal hat mir ein Freund, der Mathematiklehrer ist, das alles erklärt. Und eine kurze, wunderbare, erleuchtete Sekunde lang verstand ich die vierte Dimension beinahe. Aber so flüchtig mir diese Erkenntnis kam – einladend und verlockend –, so schnell verschwand sie auch wieder. Ich war über die Maßen aufgewühlt und gleichzeitig äußerst enttäuscht.

So ungefähr kann ich meine Haßliebe zu Geheimnissen erklären. Ob es nun ein rätselhafter Kriminalroman oder eine unverständliche Mathematikaufgabe ist – Geheimnisse verlocken mich jedes Mal, auch wenn sie mich gleichzeitig immer wieder enttäuschen.

Nehmen wir beispielsweise die geheimnisvollen, scheinbar widersprüchlichen Aussagen in der Heiligen Schrift:

Wir haben einen freien Willen, und doch sind wir auserwählt.

Wir sind von unserer Stellung vor Gott her vollkommen, aber unserer Erfahrung nach gänzlich unvollkommen.

Wir schaffen unser eigenes Heil, und doch ist es Gott, der seinen Willen in uns vollbringt (Philipper 2,12+13).

Wir sind frei in Christus, und gleichzeitig sind wir Sklaven für Christus.

Ja, sogar das Leben Jesu auf dieser Erde war ein Paradox: er war hundertprozentig Gott und hundertprozentig Mensch!

Jedes Mal, wenn ich so eine Aussage höre, die völlig widersprüchlich scheint und doch ganz wahr ist, sehne ich mich danach, sie in die Hand zu bekommen, sie zu schütteln und neu zu ordnen, um ihren Sinn zu erfassen. Irgend etwas an einem Paradox ist für mich quälend und verlockend zugleich – es ist eine Wahrheit, die auf dem Kopf steht, um unsere Aufmerksamkeit zu erregen, und ich habe dabei immer das Gefühl, als müßte ich sie packen und wieder auf die Füße stellen.

Ich muß einfach Rätsel verständlich machen, offene Fragen lösen, Geheimnisse lüften. Ich kann mit Worten das Schmerzen und Ziehen in mir gar nicht beschreiben, das ich empfinde, wenn ich die Antwort beinahe, aber eben noch nicht ganz habe, wenn ich endlich fast begriffen habe, worum es geht. Es ist so ähnlich, wie wenn man die Lösung einer schwierigen Mathematikaufgabe schon förmlich riecht.

Ein Beispiel: Es juckt mich, Kolosser 1,25+26 richtig zu verstehen, wo es heißt: „... daß ich euch sein Wort reichlich predigen soll, nämlich das Geheimnis, das verborgen war seit ewigen Zeiten und Geschlechtern, nun aber ist es offenbart seinen Heiligen." Hier liegt ein Rätsel, das erst einmal verstanden werden will. Zwar sagt Paulus schon im nächsten Vers, „was der herrliche Reichtum dieses Geheimnisses unter den Heiden ist, nämlich Christus in euch, die Hoffnung der Herrlichkeit", aber wer von uns könnte schon sagen, daß er dieses Geheimnis voll begreift?

Dann gibt es auch noch 1. Korinther 4,1: „Dafür halte uns jedermann: für Diener Christi und Haushalter über Gottes Geheimnisse." Ich weiß nicht, wie Sie das empfinden, aber mir scheint dieser Vers wie ein Rätsel, das erst einmal gelöst werden will. Sicherlich, die Geheimnisse Gottes sind uns anvertraut, aber wer von uns kann sie schon ausloten?

Und wie ist es mit Epheser 1,9? Da steht: „Denn Gott hat uns wissen lassen das Geheimnis seines Willens nach seinem Ratschluß, den er zuvor in Christus gefaßt hatte." Muß hier nicht einiges geklärt werden? Ja, Gott hat uns seinen Willen bekannt gemacht; aber kann irgend jemand ehrlich sagen, daß er dieses Geheimnis in- und auswendig kennt und versteht?

Verstehen Sie, was ich damit sagen will?

Wenn Ihnen das alles sehr bekannt vorkommt, dann sind wir wohl beide stets darauf aus, des Rätsels Lösung nachzuspüren, und vom Denken her ähnlich veranlagt, eben Sherlock-Holmes-Typen. Dann sind wir verwandte Geister, die auf die Rätsel der Sphinx eine Antwort geben wollen, Leute, die jede Denksportaufgabe knacken müssen. Und das Drängen, das wir beide fühlen, wenn wir uns bemühen, das „dunkle Bild durch den Spiegel" zu erkennen (1. Korinther 13,12), macht unser Verlangen nur noch größer, die Geheimnisse des göttlichen Willens zu erkennen.

Southey hat einmal beschrieben, wie Gottes Geheimnisse auf uns wirken: „Da ist eine völlige Ratlosigkeit und Verblüffung für alles menschliche Verstehen." Ob wir es nun mögen oder nicht: Manche von Gottes Geheimnissen werden wohl für immer unerklärlich bleiben. Andere wiederum hat er uns völlig offenbart. Aber es gibt auch noch eine dritte Art – einladende, verlockende Geheimnisse, die immer wieder einmal auf unserer Schwelle erscheinen und Gottes eigene Handschrift tragen, als wollten sie sagen: „Dies, mein Kind, ist für dich. Willst du nicht mit mir zusammen auf Schatzsuche gehen?"

Dann sind die einzelnen Teile des Puzzles vor uns ausgebreitet. Ein paar Hinweise auf die Lösung sind hier und da auch gegeben worden. Und Gott hat nun einmal in uns, wie ich schon oft gesagt habe, eine uralte Sehnsucht gelegt – ein unstillbares Drängen danach, Rätsel zu lösen und in Geheimnisse einzudringen.

Ich hoffe, Sie werden die nächsten Seiten als solche Puzzlestücke ansehen, die ein Teil des wunderbaren Rätsels sind, des „Geheimnisses Gottes, das uns anvertraut ist." Ich bete darum, daß Sie davon gepackt werden – und zwar länger als nur ein paar kurze, wunderbare, erleuchtete Augenblicke –, wenn Sie sehen, wie diese vielen Puzzlestücke sich allmählich zusammenfügen und ein Bild ergeben.

Wer weiß? Vielleicht entdecken Sie dabei, daß das Suchen nach dem geheimnisvollen Willen Gottes verlockender und aufregender ist, als Sie es sich jemals vorstellen konnten.

Weg vom seichten Wasser

An unserem alten Farmhaus in Maryland, in dem ich aufgewachsen bin, fließt der Fluß Patapsco vorbei. Er schlängelt sich durch Felder und Wälder, fließt an einer Eisenbahnstrecke entlang und mündet schließlich in die Chesapeakebucht.

Als ich noch ein kleines Mädchen war, genoß ich sehr die faulen, warmen Sommernachmittage am Ufer dieses Flusses. Während meine Schwestern weit hinausschwammen, watete und plantschte ich mit aufgekrempelten Hosenbeinen im seichten Wasser herum.

Nicht ein einziges Mal wagte ich mich in die tieferen, unbekannten Gegenden des Patapsco. Schließlich war ich ja noch schrecklich klein, und der Fluß war sehr breit.

Und doch beneidete ich meine Schwestern, die groß genug waren, um zu schwimmen und zu tauchen – weit draußen, wo sie sogar im Wasser treiben konnten, ohne den Boden zu berühren. Sie hatten es unglaublich gut, dachte ich damals.

Wie ist es mit Ihnen? Sind Sie ein Mensch, der lieber auf Nummer Sicher geht, der schon zufrieden ist, wenn nur die Fußknöchel naß werden? Oder sind Sie eher draufgängerisch veranlagt und stürzen sich am liebsten kopfüber ins Wasser?

Ich stelle mir unser christliches Leben gern wie einen Fluß vor. Es ist der Fluß des Lebens. Ich sehe dabei die Stellen nahe am flachen Ufer als das Gemeingut aller Gläubigen an, als jene Art von Glauben und Freude und Hoffnung, an der wir alle gemeinsam teilhaben.

Aber es gibt auch noch einen ganz anderen, tieferen Bereich der bewußten Einheit mit Jesus Christus, der weit weg ist von jedem Allgemeinplatz.

Alle Gläubigen sehen Jesus. Aber nicht alle legen den Finger in seine Nägelmale. Nicht alle legen ihre Hand in seine Seite.

Nicht jeder hat das Vorrecht des Johannes, der sich an Jesu

Brust lehnen durfte, oder des Paulus, der in den dritten Himmel entrückt wurde.

Man trifft nur selten auf Gläubige, die so entschlossen für Jesus Christus leben, daß sie das seichte Ufer verlassen und mit Macht in die freie Strömung hineintauchen.

Spurgeon hat es ganz ähnlich beschrieben: „Die meisten Christen stehen nur bis zu den Knöcheln im Fluß des Lebens. Aber für einige wenige ist das Leben ein Fluß, in dem sie schwimmen und dessen Grund sie gar nicht mehr berühren können."

Es ist ein riskanter, aber wunderbarer Ort dort draußen in den dunklen, unerforschlichen Tiefen, wo man keinen Grund mehr unter den Füßen spürt, ganz gleich wie tief man auch taucht: Gott lädt uns ein, von der Überschaubarkeit des Ufers wegzukommen, weg von der ausgemessenen und garantierten Sicherheit des seichten Wassers, in dem das christliche Leben beinahe mühelos vonstatten geht.

Wir fangen wohl alle im flachen Wasser an. Aber wenn wir Gottes Einladung annehmen, dann tauchen wir tiefer. Und niemand hat bis jetzt entdeckt, wo wir damit aufhören werden. Denn dort, in den gewaltigen und geheimnisvollen Tiefen Gottes, gibt es weder Grenze noch Ende.

Starke Medizin

Es ist grausam, wenn man sich sowieso schon ganz krank und elend fühlt und dann auch noch Medizin nehmen muß, die abscheulich schmeckt.

Da gibt es so weißes, kreidiges, flüssiges Zeug, das man gegen Durchfall einnehmen soll, oder eine widerliche rosa Lösung, die gegen Magenkrämpfe verschrieben wird. Es ist einfach eklig. Ich muß danach immer ganz schnell etwas anderes schlucken, um dieses Gebräu überhaupt bei mir zu behalten.

Ja, sicher, die Ärzte und Schwestern versichern mir, daß ich gar nichts Besseres gegen meine Krankheit tun kann, und ich glaube ihnen auch. Aber deswegen rutscht die widerwärtige Medizin auch nicht besser.

Wenn wir manchmal harte Worte von Jesus einstecken müssen, kann das so ähnlich sein wie das Einnehmen von solcher Medizin, bei der sich einem der ganze Magen umdreht. Man weiß dann wohl, daß eine ganz besondere Erkenntnis aus der Bibel das Beste ist, was im Augenblick die Glaubensgesundheit fördern kann, aber das macht das Verdauen solcher Worte auch nicht leichter.

Vielleicht ist es sein Rat, mitten in einer sorgenvollen, angespannten Familiensituation stillzuhalten und zu warten.

Oder seine Ermahnung, einem Feind, der einen böse verleumdet hat, zu verzeihen.

Oder auch sein stilles Drängen, mitfühlend und mit ganz besonderem Einsatz für einen Schwager zu beten, den man eigentlich nicht leiden kann.

Oder seine beständige Erinnerung daran, daß alle Dinge, die uns zustoßen, letzten Endes zu unserem Besten dienen – selbst dann, wenn Ihr kleines Kind eine schwierige Operation vor sich hat.

Vieles davon ist für uns sehr schwer zu verdauen.

Manche Jünger des Herrn hatten das gleiche Problem. Und einmal hatte Jesus für die Leute, die ihm gerne nachfolgen wollten, nur ein paar harte Worte übrig: „Viele nun seiner Jünger, die das hörten, sprachen: Das ist eine harte Rede; wer kann sie hören? Da Jesus aber bei sich selbst merkte, daß seine Jünger darüber murrten, sprach er zu ihnen: Ärgert euch das? ... Der Geist ist's, der lebendig macht; das Fleisch ist nichts nütze. Die Worte, die ich zu euch geredet habe, die sind Geist und sind Leben" (Johannes 6,60.61+63).

Der Herr weiß also ganz genau, daß manche Menschen seine Worte geradezu anstößig finden, daß sie ihnen überhaupt nicht schmecken wollen. Und dennoch: Seine Worte sind Geist und sind Leben. Sein Rat, seine Ermahnung sind wie Medizin, die Leben spendet.

Doch wenn man das anerkennt, bedeutet es noch lange nicht, daß das Leben von da an zu einem vergnüglichen Spaziergang wird. Die Probleme in der Familie werden vielleicht noch schlimmer, ihr Feind bekommt möglicherweise einen Tobsuchtsanfall, und Ihr Schwager fällt Ihnen stärker auf die Nerven als je zuvor.

Doch Medizin bleibt Medizin. Und selbst in den harten Worten Jesu steckt Leben und Kraft. Es fällt nicht leicht, sie zu schlucken, aber es ist das Beste, was wir tun können.

Und wenn wir geheilt sind, schmeckt das ganze Leben gleich wieder besser.

Wenn Gott uns etwas verbirgt

„Es ist Gottes Ehre, eine Sache zu verbergen“ (Sprüche 25,2).

Das geht uns doch ein bißchen gegen den Strich, nicht wahr?

Wir haben es nicht gerne, wenn man uns Dinge verbirgt. Besonders nicht solche Dinge, die unser persönliches Leben betreffen. Wir wollen alle Fakten, Skizzen und Pläne Gottes auf den Tisch gelegt haben.

Doch: „Es ist Gottes Ehre, eine Sache zu verbergen“.

Nehmen Sie als Beispiel das Leben von Amy Carmichael. Sie fuhr im Jahre 1895 nach Indien und wußte zu der Zeit noch nichts davon, daß dieses Land einmal ihre Heimat werden sollte, daß die Kinder Indiens ihre Familie sein würden. Sie ahnte auch noch nichts davon, daß damals viele hübsche und kluge kleine Mädchen in Indien aus ihrem Elternhaus herausgeholt und als Tempeldienerinnen ausgebildet wurden, wo sie im Dienst der Hindu-Götter der sexuellen Begierde vieler Männer ausgeliefert waren. Amy Carmichael erfuhr von dieser schrecklichen Sitte erst, als ein siebenjähriges Mädchen, das aus einem solchen Tempel geflohen war, zu ihr ins Haus gebracht wurde.

Von dem Tage an legte der Herr ihr den Wunsch ins Herz, diese Mädchen vor der moralischen Zerstörung zu bewahren und sie statt dessen dazu zu erziehen, den Willen des himmlischen Vaters zu tun.

Doch schon früh in ihrem Dienst hatte Amy Carmichael dann einen Unfall: sie rutschte aus, fiel in einen Graben und verletzte sich am Bein so sehr, daß sie zeitlebens behindert blieb. Die nächsten zwanzig Jahre mußte sie im Bett verbringen und konnte nur sehr selten ihr Zimmer verlassen.

Am Morgen, bevor dieser Unfall geschah, hatte sie noch gebetet: „Herr, tu bitte irgend etwas, was mich bereit macht, dir besser zu dienen.“

Und der Sturz mit den schlimmen Folgen war nun die Erhörung gewesen! In der Abgeschiedenheit ihres Krankenzimmers schrieb Amy Carmichael in der Folgezeit dreizehn Bücher, die inzwischen rund um die Welt ganzen Generationen von leidenden Menschen zum Segen geworden sind.

„Es ist Gottes Ehre, eine Sache zu verbergen."

Paulus schreibt: „Wir reden von der Weisheit Gottes, die im Geheimnis verborgen ist, die Gott vorherbestimmt hat vor aller Zeit zu unserer Herrlichkeit" (1. Korinther 2,7).

Es ist schon eine großartige Sache, wenn Menschen sich an Gott genügen lassen und für seine Taten in ihrem Leben keine menschlichen Erklärungen suchen – selbst dann nicht, wenn solche Ereignisse und Lebensumstände vollkommen rätselhaft bleiben. Wie im Fall von Amy Carmichael ist dann der Ruhm des Gläubigen sein absolutes Vertrauen auf den Herrn.

Es ist auch eine herrliche Sache zu wissen, daß Ihr Gott und Vater keine Fehler macht, wenn er Ihr Leben führt und die verschiedensten Dinge zuläßt, die Ihren Lebensweg kreuzen.

„Es ist Gottes Ehre, eine Sache zu verbergen."

Und es ist unsere Ehre, ihm zu vertrauen, ganz gleich, was auch geschieht.

Tappen wir im dunklen?

Haben Sie auch schon einmal einen Kriminalroman angefangen und ihn entnervt beiseite gelegt, noch bevor Sie ihn halb durchgelesen hatten?

Vielleicht waren da zu wenige Hinweise auf eine Lösung, oder aber die, die gegeben waren, führten zu nichts. Die Handlung wurde niemals spannend, die Charaktere der einzelnen Personen entwickelten sich nicht. Und der Autor des Buches schien fest entschlossen, den Leser im dunklen tappen zu lassen.

Bei solchen Büchern geben wir das Lesen auf, weil das Geheimnis allein uns nicht weiter aufregt. Wir können uns nicht wirklich dafür interessieren, solange wir völlig unwissend bleiben. Um unsere Aufmerksamkeit zu fesseln, muß ein guter Kriminalroman schon hier und da ein paar Tatsachen, Hinweise, Informationen und Indizien ausstreuen.

Auch Gott hat seine Geheimnisse. In 5. Mose 29,28 schreibt Mose: „Was verborgen ist, ist des Herrn, unseres Gottes; was aber offenbart ist, das gilt uns und unseren Kindern ewiglich, daß wir tun sollen alle Worte dieses Gesetzes."

Ganz bestimmt hält Gott viele Dinge geheim. Er verbirgt manches, damit er durch das Vertrauen seines Volkes trotz Dunkelheit und Ungewißheit nur um so mehr verherrlicht wird.

Doch das Geheimnis allein könnte unseren Glauben niemals größer machen. Aus der schieren Unwissenheit würde wohl keine echte Haltung des Vertrauens auf Gott entstehen. Deshalb tut Gott etwas anderes, etwas Wunderbares, damit wir seinen Worten folgen, wie es im 5. Buch Mose heißt: Er gibt uns zwischen den vielen verborgenen Dingen auch Offenbarungen.

Die Geheimnisse bleiben, was sie sind, aber hin und wieder hält Gott Wahrheiten und Erkenntnisse für uns bereit. Er löst uns nicht seine Rätsel, aber ab und zu läßt er uns einige Tatsachen wissen. Und gerade das regt unseren Glauben an, ermuntert uns, ihm um so mehr zu vertrauen. Er weckt unser Interesse dadurch, daß er uns manchmal Gründe und Ursachen aufdeckt, die hinter unseren Enttäuschungen oder schmerzlichen Lebensumständen liegen.

Andererseits prüft und festigt er unseren Glauben, wenn er sich entschließt, uns die verborgene Handlung seiner Geschichte eben nicht zu offenbaren. Wenn die Wahrheit verhüllt ist, wird ein größerer Glaube, ein kindlicherer Gehorsam verlangt, als wenn das ganze Geheimnis bereits offen daliegt. Wenn unser Vertrauen auf Gott den Belastungen großer Rätsel standhält, dann wird Gott dadurch verherrlicht – und wir nebenbei auch.

Was mich betrifft, so bin ich ganz froh, daß die geheimnisvollen Dinge Gott gehören. Ich freue mich darüber, daß er nicht alles erklärt. Sonst hätte ich ja gar nicht die Möglichkeit, ihm einfach zu vertrauen. Aber ich bin auch froh darüber, daß er uns manche Dinge offenbart hat. Er gibt uns Hinweise, läßt uns bestimmte Tatsachen wissen, deutet größere, noch viel wunderbarere Dinge an, die gleich hinter dem Horizont liegen. Und das erregt in uns nur noch mehr Begeisterung, ihm immer weiter zu folgen.

Manchmal kann ich es gar nicht abwarten zu sehen, wie das alles ausgehen wird.

Nicht auf die Aussichten achten!

Das haben Sie bestimmt auch schon erlebt: Sie stecken in einer schwierigen Situation, Sie beten dafür, und der Geist Gottes antwortet Ihnen – aber ganz und gar nicht so, wie Sie es erwartet haben. Der Herr Jesus bittet Sie, Ihre schwierige Lage so anzugehen, wie Sie es von sich aus nie getan hätten.

Sagen wir mal, es handelt sich um ein Problem in Ihrem Büro. Nach vielem Beten spüren Sie, daß der Geist Gottes Sie drängt, mit Ihrem Vorgesetzten darüber zu reden.

„Herr, das geht auf gar keinen Fall!" sagen Sie zu Gott. „Wenn ich das meinem Chef erzähle, dann habe ich doch meine Entlassung schon in der Tasche!"

Aber trotz Ihrer Proteste drängt der Geist Christi Sie dazu, diese schwierige Situation auf seine Art zu meistern, nicht auf die Art, die Sie sich selbst aussuchen würden.

Ist das nicht wieder typisch für Gott? Wir meinen, daß der Herr uns eine heikle Situation im Beruf oder in der Familie so angehen lassen sollte, wie es „vernünftig" und „logisch" ist. Schließlich erhöht der Einsatz des einfachen, gesunden Menschenverstandes doch die Chancen, daß sich alles zum Guten entwickeln wird, oder?

Aber das ist falsch! Gott ruft uns oft dazu auf, die guten Erfolgsaussichten nicht zu beachten, sondern das Problem so anzusehen, wie er es tut. Und seine Art ist manchmal äußerst ungewöhnlich.

Haben Sie sich schon einmal die Zeit genommen, die verzwickte Lage von General Josua zu bedenken, wie sie in Josua 6 beschrieben ist? Der Herr traf vor der Schlacht von Jericho mit ihm zusammen und stellte sich dabei selbst als der „Fürst über das Heer des Herrn" vor (Josua 5,14).

„Na, was für eine Erleichterung!" hat Josua da sicher gedacht. „Jetzt wird Gott einen unfehlbaren Plan für die Schlacht entwickeln, und dann können wir die mächtige Stadt mit der großen Mauer ohne Bedenken angreifen."

Nun ja, er bekam tatsächlich seinen Schlachtplan. Aber der war wohl kaum so, wie er es erwartet hatte. Das war nun wahrhaftig eine höchst unvernünftige, völlig ungewöhnliche Art, das Problem anzugehen! Man stelle sich nur vor: Der Herr wollte, daß Josua und sein Heer an sechs Tagen je einmal um die Stadt Jericho herummarschieren sollten, ohne ein einziges Wort dabei zu sagen. Und dann, am siebten Tag, sollten sie den Umzug siebenmal hintereinander veranstalten, auf ein Trompetensignal horchen und dann alle auf Kommando ganz laut schreien!

Jetzt frage ich Sie: Klingt das etwa vernünftig, ist das gesunder Menschenverstand?

Doch das Buch Josua berichtet uns, daß die Israeliten die Anweisungen Gottes genau befolgten. Trotz aller Risiken und angesichts lächerlicher Gewinnchancen taten sie einfach, was der Herr ihnen gesagt hatte. Und das Ergebnis war einer der verblüffendsten Siege in Israels langer Geschichte.

Verlangt der Herr heute etwas von Ihnen, das Ihnen, sagen wir mal, zumindest ein bißchen ungewöhnlich vorkommt? Hat der „Fürst über das Heer des Herrn" Ihnen vielleicht auch einen höchst unerwarteten Schlachtplan vorgestellt?

Achten Sie nicht auf gute oder schlechte Aussichten – gehorchen Sie einfach!

Auf lange Sicht können Sie überhaupt nicht verlieren.

Warum überhaupt beten?

Wir freuen uns an dem Wissen, daß unser Gott allmächtig ist, daß er jede Einzelheit unseres Lebens in der Hand hat. Aber wenn ohnehin alles so kommen wird, wie es schon geplant ist, warum sollen wir uns dann überhaupt die Mühe machen zu beten?

Ich habe damals, als ich nach meinem Unfall im Krankenhaus lag, über solche Fragen sorgenvoll nachgedacht und mir lange den Kopf zerbrochen. Christliche Freunde versicherten mir, daß dieser Unfall kein Zufall war, sondern ein Teil von Gottes vollkommenem Plan.

Dieser Gedanke tröstete mich. Aber ich erinnere mich, daß ich einmal abends lange wach lag und überlegte: „Wenn Gott all das schon von Anbeginn der Welt her für mich im Sinn gehabt hat, welchen Zweck hat es dann noch, für meine Zukunft zu beten? Sie liegt doch sowieso in seiner Hand; was kommen soll, das kommt."

Es kam mir allmählich so vor, als hätte ich überhaupt keinen Zugang zu Gottes Willen. Er saß am Steuer meines Lebens, und ich durfte nur mitfahren.

Irgendwann nahm ich schließlich all meinen Mut zusammen und fragte jemanden nach Gottes Allmacht und nach dem Sinn des Betens. Warum sollten wir denn überhaupt noch Energie für das Beten aufwenden?

Ich stellte fest, daß es verschiedene Antworten auf diese Frage gibt, aber die erste enthält eigentlich schon alles, was wir wissen müssen: Gott hat uns aufgetragen zu beten. Es ist sein Gebot, und wenn wir ihn liebhaben, dann gehorchen wir seinen Geboten.

Doch es gibt noch einen zweiten Grund: Wir beten, weil auch Jesus gebetet hat. Manchmal werden Sie zur Antwort bekommen, daß der eigentliche Grund für das Gebet darin liegt, daß wir uns dadurch ändern. Ja, es stimmt schon, wir haben es nötig, verändert zu werden, aber das ist nicht der einzige Grund fürs Beten. Jesus brauchte diese Veränderung bestimmt nicht, er mußte auch nicht noch heiliger werden. Wenn er betete, dann redete er mit seinem Vater. Er dankte Gott, er lobte ihn, er bat ihn um Dinge, die er brauchte, er bat um Kraft. Er betete für andere, und er bat darum, daß der Teufel im Zaum gehalten würde. Er flehte seinen Vater an, daß er das abwenden möge, was sich ereignen sollte, und er sprach seinen eigenen Willen im Gebet klar aus. Er betete so, als ob er überzeugt davon wäre, daß seine Bitten eine deutliche Auswirkung auf Gottes Pläne hätten.

Im Lichte von Gottes klaren Anweisungen und dem unmißverständlichen Beispiel unseres Herrn ist es ganz offensichtlich, daß wir Gläubigen „allezeit beten und nicht nachlassen" sollen (Lukas 18,1). Gott will nicht, daß wir dafür nur ein Schulterzukken übrig haben, verlegen von einem Fuß auf den anderen treten und murmeln: „Nun ja, es ist alles Schicksal, es kommt schon alles, wie es soll." Nein, im Gegenteil, die Heilige Schrift stellt klar, daß wir mit unserem Beten in Gottes Handeln einbezogen sind. Manche Dinge werden eben einfach nicht geschehen, es sei denn, wir beten darum.

Wie alle unsere Bitten dann in Gottes meisterlichen Plan und in seine ewigen Vorhaben hineinpassen, das bleibt ein Geheimnis für uns – aber an seinem Gebot ist nichts Geheimnisvolles. Er sagt uns: „Betet ohne Unterlaß!" (1. Thessalonicher 5,17).

Und das ist Grund genug!

Vom Geist geleitetes Gebet

„Ach siehe, ich habe mich unterwunden, zu reden mit dem Herrn, wiewohl ich Erde und Asche bin“ (1. Mose 18,27).

Erde und Asche. Ich bin betroffen von der Haltung Abrahams, die in seinem Gebet zum Ausdruck kommt. Er fühlte deutlich, daß er hier die Schatzkammer Gottes betreten hatte und den Himmel mit seinen Armen umfaßte. Er wußte wohl, daß sein Gebet so etwas war wie eine Umarmung Gottes. Wenn man sich das nur vorstellt: Er, Abraham, hatte mit Gott geredet! Das war fast so, als ob er mit Flügeln aufgestiegen und in den innersten Wohnort des Herrn eingedrungen wäre. Schon der Gedanke allein war für ihn genug, sich flach auf die Erde zu werfen und zu sagen: „Herr, wer bin ich denn eigentlich? Ich bin doch in deiner Gegenwart nichts weiter als ein kleines Häuflein Erde und Asche.“

Es ist schon eine ganze Weile her, daß ich beim Beten ein solches Gefühl hatte, nämlich das Gefühl, daß ich eigentlich auf der Stelle vor Gott mit dem Gesicht zur Erde niederfallen müßte, weil ich einen Blick in den Himmel hinein tun durfte. Meine Gebete sind eher hübsch der Reihe nach geordnet: Anbetung, Bekenntnis, Dank und Bitte. Ich achte sorgfältig darauf, daß ich die richtige Reihenfolge von Lobpreis und Bitte einhalte, so, wie wenn ich beim Zeichnen einer vorgeschriebenen Konturenlinie folge.

Aber wenn ich dann Abrahams Aufschrei zu Gott höre – ein Aufschrei, der nichts mehr zu tun hat mit der Anordnung passender Worte –, wenn ich auf sein Herz, seine innere Einstellung sehe: dann ist mir klar, daß Gebete, die vom Geist Gottes geordnet sind, mehr sind als das gefällige Arrangieren von Gebetsanliegen in einer festen, vorgeschriebenen Form.

Gebete, die der Geist Gottes leitet, wenden sich zu dem Gott, der wirklich und lebendig ist, den wir zwar nicht sehen können, aber der doch bei uns gegenwärtig ist. Gebete, die der Geist Gottes leitet, sind das Gespräch mit dem unsichtbaren Schöpfer dieser Welt – so, als ob er sichtbar und ehrfurchtgebietend vor uns stände.

Wenn wir die Wirklichkeit von Gottes Gegenwart auf diese Weise spüren, werden wir ganz demütig. Dann werden wir durch den Heiligen Geist dazu geführt, wie Abraham zu sagen: „Ich habe mich unterwunden, zu reden mit dem Herrn, wiewohl ich nur Erde und Asche bin." Und unsere Gebete werden dann mehr sein als die mechanische Aneinanderreihung von Worten.

Wie lange ist es her, daß Sie sich wie ein Häuflein Erde und Asche vorgekommen sind? Wenn das Reden mit Gott Sie nicht mehr trifft wie ein ganz großes und außergewöhnliches Vorrecht, das man sich kaum vorstellen kann, dann wäre vielleicht der Vers aus 1. Mose 18 eine gute Möglichkeit, Ihren Gebeten neues Leben und Frische zu geben.

Denn nur, wenn uns diese Erde und Asche spürbar ist, können wir in die Schatzkammer Gottes eintreten und den Himmel in unsere Arme schließen.

Unsere Gedanken und Gottes Gedanken

Manchmal sind die Gedanken, die mir gerade im Kopf herumgehen, alles andere als erhaben und edel.

Nehmen wir zum Beispiel den gestrigen Abend: Wir saßen nach der Bibelstunde noch mit ein paar Frauen zusammen, unterhielten uns und tranken dabei eine Tasse Kaffee.

Sie würden wohl annehmen, wir hätten über das gesprochen, was uns gerade in der Bibelstunde beschäftigt hatte, nicht wahr? O nein! Wir diskutierten vielmehr über das Für und Wider von Waschmitteln, die in durchsichtigen Plastikflaschen verkauft werden, so daß man von außen sehen kann, wieviel noch da ist. Ach ja, und dann sagten wir noch, daß man auch bei Zahnpastaspendern eigentlich an der Seite einen durchsichtigen Streifen haben müßte, damit man sieht, wenn die Zahnpasta fast verbraucht ist. Außerdem sprachen wir über den Ausverkauf in einem Warenhaus in unserer Stadt und fragten uns, warum man eigentlich Kaffee auf eine ganz bestimmte Art koffeinfrei macht. Und schließlich erzählten wir uns noch die neuesten Nachrichten darüber, was die Frau unseres Präsidenten unternommen hat.

Da wundert es einen gar nicht, wenn Gott schon zu Jesaja gesagt hat: „Denn meine Gedanken sind nicht eure Gedanken, und eure Wege sind nicht meine Wege ..., sondern soviel der Himmel höher ist als die Erde, so sind auch meine Wege höher als eure Wege und meine Gedanken als eure Gedanken" (Jesaja 55,8+9).

Irgendwie kann ich mir nicht so recht vorstellen, daß Gott abends lange aufbleibt und sich Gedanken über Waschmittel und Zahnpastaspender macht.

Aber lassen wir die Worte aus Jesaja einen Moment in uns wirken. Gottes Gedanken stehen so hoch über unseren, daß wir noch nicht einmal den tiefen Graben begreifen können, der zwischen diesen beiden Bereichen überbrückt werden muß. Aber er muß wirklich überwunden werden. Wenn wir hingehen und mit unserem himmlischen Vater reden und mitfühlen wollen, dann ist es unumgänglich, daß wir auch anfangen müssen, so zu denken wie er. Bei Amos heißt es: „Können etwa zwei miteinander wandern, sie seien denn einig untereinander?“ (Amos 3,3)

Irgendwie müssen meine Gedanken den Gedanken Gottes angepaßt werden, sonst kann ich nicht hoffen, ihn jemals kennenzulernen oder zu werden wie er – was er doch gerne möchte. Aber was kann ich überhaupt tun, um auf seine Ebene zu kommen? Meine Gedanken erheben? Mich bemühen, seine Gedanken zu denken?

Ich kann so viel denken, wie ich will – meine Gedanken, die so begrenzt, so kurzlebig, so allzu menschlich sind, bleiben immer auf der Erde.

Aber es ist nicht hoffnungslos. Warum? Weil selbst dann, wenn meine Gedanken mich nicht zu dem Allmächtigen emportragen können, er dennoch an mich denkt. Der Psalmist sagt: „Aber wie schwer sind für mich, Gott, deine Gedanken! Wie ist ihre Summe so groß! Wollte ich sie zählen, so wären sie mehr als der Sand“ (Psalm 139,17+18).

Erkennen Sie, was hier ausgesprochen wird? Gott denkt an uns. Er selbst überbrückt den tiefen Graben. Er macht uns seine Gedanken erreichbar. Er legt sie in Worte, die wir verstehen können, er beugt sich herab, um sich uns verständlich zu machen. Ja, die ganze Bibel redet von seinen Gedanken. Sie sind für uns greifbar. Und wenn wir sein Wesen und seine Vorstellungen erfassen, dann und nur dann können wir auch näher zu ihm hingezogen werden.

Nehmen Sie sich heute dafür etwas Zeit. Schlagen Sie Ihre Bibel an einer Stelle auf, die ähnliches ausdrückt wie die beiden Abschnitte aus Jesaja 55 und Psalm 139, die ich eben erwähnt habe. Vielleicht sind Sie überrascht, wie himmlisch gesinnt Ihre Gedanken tatsächlich sein können.

Wahrheit – entdeckt oder offenbart?

Ich weiß noch sehr gut, wie ich mich damals im 7. und 8. Schuljahr im Mathematikunterricht mit Algebra abgeplagt habe.

Ich bin nie ein mathematischer, linearer und logischer Typ gewesen. Vielmehr war ich jederzeit bereit, mich in Musik, Kunst, Geschichte oder Sprachen zu stürzen, aber Mathematik war mir ungefähr so lieb wie ein Besuch beim Zahnarzt. Sicherlich, ich machte brav meine Hausaufgaben, vertiefte mich in die Theorie, hörte im Unterricht zu und versuchte mein Bestes, um das zu verstehen, was meinen Klassenkameraden anscheinend kaum Schwierigkeiten machte. Aber irgendwie wollten diese komischen kleinen Formeln nie richtig in meine grauen Zellen eindringen.

Doch dann kam ein Tag, den ich noch ganz deutlich in Erinnerung habe: Da erkannte ich mit einem Schlag das Wesen der negativen Zahlen. Wenn Sie damals mit mir im Klassenraum gesessen hätten, hätten Sie ganz bestimmt die sprichwörtliche Glühbirne über meinem Kopf hell aufleuchten sehen.

Heureka, ich hab's gefunden! Ich war ganz aufgeregt und begeistert, daß ich jetzt endlich, endlich all die seltsamen Gleichungen und Beweise begreifen konnte.

Wenn man eine Wahrheit erkennt, nachdem man lange Zeit geistig darum gerungen hat, so ist das eine befreiende, beglükkende Erfahrung. Aber wir sollten nicht den Fehler machen und diese Art von intellektueller Entdeckung gleichsetzen mit der Erfahrung, ein Stück von der Wahrheit in Gottes Wort zu erfassen.

Wir können zur Bibelstunde gehen, gewissenhaft zu Hause in der Schrift forschen, uns mit den verschiedensten Lehren befassen und ernsthaft versuchen, die Worte Gottes zu verstehen.

Aber wenn uns dann irgendwann in unserem Denken ein Licht aufgeht, dann wahrscheinlich nicht, weil wir die Wahrheit *entdeckt* hätten, sondern vielmehr deshalb, weil sie uns *offenbart* worden ist – nämlich von Gott.

Möglicherweise dachte Petrus damals, er hätte eine großartige Entdeckung gemacht, als er auf Jesu Frage antwortete: „Du bist Christus, des lebendigen Gottes Sohn" (Matthäus 16,16).

Aber Jesus erwiderte ihm, daß es nicht die kunstvolle Detektivarbeit des Petrus gewesen war, die ihn zu dieser entscheidend wichtigen Erkenntnis geführt hatte. Petrus hatte nicht von sich aus entdeckt, wer Jesus wirklich war. Der Herr sagte: „Selig bist du, Simon, Jonas Sohn; denn Fleisch und Blut haben dir das nicht offenbart (also nicht menschliche Logik und eigene Vermutung), sondern mein Vater im Himmel" (Vers 17).

Man kann eben Glaubenserkenntnisse nicht allein durch die Muskeln des Gehirns oder die Kräfte des Verstandes gewinnen. Gott offenbart sie uns vielmehr. Ja, er geht sogar so weit zu sagen, er verberge diese Dinge vor den Weisen und Klugen und offenbare sie gerade denen, die wie kleine Kinder zu ihm kommen.

Vielleicht sollten unsere Gebete heute mit ganz einfachen Bitten durchsetzt sein, wie etwa: „Gott, offenbare dich mir. Offenbare mir bitte deine Wahrheit in deinem Wort."

Wir werden dann überrascht feststellen, daß all unsere Hausaufgaben, unser fleißiges Lesen, Zuhören und Versuchen schließlich doch eine Wirkung haben. Nicht, weil wir uns mit ganzer Kraft bemüht haben, sondern weil unser Vater im Himmel den Vorhang der Unverständlichkeit beiseite gezogen hat.

Sinn des Lebens

Glauben, daß Gott mich gebrauchen wird

Sinn des Lebens

Glauben, daß Gott mich gebrauchen wird

Jeden Morgen öffnet Connie die Schlafzimmertür und geht zu ihrer Freundin Diana hinein, die fast völlig gelähmt ist, um mit den alltäglichen und mühseligen Notwendigkeiten wie Gymnastik und Baden zu beginnen.

Die Sonnenstrahlen fallen schräg durch die Jalousien und tauchen das Zimmer in ein sanftes, goldenes Licht. Die Falten der Bettdecke haben sich nicht verändert, seit Connie ihre Freundin am Abend vorher zugedeckt hat. Doch sie weiß, daß Diana schon eine ganze Weile wach ist.

„Bist du soweit? Können wir aufstehen?"

„Nein ... noch nicht", kommt die leise Antwort.

Connie seufzt, dann lächelt sie und zieht die Tür wieder ins Schloß.

Diese Geschichte wiederholt sich jeden Tag früh am Morgen. Der Ablauf ist selten einmal anders. Die Sonne steigt inzwischen höher, und es wird heller Vormittag, bis Diana fertig ist und in den Rollstuhl gesetzt werden kann. Aber diese langen Morgenstunden im Bett sind sehr bedeutsam.

In diesem stillen Heiligtum dreht Diana leicht ihren Kopf auf dem Kissen, so daß sie die Pinnwand über ihrem Bett gut sehen kann. Ihre Augen tasten jede Karte, jede Liste und jedes Foto ab, jedes von den Zettelchen, die da in langer Reihe festgemacht sind. Die Stille wird nur von ihrem Murmeln unterbrochen. Sie betet.

Manche würden Diana, die bewegungslos daliegt, wohl nur kopfschüttelnd betrachten. Sie muß gefüttert und überall hingeschoben werden. Die schleichenden Symptome der multiplen

Sklerose greifen jedes Jahr weiter um sich. Ihre Finger sind krumm und ganz steif geworden. Ihre Stimme ist kaum noch ein Flüstern. Manch einer würde sie ansehen und sagen: „Es ist wirklich schlimm! So ein Leben hat doch gar keinen Sinn mehr. Sie kann ja wirklich überhaupt nichts mehr tun."

Aber Diana ist trotz allem zuversichtlich, sie ist überzeugt davon, daß ihr Leben einen Sinn hat. Denn ihre harte Arbeit des Betens zählt.

Sie kann Berge bewegen, die den Weg von Missionaren versperren.

Sie hilft mit, die Augen von geistlich blinden Menschen in Südostasien zu öffnen.

Sie bekämpft das Reich der Finsternis, das die Straßen und Wege im Osten von Los Angeles – die voller Verbrecherbanden sind – beherrscht.

Sie hilft Frauen mit Kindern, die kein Zuhause haben, alleinstehenden Müttern und Vätern, mißhandelten Kindern, hoffnungslosen jungen Menschen, behinderten Jungen und sterbenden und vergessenen alten Menschen im Altenheim am Ende ihrer Straße.

Diana steht an vorderster Front, sie treibt das Evangelium von Jesus Christus voran, stärkt schwache Glaubensgeschwister, ermutigt zweifelnde Gläubige, gibt anderen Gebetskämpfern neue Kraft und freut sich an ihrem Herrn und Heiland.

Diese sanftmütige und stille Frau hat ihren Platz in der Welt erkannt; es macht ihr gar nichts aus, wenn andere ihre Bedeutung im großen Plan der Dinge nicht wahrnehmen. Sie denkt so ähnlich wie Emily, eine Figur in Thornton Wilders Theaterstück „Unsere kleine Stadt", die ihren Wohnort einmal folgendermaßen angibt: „Grovers Corners, New Hampshire, USA, Westliche Halbkugel, Planet Erde, Sonnensystem, Universum, Gottes Gedanken."

Ein Platz in Gottes Gedanken: das ist, was wirklich zählt – ob man nun an einer Schreibmaschine sitzt oder hinter dem Steuerrad eines Busses, an einer Bank im Klassenzimmer oder an einem Küchentisch, ja, selbst dann, wenn man nur im Bett liegen kann und betet. Auch Ihr Leben ist verborgen in Christus. Und auch Sie machen sein Erbe reicher. Sie sind sein Botschafter. In ihm bekommt Ihr Leben Tiefe und Bedeutung und Sinn, ganz gleich, was Sie tun.

Ein Autor hat einmal gesagt: „Das Sein zählt mehr als das Tun, der Sänger mehr als das Lied. Wir sollten aufhören, immer nach Auswegen und Fluchtplänen zu suchen, denn hier ist der Platz, wo unsere Pläne ausgeheckt werden.“ [8)]

Ich bete darum, daß Sie in diesen Kapiteln die Bedeutung entdecken, die Ihnen und Ihrem Leben schon seit jeher zukommt, weil Sie ein Kind des Königs sind. Sie werden vielleicht nicht die Bedeutung jedes einzelnen Ereignisses in Ihrem Leben begreifen können, aber Sie dürfen trotzdem wissen, daß jedes Ereignis eine Bedeutung hat.

Und Sie selbst sind in jedem Fall bedeutungsvoll.

Bewußte Beschränkung

Wahrscheinlich kennen Sie zumindest einige behinderte Menschen. Aber haben Sie jemals daran gedacht, daß auch der Herr Jesus in gewisser Weise behindert war?

Nein, natürlich war er nicht körperbehindert, aber er legte sich viele Beschränkungen auf, er war „gehandikapt", als er auf unsere Erde kam. Der Begriff „Handikap" wird oft im Sport gebraucht. In einem Wörterbuch wird er folgendermaßen erklärt: „Jede Schwierigkeit, die einer Person auferlegt wird, sofern sie anderen überlegen ist, um sie zu behindern oder ihr einen Nachteil zu verschaffen und sie so den anderen gleichzustellen."

Wenn wir es in diesem Sinne verstehen, dann war Jesus wirklich „gehandikapt". Denken Sie einmal darüber nach. Einerseits besaß er die Fülle des allmächtigen Gottes, andererseits machte er sich selbst ganz gering. Er entäußerte sich, er nahm das Wesen eines Sklaven an.

Wenn das keine Beschränkung ist – auf der einen Seite Gott zu sein und sich doch zu nichts zu machen! Was sind das für harte Einschränkungen! Man meint, das müßte den Herrn sehr gehindert und ihm schwere Nachteile eingebracht haben.

Jesus, der Meisterarchitekt des Universums, entwarf Planeten und Sterne, Milchstraßen und Spiralnebel, seltsame, uns sehr ferne Himmelskörper, die die Wissenschaftler Pulsare und Quasare nennen. Doch auf der Erde war er ein Zimmermann, der seine Entwürfe und Pläne auf simple Hocker und Tische beschränkte.

Jesus, das ewige Wort Gottes, sprach ein Wort und erschuf damit Zeit und Raum. Doch auf Erden redete er mit Prostituierten, Aussätzigen und Sündern.

Jesus, derjenige, der die vollkommenen Körper von Adam und Eva erschuf, verachtete Schmerzen und Leiden als eine der schrecklichen Folgen des Sündenfalls. Doch auf Erden ertrug er

Rückenschmerzen, verkrampfte Muskeln, qualvollen Hunger und Durst. Er vergoß echten Schweiß, weinte echte Tränen und verlor echtes Blut.

Wenn ich an all dies denke, dann trifft es mich besonders, daß diese Beschränkungen Jesus nicht einfach „zustießen“ – so wie uns die verschiedensten Lebensumstände zustoßen. Das Erstaunliche daran ist, daß Jesus Christus sich freiwillig einschränkte. Ich kann mir nicht viele Leute vorstellen, die sich so etwas aussuchen würden. Ich weiß, daß ich es nicht täte.

Aber: „Weil nun die Kinder von Fleisch und Blut sind, hat auch er's gleichermaßen angenommen, damit er durch seinen Tod die Macht nähme dem, der Gewalt über den Tod hatte, nämlich dem Teufel“ (Hebräer 2,14).

Wir Menschen hatten keine Wahl, wir haben uns unsere Behinderung nicht ausgesucht. Aber Jesus hatte die Wahl, und er legte sich freiwillig die Beschränkung auf, damit er uns befreien konnte.

Eine hohe Berufung

Haben Sie das Gefühl, daß Sie in letzter Zeit von allem, was in Ihrer Kirchengemeinde geschieht, weit entfernt sind?

Fühlen Sie sich versteckt, außer Sichtweite bei allem, was da vor sich geht?

Vielleicht haben Sie den Eindruck, daß manche Talente und Gaben bei Ihnen vorhanden sind – und doch scheint niemand außer Ihnen etwas davon zu wissen.

Wie kommt es, daß Gott nicht auch Sie ab und zu einmal in die erste Reihe setzt? Warum gibt er nicht auch Ihnen einmal eine Chance, zu zeigen, was Sie tatsächlich für ihn tun könnten?

Lassen Sie mich dazu einen Ratschlag weitergeben, der von einem anonymen Autor stammt:

„Wenn Gott Sie dazu berufen hat, in Ihrer ganzen inneren Einstellung wirklich wie Jesus zu werden, dann wird er Sie in ein Leben der Kreuzigung und der Demut führen. Er wird so hohe Forderungen nach Gehorsam stellen, daß er Ihnen nicht erlauben wird, anderen Christen zu folgen, und in vielfacher Weise wird er andere redliche Leute Dinge tun lassen, die er Sie nicht tun läßt.

Andere Christen werden sich möglicherweise in den Vordergrund schieben, werden Drahtzieher sein und Pläne ausarbeiten, wie sie ihre Vorstellungen am besten verwirklichen – aber Sie können so etwas nicht tun; und wenn Sie es versuchen, wird Sie der Herr solche Mißerfolge erleben lassen, daß Sie bald reumütig umkehren.

Anderen Menschen wird es zugestanden, Erfolg zu haben oder eine große Erbschaft zu bekommen oder im Luxus zu leben – aber Sie wird Gott lieber von Tag zu Tag versorgen, weil er will, daß Sie etwas bekommen, was viel besser ist als Gold – nämlich die hilflose Abhängigkeit von ihm.

Der Herr läßt vielleicht anderen Menschen Ehre zukommen und hält Sie derweil immer noch versteckt in der Dunkelheit – weil er eine ausgesuchte, köstliche Frucht wachsen lassen will, die nur im Schatten gedeiht.
Gott wird andere groß sein lassen, Sie aber klein und gering halten. Er wird es sogar zulassen, daß andere Lob und Dank für die Arbeit ernten, die Sie getan haben – und das wird Ihren Lohn zehnfach vergrößern, wenn Jesus wiederkommt. Der Heilige Geist wird Sie ganz genau beobachten und Sie wegen eines kleinen Wortes und einer falschen Gefühlswallung tadeln, über die sich andere Christen anscheinend nie Gedanken machen.
Also beschließen Sie einfach, daß Gott uneingeschränkte Macht hat und das Recht, mit seinen Leuten so umzugehen, wie er will. Er wird Ihnen vielleicht tausend Dinge nicht erklären, über die Sie sich wundern. Er wird Sie beim Wort nehmen, und wenn Sie sich ihm uneingeschränkt hingeben und sein Sklave sein wollen, dann wird er Sie in seine eifersüchtige Liebe einhüllen.
Machen Sie es für alle Ewigkeit fest, daß Sie direkt mit dem Heiligen Geist zu tun haben wollen. Und wenn Sie so erfüllt sind von dem lebendigen Gott, daß Sie in der Verborgenheit Ihres Herzens sogar froh und erfreut sein können über diese seltsame, persönliche, private und eifersüchtige Überwachung und Leitung Ihres Lebens durch Gottes Geist, dann haben Sie schon das Vorzimmer des Himmels betreten."

Namenlose Menschen

Hat irgend jemand schon einmal von Ihnen als von Herrn oder Frau Soundso gesprochen? So, als ob er sich entweder nicht mehr an Ihren Namen erinnern könnte oder keinen großen Wert darauf legte, zu wissen, wie Sie heißen?

Die meisten von uns haben diese zweifelhafte Erfahrung schon einmal gemacht und sind als „Fräulein ... wie heißt sie doch gleich?“ oder als „der alte Dingsda“ bezeichnet worden. Offen gesagt tut es uns ein bißchen weh, wenn uns jemand nicht einmal die einfachste Höflichkeit erweist – oder erweisen will – und sich wenigstens unseren Namen merkt.

Aber nun verzweifeln Sie nicht gleich, Herr oder Frau Soundso! Manche merken sich Ihren Namen doch! Und außerdem sind Sie in guter Gesellschaft. Denken Sie nur einmal an all die lobenswerten namenlosen Menschen, die in der Bibel vorkommen.

In Hebräer 11 beispielsweise werden sechzehn wohlbekannte Heilige aus der Zeit des Alten Testaments aufgezählt. Danach heißt es: „Und was soll ich noch mehr sagen? Die Zeit würde mir zu kurz, wenn ich erzählen sollte von Gideon und Barak und Simson und Jeftah und David und Samuel und den Propheten“ (Hebräer 11,32). Und dann wird acht Verse lang von den „anderen“ gesprochen. Das sind Leute, die nicht mehr namentlich genannt werden, die aber genauso viel Glauben aufgebracht haben wie die biblischen Berühmtheiten, von denen vorher die Rede war. Ja, der Autor des Hebräerbriefes behauptet sogar, daß die Welt diese Menschen gar nicht verdient hatte. Das Kapitel klingt aus mit der Feststellung, daß all diese „Dingsdas“ einen lobenswerten Glauben hatten. Und am Ende dieses beeindrukkenden Briefes an die Hebräer vergißt der Schreiber doch tatsächlich, seinen eigenen Namen darunter zu schreiben!

Es gibt noch andere anonyme Gestalten in der Heiligen

Schrift. In Matthäus 26 zum Beispiel weist Jesus seine Jünger an, daß sie Vorbereitungen für das Passafest treffen sollen. Er sagt: „Geht hin in die Stadt zu einem und sprecht zu ihm: Der Meister läßt dir sagen: Meine Zeit ist nahe; ich will bei dir das Passa feiern mit meinen Jüngern" (Vers 18).

Wie bitte, Herr? Wir haben den Namen nicht verstanden. Wer ist denn bloß der eine, zu dem wir gehen sollen? Das wird die Geschichtsschreibung nie herausbekommen. Dieser Mensch war so namenlos, daß im griechischen Text sogar wortwörtlich steht: „Geht in die Stadt und sagt dem Herrn Soundso ..."

Und dann wollen wir auch den namenlosen Menschen nicht vergessen, der beim triumphalen Einzug des Herrn in Jerusalem den Esel zur Verfügung stellte, auf dem Jesus ritt. Oder jenen Ungenannten, der dem Meister und seinen Jüngern Trost und Ruhe anbot, indem er ihnen seinen Garten öffnete, einen stillen, kleinen Ort mit Namen Gethsemane.

Vielleicht sind Sie manchmal versucht, sich im Reich Gottes wie eine Null vorzukommen. Sie haben nur wenige Talente, Sie suchen noch nach Ihrer besonderen geistlichen Gabe, die Leute verwechseln Sie oft mit jemand anderem, und Sie sind schon halb und halb davon überzeugt, daß Sie sich niemals und nirgendwo einen Namen machen werden.

Nur Mut! Wenn auch Ihr Name nicht in aller Munde ist – Gott weiß ganz genau, wer Sie sind. Er kennt nicht nur Ihren Namen (Ruf- und Familiennamen!), er weiß sogar, wie viele Haare Sie auf dem Kopf haben. Er kennt Ihr Herz, Ihre Sorgen, Ihre Träume und Ihre tiefsten Sehnsüchte. Und auch Ihnen gilt, was der Herr dem Volk Israel zusicherte: Ihr Name ist in seine Hand eingeschrieben.

Außerdem gibt es keine „Soundsos" und „Dingsdas" im Buch des Lebens, das das göttliche Lamm einmal aufschlagen wird. Ihr Name ist dort aufgeschrieben, ein Name, der im Himmel sehr bekannt und auch sehr geliebt ist.

Wenn Skeptiker ins Nachdenken kommen

Hemingway war ein großmäuliger Abenteurer, der mit rücksichtsloser Hingabe spielte und arbeitete, er war Schriftsteller, Jäger, Angler und Glücksritter. Dieser Mann prägte den Satz: „Mut ist eine Gnade, die man unter Druck geschenkt bekommt." Wahrscheinlich kam er zu diesem Schluß, als er jemanden sah, der mit Ausdauer und Würde leiden konnte. Solch ein Mensch ließ ihn bestimmt innehalten und länger nachdenken.

Ich erinnere mich an eine Freundschaft mit einem Atheisten, die schon lange zurückliegt. Dieser Mann war früher einmal Philosophieprofessor an der Universität von Georgetown gewesen. Es fing alles damit an, daß er nebenbei in einem Gespräch sagte: „Gott? Das reimt sich nicht umsonst auf Spott und Schrott."

Das wollte ich nicht einfach so stehenlassen, und so kam es zu einer Reihe von ernsten und lebhaften Diskussionen zwischen uns. Über den Gott der Bibel waren wir an vielen Punkten sehr verschiedener Ansicht, und ich war überrascht, daß wir uns trotzdem weiterhin trafen. Unsere Freundschaft hätte dennoch schon früh aufgehört, wenn nicht ein Thema unsere Gespräche immer wieder verlängert hätte – nämlich, wie ich mit meinem Leben im Rollstuhl fertig wurde.

Einmal fütterte er mich mit chinesischem Essen – natürlich mit Stäbchen –, als er plötzlich eine Pause machte. Ich weiß noch genau, wie er sich das Kinn rieb, mich in meinem Rollstuhl lange ansah und dann sagte: „Also, das kann ich mir nicht erklären!"

Wie ich auf meine Behinderung reagierte, ließ ihn immer wieder über Gott nachdenken.

Manchmal werden Skeptiker allerdings einen Christen betrachten, der mit Bereitwilligkeit und Würde leidet, und zu leugnen versuchen, daß die eigentliche Ursache für den inneren Frieden dieses Menschen Gott ist.

Einem Nichtgläubigen erscheint das Reden über den Himmel, über Gott und die Freude am Herrn wie eine Flucht, wie ein seelischer Ausweg – eine Weigerung, sich der Wirklichkeit zu stellen. Von Zeit zu Zeit bin auch ich schon beschuldigt worden, den Glauben an Gott nur als eine psychologische Krücke zu benutzen.

Wenn das geschieht, weise ich schlicht und einfach auf die Tatsachen hin: Schon für einen Stubenhocker oder Bücherwurm ist es schwer genug, sich an das Leben im Rollstuhl zu gewöhnen. Die meisten Leute – auch die Skeptiker –, würden wohl zustimmen, daß es jemandem wie mir, der immer sehr lebhaft und aktiv war, noch viel schwerer fällt. Glauben Sie mir: Als ich noch laufen konnte, da war ich immer auf dem Sprung und raste mit hundert Stundenkilometern von einem Ereignis zum nächsten. Aber jetzt komme ich notgedrungen nur noch im Schneckentempo voran.

Das, was mich in dieser Lage stärken und aufrichten konnte, war keine bloße Zusammenstellung von Geboten und Verboten, keine spekulative religiöse Philosophie, die ich mir im Kopf zurechtgelegt hatte, auch kein Glaube an einen unbestimmten „Ersten Verursacher". Und keine irgendwie geartete psychologische Mischung konnte mich dazu frei machen, mich an meiner Lage zu freuen. Also muß ich entweder geistesgestört sein, oder es steckt tatsächlich ein lebendiger Gott hinter alledem – ein persönlicher Gott, der viel mehr ist als eine theologische Hypothese.

Er ist lebendig und aktiv und beweist immer und immer wieder seine Gegenwart in meinem Leben, manchmal sogar gegen meinen Willen. Diese Tatsache hat schon manchen Menschen veranlaßt, neu über ihn nachzudenken.

Wenn Christen auch unter großem Druck bereitwillig leiden, dann denken Menschen, die das beiläufig mitbekommen, darüber nach, daß es doch einen Gott geben muß, der solche Treue und Kraft geben kann.

Die Art und Weise, wie Sie und ich mit unseren großen und

kleinen Nöten fertig werden, läßt die Menschen dieser Welt in ihrem wahnwitzigen, verbissenen Rennen und Laufen innehalten. Unsere gottesfürchtige Reaktion auf solche Hindernisse und auf widrige Umstände in unserem Leben reißt dem Skeptiker buchstäblich die psychologischen Krücken unter den Armen weg. Ein Mensch, der nicht an Gott glaubt, kann sich dann nicht länger weigern, sich mit der Wirklichkeit unseres Glaubens auseinanderzusetzen.

Also, liebe Mitchristen, haken Sie an dieser Stelle ein. Ihr fröhlicher Gehorsam ist etwas, was man nicht so einfach wegerklären kann.

Für Sie und für die Welt, die Ihnen zuschaut, ist Tapferkeit ein Hinweis auf Gott.

In einer Ecke des Feldes

Auf einmal bog Jesus mit seinen Nachfolgern vom Weg ab und führte sie zu irgendeiner stillen Ecke eines Kornfeldes. Da blieb er stehen – vielleicht kniete er sich sogar hin – und berührte eine scheinbar unbedeutende wildwachsende Blume: „Schaut die Lilien auf dem Feld an, wie sie wachsen ...“ (Matthäus 6,28), forderte er seine Jünger auf.

Ich kann mir gut vorstellen, wie die Jünger sich gegenseitig Blicke zuwarfen, als sie auf die Knie gehen und mit ihrem Meister die winzigen Blumen ansehen sollten. „Na und?“ dachten sie wohl. Können Sie nicht auch den großen, stämmigen Petrus vor sich sehen, wie er sich herunterbeugt und ziemlich verlegen die zarten Blüten betrachtet? Die meisten dieser Männer hatten wahrscheinlich noch nie über einfache Feldblumen nachgedacht. Es war ihnen bestimmt niemals eingefallen, mitten in einem hektischen Tagesablauf innezuhalten und diese hübschen kleinen Dinger eingehend zu betrachten.

Aber der Herr wußte genau, worum er sie bat. „Sieh dir das an, Petrus. Komm mal näher heran, Philippus. Bartholomäus, knie einen Moment nieder. Hierher, Matthäus! Seht ihr diese kleine Lilie? Die hat noch keinen einzigen Tag in ihrem Leben gearbeitet. Sie weiß nichts vom Gerenne am frühen Morgen. Aber, ihr Männer, ich sage euch: Nicht einmal Salomo in all seinem Glanz konnte es dieser kleinen Blume an Herrlichkeit gleichtun. Und wenn Gott schon eine bescheidene Blume am Rande des Feldes so kleidet, meint ihr nicht, daß er dann auch für alle eure Bedürfnisse sorgt?“

Der Blick auf die Lilien und darauf, wie sie wachsen, kann uns viel darüber lehren, wie der Herr *uns* wachsen lassen will. Möglicherweise sind Sie ein Mensch, der meist außerhalb der Sichtweite der anderen steht, und Sie haben das Gefühl, man hätte Sie in irgendeine vergessene Ecke des Feldes gedrängt. Da stehen Sie nun und schaukeln im Wind, still, klein und unscheinbar, von den meisten übersehen und von vielen nicht richtig eingeschätzt.

Und doch wachsen Sie. Warum? Weil Sie wie eine Blume auf dem Feld Ihr Gesicht zur Sonne hingewendet haben, nämlich zu Gott. Denn all das Arbeiten und das Sich-Plagen kann einem, wie Jesus gesagt hat, letztlich doch nicht zum Wachstum verhelfen.

Sein Licht läßt Sie wachsen. In ihm, nicht in tausend eifrigen Aktivitäten, finden Sie Ihre Kraft. Seine Gnade und sein Leben sind die Quelle Ihres Wachstums.

Haben Sie einmal darüber nachgedacht, wie eine Wildblume wächst? Wenn Sie ihr in das freundliche Gesicht sehen, kann Sie das daran erinnern, wer wirklich alles in der Hand hat – nämlich der, der es für richtig hielt, Sie ausgerechnet in diese ruhige Ecke der Welt zu setzen.

Der Gott, der die Wildblumen kleidet und wachsen läßt, ist der Vater im Himmel, der auch für jede noch so kleine Einzelheit in Ihrem Leben sorgt.

Diese Tatsache ist es schon wert, daß man sich einmal hinkniet und darüber nachdenkt.

Unser Körper ist wie ein Zelt

Wenn wir als Kinder am Strand zelteten, dachte ich, das Leben in einem Zelt wäre das schönste und großartigste Abenteuer, das man sich nur denken kann.

Sand auf dem Zeltboden? Wer macht sich schon etwas daraus! Mücken? Dann braucht man nur das Moskitonetz herauszuholen. Regen? Da baut man halt das Vordach ab und macht den Zelteingang zu. Dreck? Ach, komm, ein bißchen Dreck hat noch niemandem geschadet! Also: Das Leben im Zelt ist das reinste Vergnügen!

Heute, fast dreißig Jahre später, ist das eine ganz andere Geschichte. Ken und ich zelten immer noch gerne, aber heute kann ich es nur noch eine begrenzte Zeit aushalten. Aus verschiedenen Gründen wird das Leben im Zelt jedes Jahr ein bißchen anstrengender. Sand, Mücken, Dreck und Regen? „Also bitte, darauf kann ich gerne verzichten!" sage ich mir nach vier oder fünf Tagen.

Vielleicht hat der Apostel Paulus, der ja selbst als Zeltmacher arbeitete, unser Leben in unserem irdischen Körper deshalb mit dem Leben in einem Zelt verglichen.

Ein Zelt steht immer nur für eine vorübergehende Zeit. Wir können es nur eine Zeitlang darin aushalten. Und mit jedem Jahr finden wir das Leben in unserem Körper ein bißchen mühsamer als zuvor.

Sind Sie nicht auch manchmal froh darüber, daß wir nicht für immer in dem vielfach geflickten Zelt unseres Leibes „seufzen und uns sehnen" müssen, wie Paulus das in 2. Korinther 5,2 ausdrückt?

Wenn ich über all das nachdenke, fällt mir die Geschichte von Steve Coyle ein. Er lebte in Hawaii und ging jeden Morgen eine Stunde lang schwimmen. Doch eines Tages hatte er einen Unfall beim Tauchen und verletzte sich die Wirbelsäule. Zwar erholte er sich davon, aber nur ein Vierteljahr später erlitt er einen zweiten Unfall, durch den er querschnittsgelähmt wurde. Trotzdem beklagte sich Steve niemals über seine schwere Behinderung. Und er schaffte es sogar, in jedem Gespräch ein paar Worte zum Lob und Preis Gottes unterzubringen.

Ich würde gerne erzählen, daß die Sache von da an einen besseren Ausgang nahm, aber leider wurde es noch viel schlimmer: Steve bekam zu alledem auch noch Krebs. Er mußte viel leiden, aber er hielt sich großartig, und nachdem er über vierzig Kilo abgenommen hatte, starb er und ging heim zu seinem Herrn. Wie muß ihm in seiner letzten Zeit das Leben in diesem Zelt beschwerlich gewesen sein!

Kurz bevor er starb, wollte er einige seiner Gedanken in Verse fassen. Und er vertraute die folgenden Zeilen einer Freundin an, die Krankenschwester ist:

„In früheren, in längst vergangnen Zeiten,
da dacht' ich, dieses Zelt würd' immer stehen
und alle schweren Zeiten überdauern.
Mal hatt' ich es auf Felsengrund gestellt,
wo Stürme es nicht niederreißen konnten.
Und mit viel Stolz und meiner eignen Hand
stellt' ich es anderswo auf weichen Boden;
dort zogen sich die Pflöcke leicht heraus,
und schnell geriet mein Zelt ins Wanken.
Doch ich war jung und konnt' die Welt ertragen,
drum stand ich einfach auf, zog wieder um.

So lebte ich wohl viele Jahre lang,
und wohnt' in meinem Zelt bald hier, bald dort.
Doch eines kalten Tages wurd' mir klar,
daß dieses Zelt nicht ewig dauern würde,
und daß sein Ende bald vielleicht schon wäre.
Das wurde mir zu einer schweren Last,
und ich schaut' ängstlich und mit großer Furcht
auf den, der diese Wohnstatt einst gemacht.

Der Zeltmacher, der würde sicher wissen,
wo man ein solches altes Ding hinbrächte,
um seine Leinwand jung und neu zu machen,
und Stangen, Schnur und Pflöcke zu ersetzen.

So ging ich zu ihm hin, fiel auf die Knie
und bat ihn herzlich: ‚Meister, hör mich an,
erneure dieses Zelt, von dem ich glaubte,
es würde immer stehen, dies mein Haus,
mit dem ich so bequem umher konnt' reisen!'
Er sah mich an aus seinen lieben Augen
und zeigte nur hinauf zum Sternenhimmel.
‚Ach mach dir doch nicht solchen schweren Kummer
um alte Zelte, mürbe Leinwandbahnen,
die längst schon abgetragen und verbraucht.
Denn jene Wohnstatt, die ich dort dir baute,
die bleibt für dich in Ewigkeit bestehen.'"

Und mit dieser Zusicherung konnte Steve Coyle fröhlich sein irdisches Zelt abbrechen und in Gottes Ewigkeit umziehen.

Aus weniger wird mehr

Gott hat eine ganz bestimmte Art, mit wenig sehr viel zu erreichen.

Zum Beispiel bin ich heute viel eingeschränkter als zu den Zeiten vor meinem Unfall, aber trotzdem erreicht Gott heute viel mehr durch mein Leben, als er es früher tun konnte.

Daran werde ich jedes Mal erinnert, wenn ich ein bestimmtes Bild von mir ansehe, und zwar mein erstes Bild von einem Pferd.

Als ich noch ein junges Mädchen war, beschäftigte ich mich sehr viel mit Pferden. Wenn ich nicht gerade ritt oder ein Tier an der Longe führte, dann striegelte oder fütterte ich sie. Ich verbrachte damals so viel Zeit mit Pferden, daß ich eigentlich selbst überrascht bin, warum es so lange dauerte, bis ich endlich auch einmal ein Bild von meinen Lieblingstieren malte. Wie lange das gedauert hat? Ganze sechzehn Jahre!

Bevor ich anfing zu malen, sammelte und studierte ich erst einmal Dutzende von Pferdefotos. Und als ich meine ersten Skizzen machte, schöpfte ich aus einer ganzen Menge verschiedener Quellen und setzte meine Zeichnung aus Teilen all dieser Schnappschüsse zusammen. Nachdem ich endlich einen zufriedenstellenden Entwurf hatte, mischte ich die Farben. Es sollte ein gesprenkeltes Grau werden mit mehreren Sonnenflecken, als würde durch die Zweige vieler Bäume Licht auf das Pferd fallen.

Als ich dann mit dem Malen begann, versuchte ich, so gut ich nur konnte, im Bild auszudrücken, wie sich so ein Tier bewegt und wie sich sein Körper anfühlt. Dazu mußte ich tief in meinem Gedächtnis kramen und wieder hervorholen, was ich noch von Pferden wußte.

Ehrlich gesagt, ich war überrascht, wieviel mir noch gegenwärtig war.

Obwohl ich damals schon jahrelang kein Gefühl mehr in den Händen hatte, kam mir doch alles wieder in den Sinn: wie meine Hand das glänzende Fell glattstrich, wie meine Finger Zöpfe in die Mähne flochten und wie sich eine weiche, samtige Pferdenase anfühlte. Alle diese Wahrnehmungen waren mir so deutlich, als wäre ich erst gestern mit diesem grauen Pferd, das ich entworfen hatte, ausgeritten.

Das Bild wurde schön. Ich spürte, daß es mir tatsächlich gelang, ein Pferd von ganz eigener Art in einer lieblichen Umgebung zu malen.

Seit vielen Jahren habe ich kein Pferd mehr geritten. Und ich bin auch heute nur noch sehr selten in der Nähe eines Pferdestalles. Es ist schon schrecklich lange her, daß ich einem Pferd den Hals getätschelt habe. Und doch glaube ich, daß ich heute viel mehr davon weiß, was für ein besonderes Wesen ein Pferd eigentlich ist. Ganz bestimmt kann ich heute viel besser Pferde malen als früher. Mit Geduld, eingehender Betrachtung, Hartnäckigkeit, Nachdenken, Vorstellungskraft und vor allem mit einem Herzen, das gelernt hat, still zu werden, kann ich jetzt mit viel weniger Möglichkeiten viel mehr erreichen.

Ich frage mich manchmal, ob wir tatsächlich die reichen Quellen erkennen, die Gott für uns bereit hat, wenn er uns unsere Gesundheit oder bestimmte heißbegehrte Fähigkeiten nimmt.

Wir glauben vielleicht, daß wir mit mehr Möglichkeiten auch mehr tun könnten. Aber Gott weiß, daß er in unserem Leben mit sehr viel weniger eine ganze Menge mehr erreichen kann.

Und was ist mit dem da?

Als ich an einem heißen Julinachmittag im Jahr 1967 meine nackten Füße fest auf den Rand des Floßes stellte, fiel es mir im Traum nicht ein, daß das trübe Wasser der Chesapeake-Bucht, in das ich gerade tauchen wollte, an dieser Stelle nur ganz flach sein könnte.

Natürlich hätte ich es besser wissen müssen. Ich hätte die Wassertiefe erst prüfen müssen. Aber dieses unschuldig aussehende Wasser lockte mich in eine Falle, die mir das Genick brach. Das kostete mich für den Rest meines Lebens die Bewegungsfähigkeit meiner Arme und Beine.

Es gibt eine unschuldig aussehende Falle für jeden Menschen, der leiden muß. Diese Falle ist eine innere Einstellung – die Versuchung, sich mit anderen zu vergleichen, die es anscheinend viel leichter haben als man selbst.

Tauchen Sie nur ein paarmal in diese zerstörerische Geisteshaltung ein, und schon riskieren Sie es, am Ende völlig gelähmt zu sein – nämlich durch Selbstmitleid. Dann werden Sie ständig von einer verbitterten, ruhelosen Gesinnung verfolgt, und mit einem Schlag sind sie alle Hoffnung, Zufriedenheit und Freude los.

Ich bin mir nicht sicher, was in den frühen Jahren meines Lebens im Rollstuhl schlimmer war, die Lähmung selbst oder die lähmenden Auswirkungen meines Selbstmitleids. Ich konnte noch nicht einmal durch eine Einkaufsstraße fahren, denn dort war ich doch nur dabei, mich mit den vielen jungen Frauen zu vergleichen, die an mir vorbeigingen und in ihren Kleidern so unglaublich hübsch aussahen. Und selbst wenn ich meinen besten Freundinnen zusah, wie sie mir neue Kleider für mich vorführten, wurde ich vor Neid ganz rot im Gesicht.

Damals dachte ich nie darüber nach, daß Selbstmitleid ein schreckliches Unrecht gegen Gott ist. In Anbetracht meiner

Lebensumstände, so meinte ich, würde Gott sicher das bißchen Nachsicht mit mir selbst „verstehen".

Doch diese Ansicht wandelte sich gründlich, als ich in der Bibel in Johannes 21 las

Da hat Jesus gerade gesagt, daß Petrus in späterer Zukunft den Märtyrertod zu erwarten hätte. Das war für den Apostel schon hart genug zu schlucken, aber was es ihm noch schwerer machte, war das Schweigen Jesu über Johannes. Obwohl Johannes dabeistand und allen seinen Worten zuhörte, sprach Jesus kein einziges Wort über das Schicksal, das auf ihn wartete. Petrus überdachte die Situation und kam zu dem Schluß, daß Johannes dann wohl das bessere Teil erwischt haben müßte.

„Moment mal", mag es ihm da wohl durch den Kopf gegangen sein, „war Johannes denn nicht derjenige, der beim Abendmahl gleich neben Jesus saß? War er nicht derjenige, der ein ganz besonderer Freund und Kumpel des Meisters war? Und jetzt will Jesus diesen Johannes tatsächlich mit einem schönen, leichten Ausflug auf irgendeine sonnige Mittelmeerinsel davonkommen lassen?"

Das war zuviel, das konnte Petrus nicht mehr für sich behalten: „Herr, was wird aber mit diesem?" fragte er und deutete auf Johannes.

Die Antwort des Herrn muß ihn ziemlich getroffen haben. Petrus hatte wohl irgendeine Art von Beruhigung erwartet, etwa so: „Mach dir keine Gedanken, Petrus. Ich werde bei dir sein, was immer du durchmachen mußt. Es wird schon alles gut werden."

Doch statt dessen sprach Jesus einen harten Tadel aus. Er ließ keinen Raum für ein bißchen Nachsichtigkeit, keinen auch noch so kleinen Luxus nach dem Motto: „Ach, ich Armer!"

Er sagte vielmehr ungefähr so: „Hör zu, Petrus: Wenn es mein Wille ist, daß Johannes lebt, bis ich wiederkomme, was geht dich das an? Was ich für Johannes geplant habe, ist nicht deine Sache!" (Johannes 21,20–23).

Das sind reichlich herbe Worte, die da an einen Mann gerichtet werden, der vor einem Märtyrerleiden stand, finden Sie nicht? Hatte der Herr recht, wenn er so streng mit Petrus war?

Hatte Petrus denn nicht gute Gründe, wenn er „gleiches Recht für alle" haben wollte und die Güte von Gottes Plänen ein bißchen anzweifelte?

Dieser Bibelabschnitt lehrte mich einiges, als ich darüber nachdachte: Jesus wird sich in jedem Fall hart mit dem Selbstmitleid auseinandersetzen, denn er weiß, daß Selbstmitleid immer nur das Elend eines Menschen vergrößert. Wenn ich meine Situation mit der von anderen vergleiche und gleiches Recht für alle fordere, dann ist das so, als würde ich die Güte von Gottes Plänen für mich in Zweifel ziehen – und damit letztlich die Güte Gottes selbst.

Sind Sie gelähmt? Vielleicht nicht körperlich, aber in Ihrer Grundeinstellung? Achten Sie darauf, sich nicht in das trübe, gefährliche Wasser des Selbstmitleids zu stürzen. Ich will an dieser Stelle ein Schild aufstellen, das Ihnen vielleicht das Leben retten kann – das Leben im Dienst für Gott. Auf diesem Schild steht: ACHTUNG, GEFAHR! HIER IST TAUCHEN VERBOTEN!

Nichts zu verschenken?

Als ich noch ein Kind war und auf einer Farm in Maryland lebte, da fing Weihnachten für uns schon im Oktober an. Die Zeit war voll mit Feiern und Theaterspielen, Tanzveranstaltungen und Verabredungen, Basteln, Schmücken, Backen und Einkaufen.

Ganz besonders beschäftigte uns das Einkaufen: Meine Schwester und ich zogen stundenlang durch die Geschäfte und suchten überall nach dem vollkommenen Geschenk für jeden, der auf unserer Liste stand. Ich weiß noch, wie ich in einem Jahr tagelang nach einem Angorapullover für meine Schwester Jay suchte, bis ich ihn endlich fand. Er sollte unbedingt lachsfarben sein und eine Stickerei am Hals haben. Für meine Mutter war das ideale Geschenk vielleicht ein ganz besonderes Kleid. Und für Papa ein Zaumzeug mit silberner Verzierung. Es war schon anstrengend, aber was für eine Freude würde es sein, die strahlenden Gesichter zu sehen, wenn wir am Weihnachtsabend die Geschenke auspackten!

Und dann kam 1967 mein Badeunfall. In jenem Jahr verbrachte ich Weihnachten in einem Rehabilitationszentrum in Baltimore. Welch ein Unterschied! Da saß ich nun, ein siebzehnjähriges Mädchen, bis oben hin vollgestopft mit seelischer und geistiger Energie, und hatte die große Sehnsucht, Weihnachten auf die gleiche fröhliche, wirbelnde, ereignisreiche Art zu feiern, wie wir Eerecksons es immer getan hatten. Doch jetzt konnte ich noch nicht einmal ohne fremde Hilfe aus meinem Bett aufstehen!

In diesem Jahr wurde ich mit am meisten davon niedergedrückt, daß ich absolut unfähig war, hinauszugehen und für meine Freunde und Verwandten Geschenke einzukaufen. Während Weihnachten immer näher rückte, hatte ich das Gefühl, ich hätte überhaupt nichts zu schenken.

Ich weinte und war richtig wütend, und ich machte Gott für

meine schlimme Lage verantwortlich. Aber dann las mir eine Freundin, die mich damals jeden Tag besuchte, einen sehr vertrauten Vers aus der Bibel vor: „Also hat Gott die Welt geliebt, daß er seinen eingeborenen Sohn gab, damit alle, die an ihn glauben, nicht verloren werden, sondern das ewige Leben haben" (Johannes 3,16).

Diese Worte trafen mich wie nie zuvor. Gottes allerbestes Geschenk an die Menschheit – das Geschenk, das ein für allemal bewies, wie sehr er sich um jeden von uns kümmert – bestand darin, daß er sich uns selbst schenkte, in Gestalt seines einzigen Sohnes. Und ebenso – das erkannte ich jetzt – war ich selbst mein allerbestes Geschenk für ihn und auch für die Menschen, die ich liebte.

Am nächsten Tag, als es Zeit war für die Beschäftigungstherapie – die ich früher immer gefürchtet hatte –, bat ich den Therapeuten, er möchte mir einen von den Gipstellern bringen. Ich hatte gesehen, wie andere Patienten solche Teller verziert hatten. Als nächstes bat ich um einen Pinsel und etwas rote und grüne Farbe.

Dann griff ich den Pinsel ziemlich ungeschickt mit den Zähnen und fing an, einen Teller, der wie ein Eichenblatt geformt war, zu beklecksen. Nur wenige Pinselstriche landeten da, wo ich hinzielte. Oft schmierte ich Grün dorthin, wo ich eigentlich Rot haben wollte. Aber es war eben das Beste, was ich im Augenblick tun konnte.

Als die Teller fertig bemalt und glasiert waren, ließ ich sie einpacken und schenkte sie meiner Familie und meinen Freunden. Es waren keine Geschenke, die ich im Geschäft gekauft hatte, und sie waren auch nicht besonders hübsch, aber es waren eben die besten, die ich geben konnte. Sie waren ein Stück von mir selbst.

Und wenn man unser Leben auf das Wesentliche reduziert, dann sind es gerade solche Geschenke, die man wie einen Schatz aufbewahrt und an die man sich immer gern erinnert.

Ausdauer

Mit Gott im Marathonlauf des Lebens

Ausdauer

Mit Gott im Marathonlauf des Lebens

Ich habe unseren Mitarbeiter Clay schon früh am Morgen in den Bergen oberhalb der Stadt gesehen, wo er mit seinen Mannschaftskameraden aus der Schule in einer langen Reihe einen Trainingslauf machte.

An den meisten Tagen arbeitet er nach der Schule freiwillig in unserem Büro; er packt Pakete und steckt Briefe in Umschläge. Aber jetzt, wo die beste Jahreszeit für Querfeldeinläufe ist, ist er meistens auf den Straßen und Wegen zu finden und trainiert seinen Körper bis an die Grenzen seiner Möglichkeiten.

Er hält mich immer auf dem laufenden und hat mir neulich erzählt, daß die Mannschaft seiner Schule in diesem Jahr schon mehrere Wettkämpfe gewonnen hat. Bei einem Rennen wurde er sogar Zehnter in einer Gruppe von fünfundsechzig Langläufern.

Als ich endlich einmal Gelegenheit dazu hatte, fragte ich Clay etwas, was mir schon im Kopf herumging, seit er in unserer Gruppe mitarbeitet: „Was ist eigentlich der schwierigste Streckenabschnitt bei einem Langlauf?“

Von manchen hatte ich gehört, das sei ungefähr der erste Kilometer. Man spürt die Härte der Muskeln, und die lange Strecke scheint sich endlos vor einem auszudehnen.

Andere hatten mir wiederum erzählt, es sei gerade das letzte Stück, das einen fast umbringt. Dann ist man erschöpft, die Beine fühlen sich an wie aus Holz, die Füße sind voller Blasen, und man ist kaum noch fähig, einen Schritt vor den anderen zu setzen.

Aber mein junger Freund hatte, ohne zu überlegen, eine ganz

andere Antwort für mich. Das Schlimmste an einem Querfeldeinlauf, so sagte er mir, ist weder der Anfang noch das Ende. Es ist vielmehr das Mittelstück – der lange, einsame Lauf, die zähen Minuten, wenn man die anfeuernden Stimmen am Start längst hinter sich gelassen hat und das Ziel noch nicht sehen kann. Gerade diese eintönige, mittlere Strecke zehrt am meisten an den Kräften des Körpers und des Willens.

Und Clay zitierte mir dann einen Bibelvers, der ihm hilft, wenn er im Rennen an diesen Punkt kommt: „Die auf den Herrn harren, kriegen neue Kraft, daß sie auffahren mit Flügeln wie Adler, daß sie laufen und nicht matt werden, daß sie wandeln und nicht müde werden“ (Jesaja 40,31).

Manche Leute sagen, daß Jesaja die Niedergeschlagenheit auf halbem Weg vor Augen hatte, als er Israel dies prophetische Wort sagte. Das Volk war von seiner langen Gefangenschaft befreit, und Gott hatte den Israeliten versprochen, er werde mit ihnen sein auf der langen Wanderung von Babylon nach Jerusalem. Ja, er wollte auch bei ihnen bleiben, wenn sie an die trostlose mittlere Strecke ihrer Reise kamen, dort, wo der Rückweg genauso lang ist wie der Weg, der vor einem liegt, wo die Wüstensonne alle Farbe aus der Landschaft herausglüht und das Ziel nur noch ein weit entfernter und ganz verlorener Punkt ist, wie eine Fata Morgana im flimmernden Sand.

Haben Sie das auch schon einmal erlebt? Haben Sie sich schon einmal so gefühlt, als ob Sie mitten auf einer langen Strecke wären, die in immer gleicher Routine abläuft? Der Anfang des christlichen Lebens war noch eine aufregende Sache. Überall begegnete man ihnen mit einem Lächeln, mit Händeschütteln und ermutigenden Worten. Ihre Gefühle erhoben sich zu höchsten Höhen. Und das Ende? Ja, das wird natürlich noch wunderbarer sein, wenn Sie Jesus einmal von Angesicht zu Angesicht sehen!

Aber jetzt, jetzt stehen Sie in der Mitte. Sie haben schon viele Kilometer zurückgelegt, aber auch noch viele Kilometer zu wandern. Sie hören keine aufmunternden Stimmen, keinen Beifall mehr. Der erste geistliche Adrenalinstoß hat schon längst seine Wirkung verloren. Die Tage laufen gleichförmig ineinander, und die Wochen auch. Und selbst Ihr Vorsatz, einfach einen müden Fuß vor den anderen zu setzen, beginnt schon zu bröckeln und zu schwinden.

Doch die Verheißung aus Jesaja ist heute genauso wahr wie damals. Wenn wir im Heiligen Geist leben, dann wird unsere Kraft erneuert. Wir werden laufen können, ohne matt zu werden, und selbst auf der langen, eintönigen mittleren Strecke werden wir nicht müde werden.

Der Schreiber des Hebräerbriefs hatte ebenfalls ein paar gute Worte für erschöpfte Gläubige. Im 12. Kapitel heißt es: „Laßt uns ablegen alles, was uns beschwert, und die Sünde, die uns ständig umstrickt, und laßt uns laufen mit Geduld in dem Kampf, der uns bestimmt ist, und aufsehen zu Jesus, dem Anfänger und Vollender des Glaubens" (Verse 1+2).

Und etwas weiter unten im selben Kapitel gibt er denen neuen Auftrieb, die wunde Füße haben und anscheinend nahe daran sind, nicht mehr mitzumachen: „Darum stärkt die müden Hände und die wankenden Knie und macht sichere Schritte mit euren Füßen, damit nicht jemand strauchle wie ein Lahmer, sondern vielmehr gesund werde" (Verse 12+13).

Es wird nicht mehr lange dauern, dann ist das Wettrennen zu Ende. Das Ziel ist schon nahe vor Ihnen, hinter der nächsten Kurve, hinter dem Hügel, hinter den Bäumen da vorne. Und Christen, die uns schon ein Stück voraus sind, stehen in großen Mengen auf der Tribüne und warten auf Ihren triumphalen Zieleinlauf.

Ja, gewiß, die mittlere Strecke des Rennens ist sehr schwierig, manchmal sogar qualvoll. Aber jeder Schritt bringt Sie der Ziellinie näher. Heften Sie also Ihren Blick auf den einen, der Sie dort erwartet. Sie sind ja schon halbwegs zu Hause.

Ich bete darum, daß die Gedanken in diesem Kapitel Ihnen dazu helfen mögen, auf dem richtigen Kurs zu bleiben.

Schritt halten

„Wenn wir im Geist leben, so laßt uns auch im Geist wandeln." (Galater 5,25).

Im Geist wandeln – dafür kann man auch übersetzen: mit dem Geist Schritt halten. Und das ist ein guter Rat für die unter uns, die immer versuchen, schon allzu weit in der Zukunft zu leben.

Wir machen schon Termine für den Juni, bevor im März die ersten Krokusse aus dem noch gefrorenen Boden sprießen. Unsere Gedanken schweifen weit über große Entfernungen und dunstige Horizonte, und unsere Augen strengen sich an, über Berge hinweg und um Ecken herum zu sehen. Und wenn auf unserem so sorgfältig im voraus geplanten Weg Hindernisse auftauchen, dann halten wir sie für lästige Barrieren, die sich vor unsere Ziele stellen.

In einer Gesellschaft, in der wir so schnell vorwärtsgetrieben werden, neigen wir oft dazu, eines zu vergessen: Es ist der jetzige Augenblick, der eigentlich zählt.

Deshalb liebe ich solche Worte wie in Galater 5,25 ganz besonders. Wie können wir denn erwarten, im Geist Gottes zu leben, wenn wir immer versuchen, mit hundert Stundenkilometern durch unser Leben zu rasen, statt Schritt für Schritt voranzugehen? Unser Leben im Heiligen Geist ist eine Wanderung und kein Kurzstreckenlauf.

Wenn wir uns selbst voraus sein wollen, werden wir schließlich kaum mehr auf die Gegenwart achten, auf die Menschen, die gerade jetzt um uns sind, auf die guten Gelegenheiten, die uns in diesem Augenblick vor den Füßen liegen.

Wenn wir uns selbst voraus sein wollen, machen wir den Fehler, daß wir nicht mehr auf die konkreten Einzelheiten unseres Lebens achten, beispielsweise auf die Sünde oder den sofortigen Gehorsam Gott gegenüber. Wir sind so beschäftigt mit zukünftigen Terminen, daß wir keine Kraft aufbringen, uns auf den täglichen, ja stündlichen Kampf mit unseren sündigen, egoistischen Gewohnheiten einzulassen, die uns auf Schritt und Tritt folgen.

Wenn wir aber mit dem Heiligen Geist im Gleichschritt bleiben, dann kann er uns die Gebiete in unserem Leben aufzeigen, die Veränderung brauchen. Doch wenn wir immer schon vorauslaufen und versuchen, unser Leben in großen Sprüngen anstatt in kleinen Schritten zu bewältigen, dann beschönigen wir gerne die täglichen Hindernisse und Herausforderungen.

Dann werden unsere Gebete viel zu allgemein. Unser Bibellesen wird zu einer Routineübung, die wir möglichst schnell hinter uns bringen wollen. Unser Gehorsam dreht sich um eine Menge publikumswirksamer Aktionen anstatt um die tägliche Reinigung.

Jesus wird dann für uns zu einem „Ziel"; er hört auf, die Person zu sein, mit der wir es in jedem Moment unseres Lebens zu tun haben. Der Himmel wird in eine weit entfernte Zukunft verschoben; er ist nicht länger der Ort, aus dem uns für heute Segen zufließen soll.

Was ich Ihnen damit sage, sage ich mir auch immer wieder selbst: „Mach langsam!" Nehmen Sie sich jetzt einmal die Zeit, in aller Ruhe ein paar Worte vom Apostel Jakobus und vom Herrn Jesus selbst aufzunehmen und zu verdauen: „Und nun ihr, die ihr sagt: Heute oder morgen wollen wir in die oder die Stadt gehen und wollen ein Jahr dort zubringen und Handel treiben und Gewinn machen –, und wißt nicht, was morgen sein wird. Was ist euer Leben? Ein Rauch seid ihr, der eine kleine Zeit bleibt und dann verschwindet. Dagegen solltet ihr sagen: Wenn der Herr will, werden wir leben und dies oder das tun. Nun aber rühmt ihr euch in eurem Übermut. All solches Rühmen ist böse" (Jakobus 4,13-16).

„Trachtet zuerst nach dem Reich Gottes und nach seiner Gerechtigkeit, so wird euch das alles zufallen. Darum sorgt nicht für morgen, denn der morgige Tag wird für das Seine sorgen. Es ist genug, daß jeder Tag seine eigene Plage hat" (Matthäus 6,33+34).

Der christliche Glaube will von einem Augenblick zum anderen gelebt werden. Er ist nicht irgendeine breite, allgemeine Linie, auf die man sich verständigt hat, sondern eine lange Wanderung zusammen mit einer ganz realen Person. Dabei kommt es auf viele kleine Einzelheiten an: auf Ihre flüchtigen Gedanken, auf kleine Opfer, ein paar ermutigende Worte, unscheinbare Taten der Freundlichkeit und kurze Siege über lästige Sünden.

Es ist so, als würde der Heilige Geist zu uns sagen: „Wenn du mit mir zusammen durch dein Leben gehst, dann mußt du aufmerksam auf die Gegenwart achten."

Wenn Sie aber dem Heiligen Geist immer schon vorauslaufen, dann werden Sie vielleicht eines Tages feststellen, daß Sie ganz allein unterwegs sind. Und das ist nicht nur gefährlich, sondern auch sehr einsam.

Von der Liebe gedrängt

Vor einiger Zeit flog ich nach Indiana, wo ich in einer Kirche einen Vortrag halten sollte. Einer der Pfarrer dieser Gemeinde holte mich am Flugplatz ab, begleitete mich zu seinem Kombiwagen und fuhr mich dann in schnellem Tempo durch die üppige Sommerlandschaft.

Während wir uns über seine Kirchengemeinde unterhielten, mußte ich immer wieder durchs Fenster hinaus auf die herrlichen Felder sehen. Ich sagte, daß dies doch eine wunderschöne Gegend sei mit gutem Ackerland und großen Flächen mit allen möglichen Sorten von Gemüse. Anscheinend war dieses Land ganz besonders fruchtbar.

„Das war nicht immer so", erwiderte mein Fahrer und lächelte. „Früher war die ganze Gegend hier ein Sumpfland, alles ein großer Morast."

Aufmerksam hörte ich zu, als er erzählte, wie ein nahegelegener Fluß in früheren Zeiten jedes Frühjahr über die Ufer getreten war und diesen guten Boden unbrauchbar gemacht hatte. Um dem alljährlichen Unglück zu begegnen, hatte der Staat ein riesiges, von Ingenieuren geleitetes Projekt durchgeführt und die Ufer des Flusses in dieser ganzen Ebene künstlich erhöht. Dadurch wurde das Wasser kontrolliert und kanalisiert, und erst als Folge davon konnten die Felder, die nun so reichlich Frucht trugen, angelegt werden.

Was da geschehen war, verglich er mit der Liebe Gottes in unserem Leben. Er zitierte die Worte des Paulus in 2. Korinther 5,14, wo es heißt: „Denn die Liebe Christi drängt uns ..."

„Ich bin froh, daß Sie gerade auf diesen Vers kommen", sagte ich, „ich habe nämlich nie so recht verstanden, was dieses ‚drängen' eigentlich heißen soll."

Er lachte und sagte: „Also, ich verstehe es so, daß es ungefähr bedeutet ‚Druck ausüben, weiter vorantreiben'. Als unser Fluß von beiden Seiten durch die verstärkten Ufer eingeengt wurde, da wurde auch die Strömung zusammengedrängt und weiter vorwärtsgetrieben, und dadurch gab es mehr fruchtbares Land. In unserem Leben ist das genauso: manchmal stellt uns Gott in seiner Liebe in Situationen hinein, die uns von allen Seiten einengen und bedrücken, wir fühlen uns eingemauert oder von hohen Hecken umschlossen. Doch Gott läßt es zu, daß wir unter Druck gesetzt werden; er will uns damit letztlich vorantreiben und unser Leben wirkungsvoller und fruchtbarer machen. Auch wenn wir das vielleicht gar nicht mögen, so drücken und drängen uns unsere Nöte doch in eine bessere Richtung – in die Richtung, die wir nach Gottes Willen einschlagen sollen."

Dieses Bild, das mir mein Freund aus Indiana erklärt hat, habe ich seitdem nie wieder vergessen. Der Herr bringt es mir in solchen Situationen wieder in den Sinn, in denen die Mauern um meine Welt mich ganz einzuschließen scheinen.

Fühlen Sie sich heute entsprechend? Ringsum verbarrikadiert und von jeder Seite bedrängt?

Könnte es nicht sein, daß Gott deshalb anfängt, Sie einzuengen, weil er die Absicht hat, Sie weiter vorwärts zu bringen? Könnte es nicht sein, daß die Schwierigkeiten, denen Sie gegenüberstehen, ein Beweis für die drängende Liebe Jesu Christi sind?

Es ist ja möglich, daß Ihr Leben in letzter Zeit nicht so fruchtbar gewesen ist, wie es eigentlich hätte sein sollen. Sie wandern irgendwie ohne rechtes Ziel umher und spüren, daß Sie Ihre Zeit und Kraft vergeuden. Statt eines reichen, üppigen Kornfelds sieht Ihr Leben im Augenblick eher wie ein stehender Sumpf aus.

Dann danken Sie Gott dafür, daß er so mächtig in Ihr Leben eingreift! Danken Sie ihm dafür, daß er Sie zu sehr liebt, als daß er einfach zusehen könnte, wie Sie planlos umherlaufen und Ihr Leben und Ihre Energie verschwenden. Ihre augenblicklichen Lebensumstände – auch die bedrängenden, schmerzenden, niederdrückenden – gehören zu Gottes Plan. Er hat die Absicht, Ihr Leben viel fruchtbarer zu machen, als Sie es sich je haben träumen lassen.

Das ist göttliche Ingenieurarbeit von der besten Sorte!

Alles Leben ist geistlich

Ich bin nicht gerade ein Computerspezialist, aber ich komme doch ganz gut zurecht mit Disketten, Dateien, Seitenformaten, Ausdrucken und den verschiedenen Anweisungen, auf die so ein Gerät reagiert. Ich gehe gern mit meinem kleinen Computer um, und ich arbeite geradezu leidenschaftlich an meinem Text, korrigiere, rücke ein und schneide aus. Und zum Schluß speichere ich alles in Dateien und Unterabteilungen ab.

„Also, diese Information wird hier festgehalten, die anderen Daten dort. Das hier kommt auf die Hard-Disk, das andere geht auf die Floppy."

Das Dumme ist nur: Manchmal ist es schwierig für mich, dieses Computerdenken abzuschalten, nachdem ich mein Gerät ausgemacht habe und schon auf dem Heimweg bin. Dann stelle ich fest, daß ich das Leben insgesamt am liebsten in Dateien und Unterabteilungen einsortieren möchte.

„Mal sehen ... dies hier kommt in den ‚Alltagsordner', das andere legen wir ab unter ‚Glaubensdinge', das hier ist alltägliches Zeug, und das da gehört in die fromme Kiste ..."

Passiert es Ihnen auch, daß Sie sich bei einem solchen Denken erwischen? Wir finden beispielsweise oft zu Unrecht, daß nur Choräle und nicht etwa auch manche klassischen Musikstücke etwas mit unserem Glauben zu tun haben. Oder wir meinen, daß zwar Bunyans „Pilgerreise", zum geistlichen Leben gehört, nicht aber irgendein „weltliches" Buch, das uns informiert und Freude schenkt, ohne unseren Blick auf den Herrn zu verdunkeln.

Wir haben die Vorstellung, daß die Bezeichnung „vollzeitlicher christlicher Dienst" zu einem missionarischen Mitarbeiter bei „Jugend für Christus" paßt, nicht aber zu einem Buchhalter in der Stadtverwaltung, der mit Jesus Christus lebt, fleißig arbeitet und sein Hauptbuch tadellos in Ordnung hält.

Doch im Leben eines hingegebenen Christen kann alles eine Glaubensangelegenheit sein. Wir müssen begreifen, daß *jede* gute Gabe – ob das nun ein wunderschönes Musikstück ist, ein berühmtes literarisches Werk oder auch die Gelegenheit, im sogenannten weltlichen Bereich des Berufslebens ein Zeuge für den Herrn zu sein – aus der Hand unseres gnädigen und schenkenden Gottes kommt.

In ihm bewegen wir uns, atmen wir, leben wir. Das bedeutet, daß alles, was wir tun oder sagen, auch eine geistliche Bedeutung haben kann. Wenn wir einen gelungenen Gänsebraten mit einer gut abgeschmeckten Soße und würzigem Rotkohl essen, kann das etwas sein, womit wir Gott verherrlichen, wenn wir es mit dankbarem Herzen tun. Wenn wir die Klänge von Bach oder Vivaldi genießen und uns dabei entspannen, kann das Gott Ehre machen, sofern wir ein solches Vergnügen als Geschenk aus seiner Hand betrachten.

Also wollen wir nicht den ganzen Tag herumlaufen und alles schön ordentlich in Kästchen einteilen, in Dateien und Unterabteilungen stecken und mit einem Etikett versehen. Wir sollen unsere Lebenserfahrungen nicht dauernd sortieren in das, was eindeutig geistlich, und das, was eindeutig weltlich ist. Für einen gläubigen Menschen kann vielmehr jeder Lebensbereich heilig sein.

Die Bibel sagt, daß *alles,* was wir tun, Gott verherrlichen kann und auch soll; ganz gleich also, ob wir nun gerade frischen Spargel essen, die Musik Beethovens anhören, unseren Ehepartner umarmen oder auf Skiern eine schwierige Piste bewältigen.

Dieser Gedanke macht mir so viel Mut, daß ich gar nicht abwarten kann, ihn sofort in meinen Computer – nein, ich meine natürlich, in mein Leben einzuarbeiten.

Mondschein

Heute nacht ist der Vollmond am samtigen, klaren Himmel Südkaliforniens zu sehen. Und ich werde draußen sein und mich daran freuen.

Klingt das so, als ob ich sehr romantisch bin? Na, vielleicht. Aber ich mag einfach den silbrigen Schimmer einer hellen Mondnacht. Dann sind die Schatten lang, und selbst ganz vertraute Formen und Umrisse haben etwas Ungewöhnliches an sich. Vielleicht werden Ken und ich dann noch einen Spaziergang durch die mondbeschienene Nachbarschaft machen.

Das haben wir in meiner Familie auf unserer Farm in Maryland früher auch immer getan. Manchmal haben wir sogar unsere Pferde gesattelt und sind im Mondschein ausgeritten. Was war das für ein Spaß! Gelächter in der Nacht, das Klappern der Hufe, der helle Kiesweg, der durch das blasse Licht in ein silbernes Band verwandelt wurde, und dazu lustige und romantische Lieder, in denen immer wieder der Mond besungen wurde. Für mich als Kind war das alles wundervoll!

Ich weiß noch, wie mein Vater uns bei einem dieser nächtlichen Ausritte etwas von dem Verhältnis zwischen Mond und Sonne erzählte. Er erklärte uns, daß die Sonne in all ihrer Pracht und Größe die Quelle des Lichtes auf der Erde ist. Und obwohl die Sonne jetzt auf der anderen Seite der Erde stand und für uns nicht sichtbar war, spiegelte der Mond, der selbst nicht leuchten konnte, das Licht der Sonne wider. Wie ein Spiegel stand er zur rechten Zeit am richtigen Platz, in der besten Position, um die Helligkeit der Sonne zu reflektieren.

Und Vater erzählte dann weiter, daß wir als Christen im Verhältnis zu unserem Herrn ähnlich sind wie der Mond in seiner Beziehung zur Sonne. Wenn wir uns nach Gottes Willen richten, dann sind wir in der besten Position, die Herrlichkeit seines Sohnes Jesus Christus widerzuspiegeln. Denn genau wie der

Mond nicht selbst leuchten kann, können wir das Licht des Herrn immer nur reflektieren. Wir haben von uns aus keine wirkliche Güte, keine Tugend – wir haben nur das, was unser Herr uns gibt. Er ist die Quelle von allem Guten, und das Beste, was wir tun können, ist, in die richtige Beziehung zu ihm zu treten, damit wir hier auf der Erde Gottes Licht sein können.

Jesus hat gesagt: „Solange ich in der Welt bin, bin ich das Licht der Welt" (Johannes 9,5). Und in der Bergpredigt erinnert er uns daran, daß auch wir leuchten sollen: „Ihr seid das Licht der Welt ... So laßt euer Licht leuchten vor den Leuten, damit sie eure guten Werke sehen und euren Vater im Himmel preisen" (Matthäus 5,14+16).

Wenn Sie also zufällig auch heute abend den Fuß vor die Tür setzen und diese Nacht im Glanz des Vollmonds erleben, dann lassen Sie sich von dem leuchtenden Himmelskörper daran erinnern, welchen Sinn Ihr Leben auf diesem alten Planeten hat. Stellen Sie sich in die richtige Position und nehmen Sie die richtige Beziehung zu Gott auf. Und reflektieren Sie dann das Licht und die Liebe der „Sonne der Gerechtigkeit" (Maleachi 3,20).

Pilger oder Tourist?

Als ich noch ein kleines Mädchen war, besuchten wir oft meinen Onkel Ted in Wyoming, der dort Viehzüchter war.

Das war immer ein richtiges Abenteuer! Er hatte einen großen Rinderzuchtbetrieb, und es gab haufenweise Arbeit für Mädchen aus Maryland, die einmal so richtig Cowboy spielen wollten. Meine Schwestern und ich halfen sogar mit, wenn die Kälber ihre Brandzeichen bekamen.

Mein Onkel schickte mich dann zu einem großen alten Schuppen an einem Ende eines weiten Platzes. Dort mußte ich aufpassen, daß die Kühe in ihrer Koppel blieben, während die (echten) Cowboys am anderen Ende mit ihren Pferden die Kälber aussonderten, die ihr Brandzeichen bekommen sollten. Und selbst wenn ich die meiste Zeit nur einfach auf meinem Pferd saß und das Gewimmel auf der anderen Seite des Platzes beobachtete, kam es mir doch immer so vor, als ob ich einen ganz besonders wichtigen Auftrag hätte, der darin bestand, gut auf die Kühe zu achten.

Der Betrieb von Onkel Ted lag ganz in der Nähe des Laramie-Gebirges, und deshalb kamen öfter Touristen vorbei, um sich einmal eine richtige Ranch anzusehen. Sie blieben in höflicher Entfernung stehen, besahen beiläufig, was sich da so alles tat, und machten sich ab und zu gegenseitig auf etwas Interessantes aufmerksam oder zogen ihre Kameras heraus.

Ich war damals noch eine kleine Göre, aber ich weiß noch genau, wie ich dann meinen Cowboyhut zurechtsetzte und mich hoch im Sattel aufrichtete, um auf den Schnappschüssen ein möglichst gutes Bild abzugeben – so, als ob ich zum bleibenden Inventar dazugehörte. Es fiel mir gar nicht ein, daß ich ja genauso vorübergehend hier war wie die Touristen, denn ich würde ja nur kurze Zeit bei meinem Onkel bleiben.

Aber doch hatte ich viel mehr mit der Ranch zu tun als jeder durchschnittliche Tourist, der hier vorbeikam. Wenigstens für eine kurze Zeit tat ich meinen Teil zu ihrem Betrieb!

Inzwischen ist es viele Jahre her, seit ich das letzte Mal bei meinem Onkel war. Aber bis heute habe ich mich standhaft geweigert, ein Tourist zu werden. Wenn ich irgendwo hinreise, dann bin ich nicht damit zufrieden, in sicherer Entfernung stehenzubleiben und nur ein paar schöne Fotos zu machen. Ich möchte gern näher mit allem zu tun haben, möchte mit den Menschen reden, die in dieser Gegend wohnen, und etwas über ihre Sitten erfahren. Ich möchte nicht schon von weitem an meinen komischen Kleidern und der großen Kamera als Tourist erkannt werden.

Als eine Christin, die hier auf der Erde lebt, aber in Gottes Reich zu Hause ist, geht es mir ähnlich. Es stimmt zwar, daß die Bibel sagt, wir sollen auf dieser Erde nur Pilger sein, und das heißt, wir dürfen diese Welt nicht fälschlicherweise für unser Zuhause halten. Aber ich glaube nicht, daß uns die Heilige Schrift ermuntert, bloße „Touristen" zu bleiben und aus einer sicheren, höflichen Entfernung heraus all das beiläufig zu betrachten, was um uns herum vorgeht. „Ihr seid das Salz der Erde ... Ihr seid das Licht der Welt", sagt Jesus zu uns (Matthäus 5,13+14). Gott will, daß wir mit dieser Welt zu tun bekommen, daß wir hautnah mit den Leuten um uns herum zusammenleben, selbst wenn wir nur eine gewisse Zeitspanne auf dieser Erde verbringen. Es gibt hier nämlich viel Arbeit für uns – und wir haben nur eine begrenzte Zeit, in der wir sie tun können.

Halten Sie sich selbst für einen Pilger, wenn es darum geht, das Leben Jesu Christi zu verwirklichen? Oder sind Sie mehr wie ein Tourist, der sich jedes ernsthafte Engagement in seiner Kirchengemeinde oder Nachbarschaft, in seiner Stadt oder seinem Dorf vom Leibe hält?

Es gibt viel zu viele Touristen, die sich massenhaft durch dieses Leben drängen. Gott will nicht noch mehr Zuschauer. Er braucht Pilger, nüchterne und ernsthafte Leute, die für ihn leben und auf ihrem Weg durch dieses Leben in die Ewigkeit hinein einen bleibenden Eindruck hinterlassen.

Also, packen Sie Ihre Kamera ein und steigen Sie schnell aufs Pferd! In der Viehkoppel werden Sie nämlich noch gebraucht.

Eine enge Verbindung

Haben Sie schon einmal versucht, eine geistliche Aufgabe aus eigenem Vermögen zu erfüllen?

Mir ist das schon mehr als einmal so gegangen. Dann habe ich entweder ein Glaubenszeugnis abgelegt oder über irgendein biblisches Thema gesprochen, und gleichzeitig war mir ganz klar bewußt, daß ich von der Kraft Gottes getrennt war.

In solchen Momenten hat mein Beitrag immer hohl und seicht geklungen. Und, was noch schlimmer war, ich bin mir auch selbst so vorgekommen. Während ich machtvolle Erkenntnisse aus Gottes Wort weitergab, wußte ich doch genau, daß in meinen Worten überhaupt keine Kraft lag.

Es ist ganz eigenartig, wenn mir so etwas passiert. Es ist, als ob ich irgendwie von mir selbst getrennt worden wäre, als wenn man irgendwo einen Stecker herausgezogen und damit die Verbindung unterbrochen hätte. Manchmal geschieht es dann mitten beim Reden, daß ich ein stilles Bußgebet zum Himmel schicke. Und von dem Punkt an kann ich deutlich den Unterschied feststellen zwischen meinen verzweifelten Bemühungen und Gottes Energie, die durch mich hindurch wirkt.

David hat recht, wenn er in Psalm 22,30 sagt: „Vor ihm werden die Knie beugen alle, die zum Staube hinabfuhren und ihr Leben nicht konnten erhalten." Unser Leben wird zu einer mechanischen, toten Angelegenheit, sobald wir ohne Verbindung zu Gottes übernatürlicher Macht sind und dennoch versuchen, ein übernatürliches Leben zu führen. Das Gebet wird dann langweilig, unsere mitmenschlichen Beziehungen stöhnen unter dem Gewicht des Egoismus, unsere Arbeit erscheint uns wie eine lästige Routine. Das Zeugnis für unseren Glauben wird eine unangenehme Pflicht, und wenn wir jemandem eine kleine Freundlichkeit erweisen sollen, kommt uns das wie anstrengende Schwerarbeit vor. Sobald wir also versuchen, selbst „unser Leben zu erhalten", versagen wir schnell und kläglich.

Könnte es wohl sein, daß Ihr Leben in letzter Zeit deshalb so unecht war, weil Sie sich im großen und ganzen selbst genug waren? Vielleicht haben Sie auch durch die Gnade Gottes eine bestimmte Versuchung überwunden, und jetzt möchten Sie sich selbst anerkennend auf die Schulter klopfen. „Das wird mir ganz bestimmt nie mehr passieren!" sagen Sie, von sich selbst überzeugt.

Oder Sie ertappen sich bei dem Gedanken: „Also, ich weiß genau, wie die Sache läuft; ich brauche doch nicht auf Gottes Anweisungen zu warten, wenn es um etwas so Einfaches geht!"

Doch wie sagte der Psalmist? „... die ihr Leben nicht konnten erhalten."

Bedenken Sie auch die Anweisung des Apostels Paulus: „So auch ihr, haltet dafür, daß ihr der Sünde gestorben seid und lebt Gott in Christus Jesus ... So sind wir ja mit ihm begraben durch die Taufe in den Tod, damit, wie Christus auferweckt ist von den Toten durch die Herrlichkeit des Vaters, auch wir in einem neuen Leben wandeln" (Römer 6,11+4).

Es würde uns doch auch nicht einfallen, unser Auto mit viel Kraftanstrengung die Autobahn entlangzuschieben, wo uns die ganze Kraft des Motors zur Verfügung steht, sobald wir den Zündschlüssel umdrehen! Genauso unsinnig ist es zu meinen, wir könnten unser christliches Leben getrennt von der Kraft unseres Herrn Jesus führen, die wir doch in jeder Stunde, ja in jedem Augenblick brauchen.

Qualität und Quantität

Haben Sie sich auch schon einmal gefragt, warum Jesus seinen Dienst in der Öffentlichkeit ausgerechnet damit anfing, daß er bei einer Hochzeitsfeier Wasser in Wein verwandelte?

Gestern abend habe ich wieder über diese Frage nachgedacht, als ich das 2. Kapitel des Johannesevangeliums las. Warum eigentlich dieses besondere Wunder zu dieser Zeit? Und warum gerade Wein?

Eine Freundin von mir, die Bibelschullehrerin Kay Arthur, hat dieses Wunder einmal als eins von höchster Qualität und Quantität beschrieben. Und sie sagte dazu: „Das ist eben Jesu Art: So handelt er!"

Denken wir noch ein bißchen darüber nach: Die sechs Steinkrüge, die die Diener auf das Wort Jesu hin mit Wasser füllten, waren riesig. Jeder von ihnen faßte bis zu 120 Liter! Haben Sie schon einmal versucht, soviel Wasser auf einmal zu tragen? Und es heißt in der Bibel, daß die Diener die Krüge „bis obenan" füllten. Es muß sehr schwer gewesen sein, diese massigen Gefäße vom Brunnen wieder ins Haus zu schleppen.

Und als Jesus das einfache galiläische Wasser in Bordeaux verwandelt hatte (oder meinetwegen auch in eine andere Sorte), da hatte die Hochzeitsgesellschaft mit einem Schlag 720 Liter Wein! Was ist das für eine Menge! Es ist undenkbar, daß die Leute bei dieser Hochzeit überhaupt fähig waren, so viel in so kurzer Zeit zu trinken. Es war weit mehr, als sie brauchten. Wirklich, ein Krug wäre schon genug gewesen. Hatten die Gäste denn nicht schon vorher jeden Tropfen Wein getrunken, der im Hause war?

Aber Jesus wollte es eben gerade so machen. Er schenkte viel mehr, als man je erwartet hätte.

Und dann die Qualität des Weins! Das war nicht irgendeine Mischung aus gerade noch trinkbaren und reichlich sauren

Tischweinen, kein Verschnitt, den man im Sonderangebot günstig kaufen konnte. Es war vielmehr eine ausgesuchte Edelklasse, wahrscheinlich noch mehrere Grade besser als die besten Lagen aus dem Rhein- oder Rhonetal. Die Qualität dieses Wunderweins war absolute Spitze.

Der Speisemeister wollte es gar nicht glauben, als er den Nachschub gekostet hatte. „Warum habt ihr bloß den besten bis zum Schluß aufgespart?“ fragte er den Bräutigam. „Zu dieser vorgerückten Stunde hättest du doch auch schon einen ganz gewöhnlichen Tafelwein servieren können!“

Aber Jesus wollte es eben gerade so machen. Er schenkte etwas viel Wertvolleres, als man je erwartet hätte.

Es ist schon so, wie meine Freundin gesagt hat: Ein Wunder von höchster Qualität und Quantität. Und so ein Wunder will Jesus auch heute in Ihrem Leben tun. Auch Ihnen gilt, was er vor langer Zeit zu seinen Jüngern sprach: „Ich bin gekommen, damit sie das Leben und volle Genüge haben sollen“ (Johannes 10,10). Das Leben, von dem er spricht, ist natürlich *sein* Leben; es geht von ihm aus und strömt durch Sie hindurch.

Wenn wir an die Quantität denken, sehen wir ein Leben vor uns, das aufsprudelt und über den Rand schwappt – es ist viel mehr, als Sie je erwartet haben, und mehr, als Sie überhaupt fassen können.

Und was die Qualität angeht, so haben wir hier das eigentliche Leben, das von Gott kommt. Wir sollen, wie Petrus sagt, „Anteil bekommen an der göttlichen Natur“ (2. Petrus 1,4). Das ist das beste Leben, das es überhaupt gibt.

Und wie kommen wir zu diesem Leben? Hören wir auf Maria, die Mutter des Herrn. Den Rat, den sie den Dienern auf jener Hochzeitsfeier gab, kann man wohl kaum noch besser ausdrücken: „Was er euch sagt, das tut“ (Johannes 2,5).

Ordnen Sie sich seiner Herrschaft unter, tun Sie genau das, was er sagt. Und dann können Sie auf ein Leben voller Überraschungen gefaßt sein!

Ein Stilleben sein?

Als Künstlerin fühle ich mich von der Aufgabe, ein Stilleben zu gestalten, geradezu herausgefordert.

Es ist nicht so, wie Sie vielleicht denken mögen, daß ein Stillben einfach eine Sammlung von Dingen ist, die auf einem Tisch liegen. Solche Bilder müssen den Betrachter vielmehr dazu bringen, sich näher mit den Einzelheiten zu befassen. Sie müssen Erinnerungen wecken, seelische Bilder hervorrufen. Wenn auch das gemalte Bild selbst sich nicht bewegt, muß es doch etwas in dem Menschen bewegen, der es betrachtet.

Nein, eine Schale mit Obst hüpft sicher nicht in der Gegend herum, aber sie strahlt doch Leben aus. Die Herausforderung für den Maler besteht darin, etwa eine Banane so aussehen zu lassen, als ob sie förmlich darum bitten würde, gleich geschält zu werden, als ob sie darauf warte, daß man sie ißt.

Wenn ich eine Glocke male, dann will ich, daß diese Glocke auch tut, wozu sie gemacht worden ist. Eine gemalte Glocke, die im Kopf des Zuschauers nicht läutet und klingt, ist ein totes Ding, sie verdient den Namen Glocke nicht.

Und wenn ich eine Kerze male, dann will ich, daß der Betrachter den Duft von schmelzendem Wachs einzieht und die Hitze der Flamme spürt.

Früchte, Glocken, Kerzen – das alles muß mehr sein als leblose Verzierung. Diese Dinge müssen ihre zugewiesene Aufgabe in der Vorstellungskraft des Menschen erfüllen, der vor dem Bild steht. Und warum? Weil wir das auch von ihren Gegenstükken im tatsächlichen Leben erwarten. Eine Frucht, die unberührt und ungegessen in einer Schale liegenbleibt, wird schon bald verfaulen, wenn sie nicht gerade künstlich ist. Und eine Kerze, die nur zur Zierde jahrelang in einem Messingständer herumsteht, erfüllt nie ihren eigentlichen Zweck. Eine tonlose Glocke, die nur als Staubfänger dient und auf irgendeinem

Regel neben anderem Nippes untergebracht ist, ist ein Spott für den, der sie einmal gemacht hat.

Wenn ich darüber nachdenke, fällt mir ein, daß manche von uns Christen auch so ein Stilleben geworden sind. Wir haben zwar rundherum den Anschein von frommen Kirchgängern und bibelgläubigen Jüngern Jesu. Aber wir sind ein unbewegliches Stilleben, und wir wissen das genau. Wir sind wie ein Gemälde ohne räumliche Tiefe, eine Verzierung, die man ausgestellt hat, ein Dekorationsartikel auf dem Regal. Gewiß, hübsch anzusehen (meist muß man sogar den Kopf heben und dazu aufblicken), aber nur selten zu etwas Gutem zu gebrauchen. Tief im Herzen wissen wir, daß wir Staub ansammeln, daß die Jahre verstreichen und wir nicht wirklich Gottes Willen tun und nicht so sind, wie er uns eigentlich haben wollte.

Im Brief des Jakobus finden wir kurz und bündig einen Rat für solche „Verzierungschristen": „Seid aber Täter des Worts und nicht Hörer allein; sonst betrügt ihr euch selbst" (Jakobus 1,22).

So, wie Glocken gemacht sind, um zu läuten, so sind Sie und ich dazu gemacht, die gute Nachricht von Jesus laut weiterzusagen.

So, wie Kerzen zum Brennen gemacht sind, so sind Sie und ich dazu gemacht, das Feuer des Heiligen Geistes in uns wieder anzufachen.

Und so, wie Früchte uns ernähren und erfrischen sollen, so sind Sie und ich dazu gemacht, die duftende, lebensspendende Frucht des Geistes zu tragen und dadurch hungrige und entmutigte Menschen zu speisen.

Sie sehen also, Leben ist eigentlich nie still. Nur der Tod ist still.

„Herr, mach mich brauchbar für dich!"

„Herr, bitte brauche mich!"

Das ist ein Gebetsruf der Gläubigen, die in die Welt um sich her die Worte und das Leben Jesu tragen wollen. Der Wunsch ihres Herzens ist nicht viel anders als der eines alten Liederdichters:

Nimm du mich ganz hin, o Gottessohn.
Du bist der Töpfer, ich bin der Ton.
Mach aus mir etwas nach deinem Sinn,
während ich harre, nimm mich ganz hin.

Wollen Sie sich vom Herrn gebrauchen lassen? Dann habe ich eine gute Nachricht für Sie! Gott will Sie gebrauchen. Und er wird es auch tatsächlich tun, da bin ich ganz sicher. In Johannes 15,8 hat Jesus gesagt: „Darin wird mein Vater verherrlicht, daß ihr viel Frucht bringt und werdet meine Jünger." Es ist also sein Wille, uns zu gebrauchen.

Ehrlich gesagt finde ich es recht überflüssig, Gott zu bitten, er solle uns gebrauchen. Denn wir bitten ihn damit um etwas, was er sowieso schon immer gerne tun wollte.

Also sollten wir das Gebet vielleicht etwas umformulieren. Möglicherweise wäre es besser, zu bitten: „Herr, mach mich *brauchbar*!"

Merken Sie den Unterschied? Wenn wir das Gefühl haben, als Zuschauer am Weg zu sitzen, während das Heer Jesu Christi an uns vorbeizieht, dann geht es nicht darum zu bitten, daß der Herr uns gebraucht – dann müssen wir ihn vielmehr anflehen, daß er unser Leben erst einmal für ihn brauchbar und nützlich macht.

„Mach aus mir etwas nach deinem Sinn", hieß es in dem Lied.

Gott tut also etwas an uns. Darüber müssen wir nachdenken,

nicht wahr? Und demütig werden und uns selbst prüfen, wobei wir uns vom Heiligen Geist leiten lassen. Hören Sie dazu die Worte des Paulus an seinen jungen Gefährten Timotheus: „In einem großen Haus aber sind nicht allein goldene und silberne Gefäße, sondern auch hölzerne und irdene, die einen zu ehrenvollem, die anderen zu nicht ehrenvollem Gebrauch. Wenn nun jemand sich reinigt von solchen Leuten, der wird ein Gefäß sein zu ehrenvollem Gebrauch, geheiligt, für den Hausherrn brauchbar und zu allem guten Werk bereitet" (2. Timotheus 2,20+21).

Wenn ich diese Worte lese, dann kommt es mir so vor, als ob die Verantwortung für die Brauchbarkeit nicht so sehr dem Hausherrn zufällt, der sich seine Gefäße aussucht, als vielmehr dem Gefäß selbst. Wenn ein Mensch gereinigt und fertig für den Einsatz ist, dann wird er auch „für den Hausherrn brauchbar und zu allem guten Werk bereitet" sein.

Und wie bereitet sich nun so ein Gefäß auf einen ehrenvollen Gebrauch vor? Paulus legt anschließend sofort ein paar konkrete Punkte fest:

„Fliehe die Begierden der Jugend! Jage aber nach der Gerechtigkeit, dem Glauben, der Liebe, dem Frieden mit allen, die den Herrn anrufen aus reinem Herzen. Aber die törichten und unnützen Fragen weise zurück; denn du weißt, daß sie nur Streit erzeugen. Ein Knecht des Herrn aber soll nicht streitsüchtig sein, sondern freundlich gegen jedermann, im Lehren geschickt, der Böses ertragen kann" (Verse 22-24).

Möglicherweise sollten wir auch in manchen Dingen nicht so sehr auf unseren Vorstellungen beharren:

Sicherlich, Sie mögen wirklich Talent zum Singen haben, aber Gott sorgt sich wahrscheinlich erst einmal darum, daß Ihr Herz und Ihre ganze Art besser auf ihn eingestimmt sind.

Ja, Sie sind gewiß ein begabter Lehrer, aber vielleicht hat Gott Ihnen selbst einige wichtige Lektionen beizubringen, bevor Sie hinausgehen und andere Menschen anleiten.

Es stimmt schon, Sie brennen darauf, sich Hals über Kopf in den vollzeitlichen Dienst für Ihren Herrn zu stürzen, aber doch könnte es sich auszahlen, wenn Sie erst einmal Ihr eigenes Haus in Ordnung bringen würden.

Anstatt immer wieder das alte Gebet „Herr, brauche mich" zu sprechen, könnten Sie zur Abwechslung einmal etwas anderes beten, etwa folgendes:

„Herr, ich weiß, daß du mich gebrauchen willst. Deswegen ist es nicht nötig, dich darum zu bitten. Du willst, daß mein Leben ein Gefäß ist, das bereitsteht für deine Absichten auf dieser Erde. Bitte zeig mir die Dinge, die mich noch davon abhalten, ein solches Gefäß zu sein. Zeig mir die Bereiche meines Lebens, die deine Hand noch zögern lassen, wenn du nach einem guten Werkzeug greifen willst. Ich warte vor dir, Herr. Mach aus mir etwas nach deinem Sinn!"

Gewißheit

Gottes Gegenwart in unserem Leben

Gewißheit

Gottes Gegenwart in unserem Leben

Es gibt eine Frage, die plagt jedes kleine Kind irgendwann einmal: „Was ist, wenn ich mal was ganz Schlimmes mache und Mama und Papa mich nicht mehr haben wollen?"

Mir gingen auch ab und zu solche furchterregenden Gedanken durch den Kopf, als ich noch klein war. Besonders dann, wenn ich ungezogen gewesen war, beispielsweise, als mein Onkel Dick mich erwischt hatte, wie ich hinter seinem alten Auto vor dem Haus meiner Großmutter eine Zigarette geraucht hatte. Ich war fest überzeugt: Wenn er das meiner Mutter erzählte, dann käme ich bestimmt in das schreckliche Waisenhaus, das am Ende der Klosterstraße lag.

Seltsamerweise kann ich mich nicht mehr an die Strafe erinnern, die meine Eltern mir damals aufbrummten. Jedenfalls mußte ich in kein Waisenhaus. Und etwas später, in einem vertrauten Gespräch mit meiner Mutter, erzählte ich ihr von meinen schlimmen Ängsten. Da lachte sie nur auf, schaute mich verständnisvoll an und nahm mich ganz fest in den Arm.

Vor einiger Zeit habe ich einmal mit einem Mann gesprochen, der tatsächlich von seinen Eltern verstoßen wurde. Er heißt Don und ist Italiener. Er erzählte mir, daß er früher ein Benediktinermönch gewesen war, der ganze Stolz seiner Familie. Er lebte in seinem Kloster hinter efeuumrankten Mauern, und eine Zeitlang fand er sich auch mit der Routine ab, mit den Morgengebeten und seiner bescheidenen Arbeit in einem kleinen Garten.

Doch dann geschah es, daß er durch eine ganze Serie von unwahrscheinlichen Ereignissen zum Glauben an Jesus Christus kam und das Kloster verließ. Seine Familie war wie vom Donner gerührt. Und als Jesus Don veranlaßte, einige schwerwiegende, kompromißlose Entscheidungen zu treffen, da wollten seine Eltern absolut nichts mehr mit ihm zu tun haben. Sein Vater verstieß ihn und schloß ihn aus seinem Testament aus, ja, er ging sogar so weit, daß er den „Tod" seines Sohnes in aller Form betrauerte. Können Sie sich vorstellen, wie weh das Don getan hat?

Nach diesem Gespräch fiel mir etwas Eigenartiges ein, was mir ein Freund, der Rechtsanwalt ist, vor Jahren einmal erzählt hat: Ein Vater kann in unserem Staat rechtlich gesehen zwar seine natürlichen Kinder verstoßen, aber wenn er einen Sohn oder eine Tochter adoptiert hat, kann er das nicht.

Ich will jetzt gar nicht behaupten, daß ich die juristischen Argumente, die hinter dieser Regelung stehen, alle verstanden hätte – aber jedenfalls ist sie seit der Zeit Jesu Christi in einer Zivilisation nach der anderen traditionelles Recht gewesen.

Ob der Apostel Paulus an diese Rechtslage gedacht hat, als er seinen Brief an die Galater schrieb? Das frage ich mich manchmal. Da heißt es: „Als aber die Zeit erfüllt war, sandte Gott seinen Sohn, geboren von einer Frau und unter das Gesetz getan, damit er die, die unter dem Gesetz waren, erlöste, damit wir die Kindschaft empfingen ... So bist du nun nicht mehr Knecht, sondern Kind; wenn aber Kind, dann auch Erbe durch Gott" (Galater 4,5+7).

Wenn man an die spezielle Regelung des Rechts für adoptierte Kinder denkt, dann könnte es sein, daß Paulus auf diese Weise eine entscheidende Wahrheit betonen wollte: Als adoptierte Kinder unseres himmlischen Vaters können wir niemals verstoßen werden, nicht in unserer Zeit und nicht in der Ewigkeit. Im Römerbrief hat Paulus etwas Ähnliches geschrieben: „Denn ihr habt nicht einen knechtischen Geist empfangen, daß ihr euch abermals fürchten müßtet; sondern ihr habt einen kindlichen Geist empfangen, durch den wir rufen: Abba, lieber Vater! Der Geist selbst gibt Zeugnis unserem Geist, daß wir Gottes Kinder sind. Sind wir aber Kinder, so sind wir auch Erben, nämlich Gottes Erben und Miterben Christi, wenn wir denn mit ihm leiden, damit wir auch mit zur Herrlichkeit erhoben werden" (Römer 8,15-17).

Manchmal werden Sie vielleicht wie ein ängstliches kleines Kind versucht sein zu denken, daß Gott Sie aus diesem oder jenem Grund verstoßen könnte. Vielleicht stellen Sie sich dann vor, wie er sagt: „Wenn du nicht endlich aufhörst, dich so aufzuführen wie ein kleiner Rebell, werde ich dich ein für allemal verlassen. Dann werde ich mich in dein Leben nicht mehr einmischen und streiche dich kurzerhand aus meinem Testament!"

Bringen Sie solche unbegründeten Sorgen vor Gott und lassen Sie sich von ihm alle Ihre Zweifel wegnehmen. Ergreifen Sie die Wirklichkeit seines ewigen Wortes und lassen Sie sie nicht wieder los. Gott wird Sie niemals verstoßen und enterben. Er wird Sie auch nie verlassen und nie aufhören, sich auf so großartige Weise in Ihr Leben einzumischen. Was er Jesus Christus, seinem eingeborenen, ersten Sohn geschenkt hat, das wird er auch Ihnen reichlich schenken, weil Sie sein adoptiertes Kind sind.

Mein Freund Don schöpft aus diesen Gedanken Trost, und ich tue es auch. Und es ist meine aufrichtige Hoffnung, daß Sie, wenn Sie die folgenden Seiten lesen, ebenfalls in der Gewißheit ruhen können, daß Gott, der herrliche Störenfried, der Sie so sehr liebt, Sie für immer als sein geliebtes Kind in seiner Nähe haben will. Er möchte, daß Sie sich seiner Liebe ganz sicher sind!

Also halten Sie weiter an der Heiligen Schrift fest, und wachsen Sie in dem Herrn. Und vor allen Dingen: Bleiben Sie unerschütterlich in der Gewißheit, daß er Sie liebt!

Der Wert unserer Schwachstellen

Ich erinnere mich noch gut, wie ich einmal mit meiner Schwester Jay von unserer Farm aus zur Versteigerung auf den großen Viehmarkt in Baltimore fuhr.

Wir hatten gehört, daß ein Gestüt in unserer Nähe, auf dem Vollblutpferde gezüchtet wurden, einen Teil seines Bestandes aufgeben wollte. Da dachten wir, wir könnten auf diese Weise billig an ein gutes Pferd kommen.

Schon früh kamen wir auf dem Platz an. Wir strichen umher, um die Tiere, die dort zur Versteigerung bereitstanden, eingehend zu begutachten. Ich hatte es besonders auf ein riesiges rotbraunes Vollblutpferd abgesehen, das sonst anscheinend niemand beachtete, aber wir wollten vor den Augen des Verkäufers auch nicht allzu großes Interesse zeigen.

Ich versuchte, so unbeteiligt und fachmännisch wie nur möglich auszusehen, und fühlte über die Schienbeine des Pferdes, ob ich irgendwelche Unebenheiten entdecken könnte, die auf Knochensplitter hinwiesen. Dann kniete ich mich hin und tastete mit den Fingern die Hufe ab, ob sie Risse oder Spalten hätten. Wir befühlten auch die Rippen und den Widerrist und besahen uns die Zähne, hoben den Schweif hoch und traten schließlich ein paar Schritte zurück, um den allgemeinen Zustand des Tieres zu beurteilen.

Als wir mit unserer Untersuchung des Pferdes so weit gekommen waren, kannten wir alle seine Schwachpunkte. Und nun wußten wir auch genau, was es wert war. Wir waren nur zu gerne bereit, dem Eigentümer gegenüber ausführlich auf die Schwachstellen hinzuweisen, wenn er etwa nicht auf unser niedriges Angebot eingehen sollte.

Schwachpunkte sind so eine Sache. Es kann einem Angst machen, wenn man daran denkt, daß die eigenen Schwachstellen bloßgelegt werden könnten, nicht wahr? Sie haben immer die

Tendenz, unseren Wert in den Augen anderer Menschen entweder zu erhöhen oder zu vermindern.

Dabei fällt mir ein Zitat von Corrie ten Boom ein:

„Der Teufel ist wie ein guter Viehhändler, der einmal um eine Kuh herumgeht und dann alle ihre schwachen Stellen kennt. Er kennt uns und weiß genau, wo er uns treffen kann. Der Teufel ist noch nicht in Rente gegangen. Er weiß, daß seine Zeit kurz ist, und er ist ausgesprochen aktiv. Aber Jesus ist auch da, und er ist viel stärker als der Teufel."

Das ist eine wichtige Warnung. Sie denken vielleicht, Sie hätten alle Ihre Schwächen gut verdeckt, aber Ihr Feind will Sie gerne mit dem geringstmöglichen Angebot ersteigern. Und deshalb wird er Sie ganz genau überprüfen, von vorne bis hinten, von oben bis unten und von links nach rechts.

Satan ist an Ihren Schwachpunkten äußerst interessiert. Ob es nun eine Neigung zur Angst ist oder ein Hang zum Zweifel, ein Zug zum Träumen oder eine Tendenz zum Stolz, er weiß ganz genau Bescheid.

Wenn Sie im Augenblick in Ihrem Leben einen bestimmten Bereich haben, in dem es harte Kämpfe gibt, dann sollten Sie wissen, daß der Teufel nicht aufhören wird, Sie gerade an dieser Stelle zu bedrängen, wo es Ihnen besonders weh tut. Er weiß, wo Sie Ihren wunden Punkt haben, und er zögert keinen Moment, dieses Wissen zu seinem Vorteil auszunutzen.

Aber es stimmt, was Corrie ten Boom gesagt hat: Jesus ist ebenso gegenwärtig, und er ist viel stärker als der Teufel. Auch er kennt Ihre schwachen Stellen, aber er will, daß gerade diese empfindlichen Bereiche Ansatzpunkte seiner Macht in Ihrem Leben werden. Weil Paulus das erkannt hatte, konnte er schreiben: „Wenn ich schwach bin, so bin ich stark" (2. Korinther 12,10).

Trotz aller Ihrer Fehler und Kämpfe hat Jesus Ihr Leben nicht zu einem besonders niedrigen Preis gekauft. Nein, einen höheren Preis hätte er gar nicht zahlen können.

Von seinem Standpunkt aus sind Sie gerade wegen Ihrer Schwächen so viel wert.

Jesu erste Predigt

„Denn wir haben nicht einen Hohenpriester, der nicht könnte mit leiden mit unserer Schwachheit, sondern der versucht worden ist in allem wie wir, doch ohne Sünde" (Hebräer 4,15).

Wenn wir von den Nöten und Versuchungen des Gottessohnes sprechen, dann denken wir meistens zuerst an seine Erfahrungen in der Wüste, an seinen verzweifelten Hunger und seinen brennenden Durst. Oder aber an die dunkle Stunde, als seine Freunde ihn verließen. Es fällt uns ein, daß er keinen Ort hatte, den er sein Zuhause nennen konnte, daß er Hunderte von Meilen mühsam zu Fuß zurücklegte. Seine Muskeln schmerzten, und er hatte Blasen an den Füßen. Er weinte auch echte Tränen. Und als man seinen Körper an das rohgezimmerte Kreuz fesselte, da trug er nicht nur unsere Sünden – er *wurde* für uns sogar zur Sünde. Er identifizierte sich mit jeder Spielart unserer menschlichen Schwäche.

Aber diese radikale Gleichstellung mit uns fing nicht erst mit seinem Dienst in der Öffentlichkeit an. Nein, wenn ich überlege, in welchem Ausmaß Jesus die Tiefen der menschlichen Erfahrungen auslotete, dann denke ich zuerst an seine Geburt.

Schon als Neugeborener wurde er den Schwachen gleich. Es gab keine in Pastellfarben gestrichene, hygienische Säuglingsstation für ihn, kein neues Kinderbettchen, keinen komfortablen Wickeltisch. Auch keine Wegwerfwindeln, keinen Babypuder, keine Spieluhren, keine Mobiles mit Giraffen und keine Teddybären. Keinen Wattebausch und keine Babycreme und kein niedlich gesticktes Kinderbild in Blau und Rosa an der Wand. Und die Tücher, in die er gewickelt war, hatten nur wenig mit den Modellen renommierter Babyausstatter zu tun.

Bei seinem Leben auf dieser Erde lernte Jesus von Anfang an unsere Schwäche kennen. In einem stinkenden Stall trat er in unsere Geschichte ein. Er hatte nichts als eine Handvoll Heu als

Kissen. Die einzige Musik, die er gehört hat, waren vielleicht die gedämpften Klänge einer Leier und einer Flöte aus der vollen Gastwirtschaft nebenan. Und der erste Geruch, der seine kleine Nase erfüllte, kam von abgestandenem Stroh und Dung. Sein erstes Bett war ein Viehtrog, und sein erster Wickeltisch ein schmutziger Fußboden.

Niemand von uns kann mit anklagendem Finger auf Jesus zeigen und sagen: „Ach, du – du lebst in einem Elfenbeinturm. Du hast ja keine Ahnung, wie das Leben ist!"

Vielleicht hatte Gott das alles so geplant, um ein Beispiel zu geben. Vielleicht wollte unser himmlischer Vater uns damit zeigen, daß gerade in der Schwäche Stärke liegt, in der Armut Reichtum und in der Demütigung Würde.

Schon als winzig kleines Kind hatte der Herr Jesus eine Mission zu erfüllen. Noch bevor er sprechen gelernt hatte, war sein Leben schon eine Botschaft. Seine Geburt war in vieler Hinsicht eine Predigt. Von Anfang an demonstrierte er das Ausmaß der göttlichen Liebe.

Er ist der Hohepriester, dem unser Lob gilt – in der Weihnachtszeit und das ganze Jahr über. Er ist der eine, den wir anbeten und dem wir unsere Danklieder singen. Wir haben einen Heiland, der mit unseren Schwächen mit leidet: „Darum laßt uns hinzutreten mit Zuversicht zu dem Thron der Gnade, damit wir Barmherzigkeit empfangen und Gnade finden zu der Zeit, wenn wir Hilfe nötig haben" (Hebräer 4,16).

Das dürfen wir tun, weil Jesus Bescheid weiß, weil er uns versteht. Die Geschichte und der Himmel strafen jeden Lügen, der etwas anderes behauptet.

Eine Antwort, mit der man leben kann

Ich bin froh, daß ich kein Heiliger aus dem Alten Testament bin. Denn ich glaube, ich könnte nicht so lange warten, wie viele von ihnen es taten, um Antwort auf ihre schmerzlichen Fragen zu bekommen.

Nehmen Sie zum Beispiel Gideon. Eines Tages, als er gerade heimlich in einer Weinkelter Weizen drosch, erschien ihm der Engel des Herrn und sprach zu ihm: „Der Herr mit dir, du streitbarer Held!" (Richter 6,12). Gideon sah sich um, und was er in seiner Umgebung erblickte, paßte nicht so ganz zu dem Gruß des Engels. „Wenn ich so ein streitbarer Held sein soll", mag er gedacht haben, „warum dresche ich dann heimlich Weizen in einer Kelter, damit unsere Feinde es nicht sehen?" Die Erscheinung des Engels brachte ihn auf eine ganz gezielte Frage: „Ist der Herr mit uns, warum ist uns dann das alles widerfahren? Und wo sind alle seine Wunder, die uns unsere Väter erzählten und sprachen: Der Herr hat uns aus Ägypten geführt? Nun aber hat uns der Herr verstoßen und in die Hände der Midianiter gegeben" (Richter 6,13).

Nun, der Herr hatte das Volk nicht verstoßen, und die Geschichte ging glücklich aus. Aber Gideons Fragen wurden ihm nie direkt beantwortet.

Oder nehmen Sie ein anderes Beispiel. Nachdem der Schreiber von Psalm 44 Gott für seine großen Taten der Erlösung gepriesen und sein unerschütterliches Vertrauen in Gottes Fürsorge bekundet hat, fährt er fort: „Warum verstößest du uns denn nun und lässest uns zuschanden werden und ziehst nicht aus mit unserem Heer? Du lässest uns fliehen vor unserem Feind, daß uns berauben, die uns hassen. ... Du verkaufst dein Volk um ein Nichts und hast mit ihrem Kaufgeld nichts gewonnen. ... Dies alles ist über uns gekommen; und wir haben doch dich nicht vergessen, an deinem Bund nicht untreu gehandelt.

Unser Herz ist nicht abgefallen noch unser Schritt gewichen von deinem Weg, daß du uns so zerschlägst am Ort der Schakale und bedeckst uns mit Finsternis. ... Doch um deinetwillen werden wir täglich getötet und sind geachtet wie Schlachtschafe" (Verse 10.11.13.18-20.23).

Und dann kommt auch hier die Frage: „Warum verbirgst du dein Antlitz, vergissest unser Elend und unsere Drangsal?" (Vers 25).

Das ist eine schwere, eine schmerzliche Frage. Und eine Frage, die Gott nie beantwortet – bis im Neuen Testament eine Antwort aufscheint.

„Warum verbirgst du dein Antlitz, vergissest unser Elend und unsere Drangsal?" Haben Sie dieses Gefühl, vergessen zu sein, auch schon gehabt? Ist es Ihnen schon einmal so vorgekommen, als ob Gott Sie verlassen hätte, obwohl Sie ihm treu geblieben sind? Ist da unerwartet Schmerz, Unfall, Krankheit, Tragik oder Unglück in Ihr Leben eingebrochen – so daß Sie blutend zurückgelassen wurden, während Sie sich immer wieder fragten: „Warum nur?"

Ich habe das erlebt, und Gideon auch, und ebenso der Schreiber von Psalm 44. Und jenen Hinweis, den diese Männer damals noch nicht hatten, den wir aber heute besitzen, finden wir in die erstaunliche Verheißung in Römer 8 eingehüllt. Da werden auch Sie Gottes Antworten auf Ihre quälenden Fragen nach dem Warum finden.

Wenn wir wenigstens auf ein paar dieser Warums antworten können, dann haben wir Vertrauen darauf, daß wir nicht sinnlos leiden müssen. Und der triftigste Grund, den ich mir für meine Lähmung denken kann, ist die Aussage in Römer 8,28. Da heißt es: „Wir wissen aber, daß denen, die Gott lieben, alle Dinge zum Besten dienen, denen, die nach seinem Ratschluß berufen sind." In meinen Worten würde das heißen: „Alle Dinge passen für die Menschen, die Gott liebhaben, in ein bestimmtes Muster, das letztlich zum Guten dient – denn es steht die Absicht dahinter, uns in das Bild Jesu Christi umzugestalten."

Damals, vor meinem Unfall, als ich noch ein junges Mädchen war und quicklebendig umherlaufen konnte, kümmerte ich mich sehr wenig darum, daß ich Jesus Christus ähnlicher werden sollte. Und die größten Leiden, die ich bis dahin mitgemacht hatte, waren fünfundzwanzig anstrengende Runden auf dem Hockeyfeld, eine schlechte Note in der Chemiearbeit oder das unangenehme Gefühl, wenn ein paar Klassenkameradinnen eine Clique bildeten und mich nicht mehr beachteten.

Leiden schien mir damals mit dem christlichen Leben kaum in Zusammenhang zu stehen. Unter dem Leben im Überfluß verstand ich eher, weniger Hausaufgaben machen zu müssen, allseits beliebt zu sein und immer gute Noten zu haben. Jesus Christus ähnlich zu werden, das war etwas, worüber ich mir ja immer noch Gedanken machen konnte, wenn ich einmal älter war.

Als ich dann siebzehn Jahre alt war und durch einen Unfall gelähmt wurde, änderten sich meine Vorstellungen radikal. Plötzlich fing ich an zu erkennen, daß Leiden tatsächlich unauflösbar damit verbunden ist, Jesus immer ähnlicher zu werden. Hilflosigkeit hatte wirklich etwas zu tun mit Heiligkeit, und Schmerz mit Frömmigkeit. Allmählich änderte sich mein ganzes Wertesystem. Das Leben in Fülle, das Jesus Christus schenkt, hatte auf einmal eine ganz andere Bedeutung: es war jeder Widerschein der Art Jesu, der in mir gefunden werden konnte, etwa Frieden, Geduld, Ausdauer, Nachsichtigkeit, Freundlichkeit oder Sensibilität. Es dämmerte mir, daß das etwas mit wahrem Erfolg und wahrer Schönheit zu tun hat: Jesus Christus, der in mir lebt und sich in mir widerspiegelt.

Nun dürfen Sie nicht denken, ich wollte damit das Leiden verherrlichen. Gelähmt zu sein hat an sich überhaupt nichts Gutes. Es liegt auch nichts eigentlich Gutes in der Blindheit oder Taubheit und nichts Gutes an sich im Krieg oder in der Gewalt, in Mißbildungen oder Ehescheidungen, im Bankrott oder in der Armut. Aber diese Dinge, so schlimm sie eigentlich sind, können dennoch in einen wunderbaren Plan passen, der zu unserem Besten und zur Ehre Gottes dient.

Wissen Sie noch, wie der Psalmist fragte? „Warum verbirgst du dein Antlitz, vergissest unser Elend und unsere Drangsal?“ Wer würde nicht schwere Zeiten durchmachen, wenn man ihm versichert, daß Gottes Liebe unerschütterlich ist, er aber gleichzeitig um seinetwillen „täglich getötet" wird und „geachtet ist wie ein Schlachtschaf"?

Doch so erstaunlich es auch klingt – es ist gerade dieser Satz über das leidende Schaf, den Paulus in Römer 8,36 wieder aufgreift, um Gottes Liebe zu verkünden. Sehen Sie nur einmal selbst dort nach. Paulus sagt: Auch wenn unser Leben nur noch am seidenen Faden hängt – selbst in solchen Zeiten „überwinden wir weit durch den, der uns geliebt hat. Denn ich bin gewiß, daß weder Tod noch Leben, weder Engel noch Mächte noch Gewalten, weder Gegenwärtiges noch Zukünftiges, weder Hohes noch Tiefes noch eine andere Kreatur uns scheiden kann von der Liebe Gottes, die in Christus Jesus ist, unserem Herrn" (Römer 8,37-39).

Setzen auch Sie Ihre Probleme mit auf diese Liste! Auch die Dinge, mit denen Sie im Augenblick zu kämpfen haben – ganz gleich, ob sie groß oder klein sind –, können Sie niemals von der Liebe Gottes trennen. Und das Ergebnis ist, daß durch all die schlimmen Erfahrungen Jesu Art tief in Ihren Charakter eingewurzelt wird.

Und das ist eine Antwort auf alle Fragen nach dem Warum, mit der man leben kann!

Ein anderes Leiden

Sie heißt Kerrie und ist die dreizehnjährige Tochter einer der Frauen, mit denen ich im Büro zusammenarbeite. Manchmal kommt Kerrie nach der Schule zu uns und arbeitet freiwillig eine Zeitlang neben ihrer Mutter, steckt Briefe in Umschläge, fotokopiert Listen und sortiert Broschüren. Sie ist ein schüchternes kleines Mädchen, das oft allein ist; dann liest sie, zeichnet oder setzt Puzzles zusammen.

Es gibt einen tieferen Grund dafür, warum Kerrie so schüchtern, so zurückgezogen ist. Die Schule ist nicht leicht für sie. Sie ist ein Mädchen, das in der Schulkantine allein an einem Tisch sitzt, das ohne Begleitung über den Flur geht. Sie ist die Zielscheibe derer, die sich über jemanden lustig machen wollen. Schon ein paarmal mußte man ihr eingetrocknetes Essen aus dem Haar kämmen, das ihr gehässige Klassenkameraden an den Kopf geworfen hatten.

Ich sehe sie mir an und bin verblüfft. Ich verstehe das einfach nicht. Kerrie ist ein freundliches, sensibles Mädchen; sie hat eine ganze Reihe blasser Sommersprossen auf den Wangen, und diese Wangen sehen wie Apfelbäckchen aus, wenn sie lächelt. Sie gibt denen, die sie quälen, nie Widerworte, sie leistet keinen Widerstand und ist auch nicht böse oder hinterhältig. Ich habe immer noch nicht herausbekommen, warum die Jungen und Mädchen in ihrer Schule sie so abscheulich behandeln. Und was die Sache besonders grausam macht, ist die Angst, unter der Kerrie leidet. Tiefer Schmerz und ungläubige Bestürzung, wenn auch erstickt und unterdrückt, stehen immer in ihren Augen.

Fühlt unser Herr auch mit solch einer Art von Leiden mit?

Wir wissen alle, daß Jesus Christus gelitten hat. Wir stellen uns sofort die Dornenkrone vor, die ihm ein Soldat auf den Kopf preßte, oder die Nägel, die durch seine Hände und Füße getrieben wurden. Unter dem Leiden Jesu Christi verstehen wir das Leiden am Kreuz.

Aber manchmal ist es schwer, sich mit dieser Art von Schmerz zu identifizieren. Ja, Jesus hat unvorstellbar gelitten in diesen dunklen Stunden, aber das ist eben nicht die Art von Leiden, die die meisten von uns durchzustehen haben. Wie bei meiner kleinen Freundin Kerrie ist unser Leiden oft nur innerlich zu spüren. Man sieht es nicht, es fließt kein Blut. Die Sache vollzieht sich schweigend und vor allen Menschen verborgen.

Oft leiden wir heftig unter schwierigen Beziehungen zu anderen, unter den Verletzungen und der Mißachtung, der Ablehnung und der Herabsetzung, die uns von anderen Menschen zugefügt werden. Nein, das ist kein Auspeitschen oder Prügeln. Es sind keine Nägel oder Dornen zu sehen. Aber es tut trotzdem weh, manchmal sogar unerträglich.

Können wir eigentlich sicher sein, daß unser Herr auch mit diesen unsichtbaren, alltäglichen Schmerzen mitfühlt?

Das 53. Kapitel im Buch Jesaja bringt unsere Zweifel in dieser Hinsicht gründlich zur Ruhe. Hier beschreibt der Prophet Zug um Zug ein tief persönliches Bild des Messias. In diesen Worten – und oft auch zwischen den Zeilen – können wir einen Blick auf die alltäglichen Schmerzen werfen, die Jesus Christus erleiden mußte, als er auf dieser Erde lebte.

Zu Anfang des Kapitels erfahren wir, daß Jesus wohl nicht unbedingt der angesehendste Mann auf Erden war. „Er hatte keine Gestalt noch Hoheit. Wir sahen ihn, aber da war keine Gestalt, die uns gefallen hätte. Er war der Allerverachtetste und Unwerteste, voller Schmerzen und Krankheit. Er war so verachtet, daß man das Angesicht vor ihm verbarg; darum haben wir ihn für nichts geachtet" (Jesaja 53,2+3).

An seinem Äußeren war nichts, was die Menschen besonders angezogen hätte. Er war einfach ein alltäglicher, ganz normal aussehender junger jüdischer Mann.

Es gibt haufenweise einfache Lieschen Müller und Otto Normalverbraucher, die etwas von sich in Jesaja 53,2 wiederfinden können. Ich habe auch solche Tage erlebt, an denen man in den Spiegel sieht und sich kein bißchen hübsch vorkommt, nein, sogar richtig häßlich. Aber die Bibel sagt uns, daß wir einen Heiland haben, der weiß, wie das mit dieser Art von Ablehnung und Einsamkeit ist.

In Vers 6 steht sogar noch mehr: „Wir gingen alle in die Irre wie Schafe, ein jeder sah auf seinen Weg. Aber der Herr warf unser aller Sünde auf ihn."

Jeder sah auf seinen Weg, wendete sich von Jesus ab. Jesus aber nahm ganz allein die Last unserer Sünde und Auflehnung auf seine Schulter. Genau wie Sie schon einmal die Verwundung durch das übertriebene, niederdrückende Mitleid anderer Menschen oder aber durch ihre Gleichgültigkeit erlebt haben, mußte auch Jesus den inneren Stich einer schroffen Abfuhr und den Schmerz der Einsamkeit ertragen. Und das nicht nur durch das Verhalten von einigen wenigen Leuten, die nur in guten Zeiten seine Freunde waren. Nein, er mußte sich der schrecklichen Einsicht stellen, daß niemand mehr auf seiner Seite war. Kein einziger machte sich noch die Mühe, ihm zuzuhören oder sich um ihn zu kümmern.

In Vers 11 ist davon die Rede, daß „seine Seele sich abgemüht hat". Das muß die schlimmste Form des Leidens sein – wenn man die schweren, abgrundtiefen Seufzer ausstößt, die ganz tief von innen kommen. Da ist wirkliche Angst und Not, die man nicht mehr eindämmen kann.

Sie wissen, wie man sich dann fühlt. Und Jesus weiß es auch.

Wenn Sie also heute unter anderen Menschen zu leiden haben, wenn Sie mit diesem Schmerz kämpfen, der Ihnen durch und durch geht, dann denken Sie daran, daß Ihr Hoherpriester Sie voll und ganz versteht.

Bestimmt ging sein Leiden weit über das hinaus, was Sie und ich je begreifen werden – er ging ja den ganzen schweren Weg bis zum Kreuz. Aber er versteht auch, wie man sich fühlt, wenn man mißachtet, seelisch mit Füßen getreten und abgekanzelt wird.

Und wenn Sie ihm diese inneren Schmerzen bringen, wird er Sie ganz bestimmt ernst nehmen.

Der Tröster

Eine Großmutter hat mir neulich erzählt, was sie mit ihrer kleinen Enkelin erlebt hat – und mit Gott, der sich so herrlich in unser Leben einmischt.

„Der Anruf meiner Tochter aus der Notaufnahme des Krankenhauses versetzte mir einen richtigen Schock. Meine kleine Enkelin Robin, gerade erst sechs Jahre alt geworden, war in der Schule von einer hohen Turnstange gefallen und hatte sich am Mund böse verletzt. Ich holte ihre kleineren Schwestern aus dem Kindergarten ab und verbrachte einen hektischen, angespannten Nachmittag, an dem ich die Mädchen beaufsichtigte und gleichzeitig schmerzlich darauf wartete, daß meine Tochter mit Robin zurückkehrte. Der Arzt hatte die schlimme Wunde mit acht Stichen im Mund und mit sechs Stichen von außen nähen müssen. Während die Kleinen über ihre Mutter herfielen, saß Robin unbeweglich im größten Sessel im Wohnzimmer. Ihr Gesicht war so geschwollen, daß man sie kaum wiedererkannte, ihre langen Haare waren noch klebrig vom getrockneten Blut, und sie sah winzig klein und verloren aus. Ich ging ganz vorsichtig auf sie zu, denn Robin zeigt ihre Gefühle nur sehr selten und ist ein äußerst zurückhaltendes Kind. ‚Mein Schatz, was soll ich für dich tun, was brauchst du jetzt?‘ fragte ich. Sie sah mir fest in die Augen und sagte: ‚Ich brauche jemand, der mich in den Arm nimmt.‘ ‚Oh ja, das brauche ich auch!‘ dachte ich, während ich sie auf den Schoß nahm. Aber wen soll eine erschöpfte Großmutter schon darum bitten? Als ich sie zärtlich auf meinen Knien hin und her wiegte, fielen mir die Worte aus Johannes 14,16 ein: ‚Und ich will den Vater bitten, und er wird euch einen anderen Tröster geben, daß er bei euch sei in Ewigkeit.‘ Also bat ich Gott um seine Nähe, genauso einfach und kläglich, wie Robin mich gebeten hatte. Und genauso einfach und direkt spürte ich dann seine ewigen Arme, wie sie uns beide umfingen."

Wie diese Großmutter sehnen auch wir uns oft danach, daß uns tröstende Arme in unserer Schwachheit, in unserem Kummer, in unserer Verwirrung umfangen.

Und gerade das liebe ich so am Heiligen Geist.

Sicherlich, die Bibel nennt ihn unseren Ratgeber, und er ist auch unser Fürsprecher. An anderer Stelle wird uns gesagt, daß er unser Lehrer, unser Führer und der Geist der Wahrheit ist. Er erinnert uns an alles, was Jesus gesagt hat. Er offenbart uns den Vater. Er zeigt uns auch unsere Sünde auf. Er tut so viel für uns. Aber eins gibt es, was ich am meisten an ihm mag: Er ist unser Tröster.

Es gibt Zeiten, da sehne ich mich so sehr danach, die Gegenwart Gottes zu spüren, daß ich fast weinen muß. Und ich weiß, daß der Heilige Geist in solchen Momenten ernsthaft für mich betet. Was für ein Trost ist es, seine Gegenwart so nahe und auf so ganz persönliche Art zu fühlen!

In Johannes 16,14 sagt Jesus vom Heiligen Geist: „Er wird mich verherrlichen." Das ist wirklich wahr. Wenn ich die tröstende Gegenwart des Geistes spüre, dann will ich Jesus nur noch um so mehr loben und preisen.

Wenn Ihnen heute etwas äußerlich oder innerlich weh tut, dann greifen Sie einmal nicht sofort zum Telefon, um einen Freund oder eine Freundin anzurufen. Suchen Sie zuerst die ewigen Arme des Heiligen Geistes. Er bedeutet vieles für uns, aber das Wichtigste für Sie heute liegt darin, daß er Ihr Tröster ist. Er nimmt bereitwillig und liebevoll kleine Mädchen, bekümmerte Großmütter und sorgenvolle Väter in den Arm – und auch Sie.

Sie meinen, es wäre schon eine ganze Weile her, seit Sie diese heilige Umarmung spürten? Vielleicht ist es auch schon lange her, daß Sie das letzte Mal darum gebeten haben.

Gott geht uns nach

Als ich eine frischgebackene Christin war und der Länge nach in meine erste große Anfechtung fiel, fragte ich mich, wo eigentlich die Liebe Gottes geblieben sei.

Die Leute redeten zwar davon, daß Gottes Liebe mir durch schwere Zeiten hindurchhelfen würde, doch ich konnte ein inneres Bild nicht abschütteln: Der Herr lehnte sich bequem gegen irgendeine Elfenbeinwand im Himmel und wies lässig mit dem Daumen in Richtung des Kreuzes. „Das sagt doch alles!" schien er damit zu meinen.

Bald schon entdeckte ich, daß ich mit dieser Ansicht nicht allein stand. Ich habe im Laufe der Jahre mit einer ganzen Anzahl von Menschen gesprochen, die sich Gott gelangweilt und träge vorstellen – als einen Gott, der nur spärlich an unseren Lebensumständen interessiert ist und ein bißchen ärgerlich wird, wenn man ihn drängt, er solle doch hier und jetzt seine Liebe zu uns unter Beweis stellen. Manche Leute beschreiben ihn fast so wie einen kosmischen Warenhausangestellten, der gleichmütig die per Post eingegangenen Gebetsanliegen erledigt. Andere haben das Gefühl, daß Gott sie ganz und gar vergessen hat, während irgendein anderer, „gehorsamerer" Christ die Aufmerksamkeit des Herrn eher auf sich zieht.

Meine Vorstellung von Gott hat sich natürlich geändert, seit ich in meinem Glauben weiter gewachsen bin. Aber selbst die von uns, die ihn als einen mächtigen und fürsorglichen Herrn kennen, unterschätzen leicht die Kraft seiner entschlossenen Liebe.

Gott betrachtet unser Leben nicht aus einer kühlen Distanz heraus. Er ist nie gleichgültig oder unbeteiligt, wenn es um uns geht. Er ist vielmehr immer unterwegs, er hat immer direkt mit unserem Leben zu tun. Hören wir dazu einige Worte von Andrew Greeley:

„Unser Gott steht nicht geduldig da und wartet darauf, daß wir ihm unsere Liebe schenken. Nein, er verfolgt uns regelrecht, aktiv und entschlossen ... Er ist der Vater, der dem Verlorenen Sohn schon auf halbem Weg entgegenläuft und ihn umarmt, bevor der Junge überhaupt sein Schuldbekenntnis sprechen kann. Er ist der unverständliche Weinbergbesitzer, der über Männer, die noch nicht einmal richtig gearbeitet haben, einen vollen Tageslohn ausschüttet. Er ist Jesus, der der sündigen Frau vergibt, noch bevor sie ihr Leid ausgesprochen hat. Er ist der König, der einen Saal voller Bettler mit einem überreichen Festmahl bedient. All das zeigt uns einen Gott, dessen Liebe zu uns so stark und tatkräftig ist, daß man ihn nach menschlichen Maßstäben zumindest für verrückt erklären würde."

Gott ist nicht so, daß er ein bißchen verlegen und wenig überzeugend vor sich hin murmelt: „Ja, sicher habe ich dich lieb." Nein, er zeigt und beweist uns pausenlos, wie sehr er uns liebt.

Malen Sie sich nur einmal aus, welchen Einfluß wir auf unsere Umwelt hätten, wenn wir nur mit einem Stückchen jener Intensität nach Gott streben würden, mit der er uns nachgeht; wenn wir immer seinem Wort gehorsam wären, und zwar im selben Moment, in dem wir das Drängen des Heiligen Geistes spüren; wenn wir wie Gott eine Leidenschaft für alles Heilige hätten; wenn wir unsere Liebe so großzügig und freigebig ausschütten würden, wie er es tut!

In einer Zeit, in der es modern ist, immer gelassen, gelangweilt, distanziert und leidenschaftslos zu bleiben, können wir es uns gar nicht leisten, an der begeisterten, allumfassenden Liebe Gottes zu zweifeln. Seine drängende Liebe umgibt uns in jedem Augenblick. Er ist vor uns und hinter uns zugleich und verschwendet seine Liebe unermüdlich an unser Leben. Was für eine Hingabe! Was für eine Leidenschaft für uns! Wie können wir da nur halbherzig und zweifelnd auf unsere Lebensumstände und auf andere Menschen schauen, wenn Gott uns so lieb hat?

Hoffentlich laufen wir auch den Weg entlang, denen entgegen, die uns beleidigt haben, um ihnen zu vergeben.

Hoffentlich überschütten wir auch diejenigen im Überfluß, die es nicht verdient haben.

Hoffentlich umarmen wir den Sünder, bevor er überhaupt sein Leid ausgesprochen hat.

Und hoffentlich gehen wir unserem Gott wenigstens mit einem Bruchteil der Energie nach, mit der er uns verfolgt.

Wo der Wind weht

Jesus muß damals im Gespräch innegehalten haben; er spürte den kühlen Abendwind, der sein Gesicht berührte und sein Gewand etwas aufbauschte. Vielleicht hat er auch auf die dunklen Umrisse eines Baumes in der Nähe gezeigt und auf das Rascheln der Blätter gehört.

Dann sagte er zu dem Pharisäer Nikodemus: „Der Wind bläst, wo er will, und du hörst sein Sausen wohl, aber du weißt nicht, woher er kommt und wohin er fährt. So ist es bei jedem, der aus dem Geist geboren ist" (Johannes 3,8).

Diesen Vergleich habe ich immer schon geliebt. Vielleicht liegt das daran, daß ich auch den Wind schon immer so gern gemocht habe.

Ich denke an einen Sommernachmittag: Man liegt entspannt unter einem alten Ahornbaum mit weit ausladenden Ästen und sieht zu, wie der Wind ganz sanft die Zweige bewegt, und hört, wie er in den Blättern raschelt.

Oder ich denke an einen Morgen am Meer. Da spüre ich den kräftigen Wind im Gesicht und beobachte, wie er die Wellen immer von neuem ans Land wirft.

Oder ich sehe mich im Zelt mitten in einem Tannenwäldchen, wie ich auf den Wind lausche, wenn er wispert und durch die Bäume pfeift.

Außerdem gibt es noch den heftigen Nordweststurm im November, der über regennasse Felder peitscht und in wilder und herrlicher Wut daherfegt.

Und dann fällt mir der Geruch des Windes ein: Er bringt den Duft von fernen Blüten mit sich, das Aroma eines Holzfeuers oder die scharfe, salzgesättigte Tangluft des Meeres.

Es ist nicht verwunderlich, daß Jesus den Heiligen Geist mit dem Wind verglichen hat. Der Wind ist von Natur aus immer in Bewegung, und genauso liegt der Heilige Geist niemals schläfrig da, er hält nie völlig still in unserer Seele. Er bewegt sich ständig, er macht sich immer bemerkbar. Und wenn er wirklich im Zentrum unseres Lebens wohnt, dann werden wir sehen, spüren und manchmal fast riechen und hören, welche Auswirkungen seine Aktivität haben kann. Der Geist wird pausenlos irgend etwas in uns tun, etwas, was uns andere später anmerken werden.

Obwohl wir den Wind mit unseren Augen nicht sehen können, wissen wir doch, daß er sich um uns herum bewegt. Wir sehen es an den Auswirkungen, die er auf Bäume, Blumen und Meereswogen hat, auf den Rauch des Feuers, auf die kleinen Wellen eines Sees und auf wehende Weizenähren; und wir spüren seine Berührung auf unserem Gesicht.

Auf diese Weise werden Sie auch merken, daß der Heilige Geist in Ihnen oder in einem Mitchristen lebt: Sie spüren es an den Auswirkungen, die im Charakter und Verhalten zu sehen sind.

Es ist abwegig anzunehmen, Sie könnten den Geist Jesu Christi in sich haben, aber seine Gegenwart weder sehen, erkennen noch erfahren. Der Heilige Geist wird in uns immer ein heiliges Leben hervorbringen. Paulus sagt dazu in Galater 5,22: „Die Frucht aber des Geistes ist Liebe, Freude, Friede, Geduld, Freundlichkeit, Güte, Treue, Sanftmut, Keuschheit."

Der Wind zeigt seine Bewegung an allem, was er berührt. Und in seinem Sog hinterläßt er überall Frische und Sauberkeit.

Wenn Sie dem Heiligen Geist erlauben, in Ihr Leben einzuziehen und es mit Kraft zu erfüllen, dann werden andere Menschen seine Gegenwart spüren und seinen Duft tief einatmen – und Gott dafür Dank sagen.

Die Hand des Meisters

Pop Trombero, ein drahtiger, kleiner, aber sehr starker junger Mann aus Italien, begann um 1940 in unserer Gegend seine Karriere als Jockey.

Es dauerte nicht lange, da hatte er sich in den umliegenden Gestüten und bei den bedeutendsten Pferdebesitzern einen Namen gemacht. Nachdem er eine ganze Reihe preisgekrönter Vollblüter geritten und viele Pokale geholt hatte, wurde er Ausbilder für Turnierpferde. Und man konnte in den vierziger Jahren beinahe jeden fragen, der etwas mit der Pferderennbahn von Baltimore zu tun hatte: Pop Trombero galt als einer der besten Leute auf seinem Gebiet.

Als ich ihn Mitte der sechziger Jahre kennenlernte, hatte er sich schon längst von der Rennbahn zurückgezogen. Damals wurde ich sogar mit ihm verschwägert, denn meine Schwester heiratete seinen Sohn. Von da an kam er zu verschiedenen Familientreffen auf unsere Farm, und meist ritt er dann auch mit uns aus.

Ich weiß noch, wie meine Schwester mich bei einem solchen Ausflug fragte, ob Pop nicht einmal mein Pferd reiten könnte, die Stute Tumbleweed. Ich protestierte zuerst. Sie war doch *mein* Pferd, und ich wollte nicht, daß irgend jemand anders sie ritt – selbst wenn es jemand war, der sich nun wirklich auf Pferde verstand.

Doch nach ein paar Minuten schämte ich mich und gab nach. Dann sah ich zu, wie Pop Trombero seinen Jockeysattel auf meiner Stute festschnallte, während ich eins von unseren älteren und langsameren Pferden sattelte. Als wir dann losritten, blieb ich ganz dicht bei Tumbleweed und ihrem Reiter, um sicher zu sein, daß er nicht womöglich plötzlich an ihrem Zaumzeug riß oder sie zu fest am Zügel zerrte.

Schon nach kurzer Zeit sah ich ein, daß ich mir darum keine

Gedanken zu machen brauchte. Ja, während ich genau beobachtete, wie Pop mit meinem Pferd umging, mußte ich sogar widerstrebend zugeben, daß ich noch einiges zu lernen hatte. Er war richtig zärtlich zu meiner Stute. Er sprach unentwegt mit ihr, streichelte ihr immer wieder den Hals und schenkte ihr die ganze Zeit seine ungeteilte Aufmerksamkeit. Ganz gleich, wie interessant auch die Wegstrecke war – Pop blieb in jedem Moment voll auf das Pferd konzentriert.

Und es war geradezu unglaublich, wie Tumbleweed darauf reagierte. Sie war unter diesem Reiter ein völlig anderes Pferd! Ihre Ohren richteten sich auf, sie horchte auf alle Befehle, scheute niemals und gehorchte augenblicklich. Es schien ihr eine reine Freude zu sein, alle Wünsche Pops zu erfüllen. Ich war starr vor Staunen! Dann blickte ich auf mein Pferd herunter und merkte plötzlich, daß ich ihm bis jetzt kaum Aufmerksamkeit geschenkt hatte. Und das merkte man deutlich an der Art und Weise, wie sich das Tier verhielt!

Wunderbare Dinge passierten, als ein Meister wie Pop ein Pferd in seine Obhut bekam. Er wußte eben, wie seine Hand es berühren und führen mußte. Er wußte, wie er das Beste aus dem Tier herausholen konnte.

Und ebenso geschehen wunderbare Dinge, wenn der, der unser Herr und Meister ist, unser Leben mit seinen Händen berührt. In Markus 6,56 heißt es: „...und alle, die ihn berührten, wurden gesund."

Seine Aufmerksamkeit läßt keinen Moment von Ihnen ab. Seine Hand in Ihrem Leben ist immer zu spüren, unveränderlich und doch immer mit sanftem Griff.

Ist es die Freude Ihres Herzens, Gottes Willen zu tun, zu gehorchen, gleich schneller auszuschreiten, wenn Sie einen kleinen Stoß von ihm spüren, und langsamer zu gehen, wenn er sanft am Zügel zieht?

Der Herr weiß wie niemand sonst, wie er Sie führen muß. Er weiß genau, wie er Ihre besten Seiten zum Vorschein bringen kann.

Die Frage ist nur, wie weit Sie sich der Hand des Meisters überlassen wollen.

Der alle Einzelheiten weiß

Gottes größte Pläne scheinen oft von den winzigsten Einzelheiten abzuhängen.

Nehmen Sie beispielsweise etwas so Entscheidendes und Grundlegendes wie die Auswahl und die Salbung Davids zum König von Israel. Der Prophet Samuel besucht Isai und läßt sich alle seine Söhne vorführen: „So ließ Isai seine sieben Söhne an Samuel vorübergehen; aber Samuel sprach zu Isai: Der Herr hat keinen von ihnen erwählt. Und Samuel sprach zu Isai: Sind das die Knaben alle?“ (1. Samuel 16,10+11)

Was wäre gewesen, wenn Samuel diese Frage nicht gestellt hätte? Was wäre, wenn er in dem Augenblick nur mit den Schultern gezuckt und einen anderen Sohn Isais zum König von Israel gesalbt hätte? Die ganze Zukunft des jüdischen Volkes wurde von dieser einen winzigen Frage bestimmt. Zumindest aus unserer Perspektive hing der Stammbaum Jesu Christi von diesem kleinen, anscheinend völlig unbedeutenden Satz ab.

Aber Samuel hat nun einmal diese Frage gestellt. „Deine Söhne sind ja alle sehr nett, Isai“, sagte er, „wirklich feine Kerle, alles prima Männer. Aber hast du nicht vielleicht doch noch einen Sohn?“

Durch diese kleine Frage blieb die ganze Heilsgeschichte auf dem richtigen Kurs.

Oder sehen wir uns die Geschichte von Ester an: Das jüdische Volk stand in Gefahr, unter der Herrschaft des Perserkönigs Xerxes ausgerottet zu werden. Aber in Ester 6,1 können wir lesen: „In derselben Nacht konnte der König nicht schlafen und ließ sich das Buch mit den täglichen Meldungen bringen.“ Da, so wird weiter berichtet, fand er in seiner Chronik, daß ein ganz bestimmter Jude mit Namen Mordechai, ein Onkel Esters, hervorgehoben wurde. Der König entschloß sich, Mordechai besonders zu ehren, und dadurch rettete er ein ganzes Volk – und im Grunde noch mehr.

Was wäre wohl gewesen, wenn der König in dieser schicksalsträchtigen Nacht, in der er nicht schlafen konnte, statt dessen nach einem Kriminalroman verlangt hätte? Oder wenn er sich entschlossen hätte, nicht zu lesen, sondern den königlichen Kühlschrank zu plündern? Was, wenn er sich lieber vom Hofnarren hätte unterhalten lassen? Oder wenn er ein paar Schlaftabletten genommen hätte?

Man könnte noch unendlich viele solcher Fragen stellen. Aber der König entschied sich – nach Gottes allübergreifendem Plan – dafür, in der Chronik zu lesen, sozusagen in einem frühgeschichtlichen Nachrichtenmagazin. Und da stand dann dieser kleine Artikel über Esters Onkel, der ihm aus der Schriftrolle geradewegs in die Augen sprang.

Es überwältigt mich jedes Mal, wenn ich über solche Einzelheiten nachdenke. Es sind kleine Dinge, unwichtige Ereignisse. Und doch, die größten Pläne Gottes hängen oft von solch winzigen Vorfällen ab.

Stehen Sie ab und zu in der Versuchung zu denken, daß Gott sich um die Einzelheiten Ihres Lebens bestimmt nicht kümmert? Kommt es vor, daß Sie meinen, für Gott seien nur die „großen Augenblicke" in Ihrem Leben von Bedeutung, etwa die Wahl Ihres Ausbildungsortes, Ihrer beruflichen Laufbahn und Ihres Ehepartners? Wenn das zutrifft, sollten Sie besser noch einmal gründlich nachdenken.

Die Pläne, die der allmächtige Gott für Sie hat, umfassen eine unübersehbare Zahl von anscheinend völlig unbedeutenden Einzelheiten. Es ist eine große Aufgabe und eine große Freude, ihm zu vertrauen, ihm in allem zu gehorchen, in engster Gemeinschaft mit ihm zu leben!

Glauben Sie mir, auf die Kleinigkeiten kommt es an!

Ein Wort zum Schluß

Gerüchte gingen um in Jerusalem. Ein paar Frauen erzählten etwas von einem leeren Grab. Andere sprachen von Gesichten und von Engeln.

Aber die zwei Jünger aus Emmaus, von denen in diesem Buch schon einmal die Rede war, wurden durch solche Nachrichten nur verwirrt. Hatte denn irgendwer Jesus tatsächlich gesehen? Was mochte das alles bedeuten?

Sie warteten in der Stadt ab, solange sie konnten, und hofften auf ein paar hieb- und stichfeste Beweise. Doch schließlich, gegen Abend, zuckten sie mit den Schultern, packten ihr Bündel und machten sich auf den Heimweg in ihr Dorf.

Nun, Sie wissen ja, wie die Geschichte weitergeht: Jesus mischte sich auf dieser Wanderung in ihr Leben ein. Er drängte sich einfach in ihr Gespräch, fragte nach ihren Gedanken und brachte dann seinen Standpunkt vor: „Mußte nicht Christus dies erleiden und in seine Herrlichkeit eingehen?" (Lukas 24,26).

Die Männer hörten aufmerksam zu, und dabei wurde ihnen richtig warm ums Herz. Sie sehnten sich danach, noch mehr von diesem Mann zu hören, doch als sie sich dem Dorf näherten, „stellte er sich, als wollte er weitergehen" (Vers 28). Man konnte doch den Fremden jetzt nicht einfach in die Dämmerung hinausgehen lassen! Deshalb baten sie ihn dringend, bei ihnen zu bleiben – wahrscheinlich hofften sie, noch mehr von seinen überraschenden Ansichten zu erfahren.

Sie betraten gemeinsam ein Zimmer und setzten sich. Kleopas und sein Freund machten es sich mit dem jetzt sehr willkommenen Störenfried am Tisch bequem, und sie redeten weiter und immer weiter. Jemand stellte ihnen Brot hin. Und dann hat vielleicht einer den Gast gebeten, das Tischgebet zu sprechen. Er tat es, und es war ein schönes Gebet. Aber was war mit dieser

Stimme? Was waren das für starke Hände? Was war das für eine Art, in der er das Brot aufteilte? Woran erinnerte sie das nur? Die große Menge, die Wiese, der Hügel, die vielen Körbe ... Und plötzlich „wurden ihre Augen geöffnet, und sie erkannten ihn" (Vers 31).

Sie waren schockiert, verblüfft. Dieser seltsame Wegbegleiter war der Herr Jesus selbst! Wie sich plötzlich das Blatt gewendet hatte! Auf einmal war Jesus der Gastgeber und sie die Gäste – seine Gäste. Aber sie hatten nicht lange Zeit, über diese neue Situation nachzusinnen. Denn sobald die Jünger den auferstandenen Herrn erkannt hatten, „verschwand er vor ihnen" (Vers 31).

Was würden Sie wohl in einem solchen Falle tun? Die beiden Männer wußten genau, was zu tun war. Sie standen nicht lange herum und kratzten sich am Kopf. Auch wenn es schon sehr spät war, als Jesus sie verließ, „standen sie auf zu derselben Stunde, kehrten zurück nach Jerusalem und fanden die Elf versammelt und die bei ihnen waren" (Vers 33). Und dann erzählten sie ihre Geschichte.

Können Sie sich diese Szene auch so richtig vorstellen? Da sitzen die beiden, staubig und verschwitzt, noch atemlos vom Laufen, und berichten den elf Jüngern alles, was sie erlebt haben. Plötzlich aber wird ihre Rede unterbrochen, und zwar von dem wunderbaren Eindringling selbst. „Friede sei mit euch!" sagt Jesus (Vers 36), doch sie entsetzten sich. „Sie erschraken aber und fürchteten sich und meinten, sie sähen einen Geist" (Vers 37).

Wie sollten sie auch wissen, daß Jesus schon vor den beiden angekommen war? Vor ein paar Stunden erst war er ihnen gefolgt und hatte sie auf der Straße nach Emmaus begleitet! Aber irgendwie mußte er einen großen Sprung hierher gemacht haben. Und jetzt hatte er darauf gewartet, die zu begrüßen, die hinter ihm hergekommen waren!

Was für ein Wandel! Vorher war Jesus der gewesen, der anderen gefolgt war. Und jetzt liefen sie hinter Jesus her. Wieder hatte sich die Situation umgekehrt!

Hat es für Sie auch schon einmal so eine Wende gegeben? Vielleicht haben auch Sie erlebt, daß der Herr sich eingemischt hat,

Ihnen gefolgt ist, in die Bereiche Ihrer Bequemlichkeit eingedrungen ist, sich an Ihrem Eigenwillen gerieben hat. Sie haben erlebt, wie er in Ihre persönliche Zeitplanung eingegriffen hat, wie er in Bereiche eindrang, die Sie lieber ganz für sich allein gehabt hätten, und dort vorrückte. Sie haben gehört, wie sein Geist „zur Unzeit geredet" hat, wie er Sie dringend gebeten hat, eine unbequeme, ihnen völlig ungelegene Veränderung in Ihren Gewohnheiten, in Ihrem Zeitplan, in Ihrem Leben herbeizuführen. Oswald Chambers sagt dazu: „Wir wehren uns gegen das, was Jesus Christus offenbart. Aber entweder ist Jesus die höchste Autorität über das Herz des Menschen, oder er ist es nicht einmal wert, daß man überhaupt auf ihn achtet. Bin ich bereit, seinem Eindringen zu vertrauen?"

Einerseits sind Sie fast ärgerlich über diesen Störenfried – aber irgend etwas an dem, was er sagt, fasziniert Sie auch. Darum lassen Sie mich eine Frage stellen: Wenn Jesus in Ihr Leben eindringt, wie reagieren Sie dann? Merken Sie – wie die Jünger damals –, daß Ihr Herz sich nach mehr sehnt? Rufen Sie ihn an, bitten Sie ihn dringend, drängen Sie ihn, bei Ihnen zu bleiben? Oder lassen Sie ihn einfach vorübergehen?

Wenn Sie zuhören, wenn Sie reagieren und gehorchen, dann werden Sie den Herrn bald nicht mehr für einen ungebetenen Störenfried halten! Statt dessen werden Sie dahin kommen, daß Sie ihn dringend bitten, doch zu bleiben, Ihnen mehr zu erzählen, sich selbst weiter zu offenbaren, auch an Ihrem Tisch das Brot auszuteilen.

Und wenn er es dann tut, werden Sie bald feststellen, daß er nie stehenbleibt, nein, er führt Sie immer weiter! Jesus wird Sie locken, ihm zu folgen, er wird Sie inständig bitten, ihn weiter kennenzulernen, Sie bewegen, dorthin zu gehen, wohin er Sie leitet. Dann werden Sie merken, wie Sie in seine Geheimnisse eindringen, ihn anflehen, Ihnen noch mehr von seinem Wort und von sich selbst zu erklären. Sie werden ihm folgen und in den Thronsaal des Himmels eindringen und mitten im Allerheiligsten Ihr Lager aufschlagen.

Ich hoffe sehr, daß Gott an der einen oder anderen Stelle in diesem Buch sein Brot mit Ihnen geteilt hat, Sie überrascht hat, sich Ihnen auf ganz persönliche Weise offenbart hat. Und ebenso hoffe ich, daß Sie spüren werden, wie der Herr Jesus Sie weiterführt und einlädt, ihm zu folgen.

Nimmt Gott es Ihnen nicht übel, wenn Sie bei ihm ungefragt eindringen? Nun, er sagt: „Bittet, so wird euch gegeben; suchet, so werdet ihr finden; klopfet an, so wird euch aufgetan. Denn wer da bittet, der empfängt; und wer da sucht, der findet; und wer da anklopft, dem wird aufgetan" (Matthäus 7,7+8).

Also nur Mut – bitten Sie, suchen Sie, klopfen Sie an! Bei Gott dürfen Sie immer ein Eindringling sein!

Anmerkungen

[1] Oswald Chambers, *My Utmost for His Highest* (Mein Äußerstes für sein Höchstes), Dodd, Mead & Co., Inc., New York 1935, S. 202.

[2] C.S. Lewis, *The Weight of Glory* (Das Gewicht der Herrlichkeit), William B. Eerdmans Publishing Co., Grand Rapids 1949, S. 13.

[3] Andrew Murray, *With Christ in the School of Prayer* (Mit Jesus in der Schule des Gebetes), Fleming H. Revell Co., Old Tappan 1953.

[4] Philip Yancey, *God's Not Fair (and I'm Glad He Isn't)* (Gott ist nicht fair, und ich bin froh darüber), erschienen in „Christianity Today", 20. November 1987, S. 72.

[5] Pfarrer Gregory Hotchkiss, *Their Eyes Were Opened* (Ihre Augen wurden geöffnet), erschienen in „Episcopal Recorder", März 1988, 3. Serie, Band 1, Nr. 6, S. 3.

[6] J.I. Packer, *Hot Tub Religion* (Religion ist wie ein heißes Bad), Tyndale House Publishers, Inc., Wheaton 1987, S. 192+193.

[7] Bischof J.C. Ryle, *Holiness* (Heiligkeit), James Clarke and Co., Inc., Cambridge 1964, S. 183.

[8] Peter Kreeft, *Making Sense Out of Suffering* (Leiden, das einen Sinn ergibt), Servant Books, Ann Arbor 1986, S. 143.

Ein weiteres Buch, in dem uns Joni Eareckson Tada in kurzen Betrachtungen geistliche Wahrheiten nahebringt:

In seiner Hand geborgen
Gottes Kraft im Alltag unseres Lebens.

Die Autorin lädt ein, auf Entdeckungsreise zu gehen: dem geheimnisvollen Wirken Gottes nachzuspüren und dabei immer tiefer zu erkunden, wie Gott selbst unser Leben erfüllen und verwandeln will – wie seine Kraft sich in unserer Bedrängnis und Schwäche entfaltet.
Gebunden, mit Schutzumschlag, 340 Seiten
Bestell-Nr. 15 166

Jonis Lebensgeschichte – von ihr selbst erzählt:

Joni
Der erschütternde Bericht über Kampf und Sieg einer durch Unfall gelähmten jungen Frau. Mit Bildteil.
Taschenbuch, 240 Seiten
Bestell-Nr. 15 598

Der nächste Schritt
Die Fortsetzung von „Joni“. Wie es weitergeht im Leben der gelähmten Joni, wie sie zu einer geistlich reifen Persönlichkeit wird, beschreibt sie hier.
Taschenbuch, 224 Seiten
Bestell-Nr. 15 511

Auf neuen Wegen
Ein Buch über Jonis Film, ihren Dienst und ihre Ehe!
Gebunden mit Schutzumschlag,
320 Seiten + 16 Seiten Bildteil
Bestell-Nr. 15 080

Ein weiteres Buch, in dem uns Joni Eareckson Tada in kurzen Betrachtungen geistliche Wahrheiten nahebringt:

In seiner Hand geborgen

Gottes Kraft im Alltag unseres Lebens.

Die Autorin lädt ein, auf Entdeckungsreise zu gehen: dem geheimnisvollen Wirken Gottes nachzuspüren und dabei immer tiefer zu erkunden, wie Gott selbst unser Leben erfüllen und verwandeln will – wie seine Kraft sich in unserer Bedrängnis und Schwäche entfaltet.

Taschenbuch, 360 Seiten
Bestell-Nr. 15 320

Jonis Lebensgeschichte – von ihr selbst erzählt:

Joni

Der erschütternde Bericht über Kampf und Sieg einer durch Unfall gelähmten jungen Frau.
Mit Bildteil.

Taschenbuch, 240 Seiten
Bestell-Nr. 15 598

Der nächste Schritt

Die Fortsetzung von „Joni". Wie es weitergeht im Leben der gelähmten Joni, wie sie zu einer geistlich reifen Persönlichkeit wird, beschreibt sie hier.

Taschenbuch, 224 Seiten
Bestell-Nr. 15 511

Auf neuen Wegen

Ein Buch über Jonis Film, ihren Dienst und ihre Ehe!

Taschenbuch, 320 Seiten + Bildteil
Bestell-Nr. 15 249